KİTAPLARI SERİSİ

TYT HAZIRLIK - LİSE YARDIMCI

YKS

1. OTURUM

TYT

KİMYA

SORU BANKASI

Ahmet NACAR

karekök

karekök
YAYINLARI

SERİ: SORU KİTAPLARI

ISBN: 978-605-7554-22-2

Sertifika No: 12098

Dizgi - Grafik

Karekök Dizgi Servisi

Baskı

Platin Ofset
Sertifika No: 15453
Halkalı / İSTANBUL

Genel Dağıtım

Karekök
Misbah Muhayyeş Sokak No:3 Kadıköy / İSTANBUL
Telefon: (216) 418 36 70 – 330 08 57
Faks: (216) 449 67 56
www.karekok.com.tr

İkinci Basım, İstanbul 2019

ÖN SÖZ

Bu çalışmanın amacı, kimya dersinde öğrencilere etkin alıştırma imkanı sağlamaktır. Kitaptaki sorular iki farklı test başlığı altında toplanmıştır.

1. Kavrama Testleri

2. Uygulama Testleri

Kavrama Testleri, konuyu adım adım öğretmek amacıyla hazırlanan temel testlerdir. Bu testler konunun anlatım mantığı dikkate alınarak, boşluk bırakılmaksızın, temelden yukarı doğru soruların sıralanmasıyla oluşturulmuştur. Konunun genişliği ve derinliğiyle, test sayısı orantılıdır.

Uygulama Testleri, konunun pekiştirilmesi amacıyla Kavrama Testleri'nden sonra yer alan testlerdir. Konuyla ilgili karma sorular içeren, gerektiğinde önceki konularla ilgili bilgileri de barındıran bu testler üniversite giriş sınavına ön hazırlık sağlar.

Bu kitabın yazımında desteklerini esirgemeyen yazarımız Ahmet Nacar'a; bu kitabın yazımında yardımcı olan İlhan Karagöz, Yelda Karagöz, Mustafa Kaya, Soner Ataman ve Murat Güven'e; dizgisinde titiz çalışmalarından dolayı Karekök Dizgi Servisine şükranlarımı bildiririm.

Tüm öğretmen ve öğrencilerimize yararlı olması dileğiyle ...

Muharrem DUŞ

İÇİNDEKİLER

BÖLÜM 1 - **KİMYA BİLİMİ**

BÖLÜM 2 - **ATOM VE PERİYODİK SİSTEM**

BÖLÜM 3 - **KİMYASAL TÜRLER ARASI ETKİLEŞİMLER**

BÖLÜM 4 - **MADDENİN HÂLLERİ**

BÖLÜM 5 - **KİMYANIN TEMEL KANUNLARI ve KİMYASAL HESAPLAMALAR**

BÖLÜM 6 - **KARIŞIMLAR**

ÜNİTE 7 - **ASİTLER, BAZLAR VE TUZLAR**

BÖLÜM 8 - **KİMYA HER YERDE**

1.

BÖLÜM

KİMYA BİLİMİ

1. İnsanoğlu günümüzde kullanılan birçok maddeyi sınama - yanılma yöntemiyle keşfetmiş ve bu maddeleri farklı amaçlar doğrultusunda kullanmıştır.

Buna göre, aşağıdakilerden hangisi eski çağ insanlarının uygulamaları arasında gösterilemez?

A) Boya üretimi
B) Deri tabaklama
C) Sabun üretimi
D) Benzin üretimi
E) Taş ve ağaç işlemeciliği

2. İnsanların temel ihtiyaçlarını karşılamasında sınama yanılma yoluyla keşfettiği deneyimler, daha sonra onların kısa sürede zengin ve ölümsüz olma hayallerine kapılmasına neden olmuştur. Bu hayaller eşliğinde gelişen uğraşa simya, bu işler ile uğraşan kişilere ise simyacı denir.

Buna göre simyacılar,

I. değersiz maddelerden, değerli madenler elde etme
II. bütün hastalıkları iyileştirme
III. insan ömrünü sonsuza kadar uzatacak bir iksir elde etme

nedenlerinden hangileri için uğraş vermiş olabilir?

A) Yalnız I
B) I ve II
C) I ve III
D) II ve III
E) I, II ve III

3. Simya; bir bilim olmamasına rağmen, simyacıların kimya bilimine geçişte öncü oldukları yadsınamaz.

Buna göre, aşağıdakilerden hangisi simyanın kimya bilimine aktardıkları arasında yer almaz?

A) Madenlerin işlenmesi
B) Polimerlerin keşfi
C) Boya üretimi
D) Seramik ve cam üretimi
E) Barutun bulunması

4. Aristo her maddeye uygun gelen özellikleri sıcak, soğuk, kuru ve yaş olarak varsayarak bu özellikleri ikişerli gruplar hâlinde eşleştirmiş ve dört ana elementin bu özelliklerin eşleşmesiyle elde edildiğini öne sürmüştür.

Buna göre, aşağıda verilen ikili özellik çiftlerinden hangisi Aristo'nun elementlerinden herhangi birini oluşturmaz?

A) Soğuk - sıcak
B) Kuru - sıcak
C) Sıcak - ıslak
D) Islak - soğuk
E) Soğuk - kuru

5. Aristo'nun öne sürdüğü element tanımı, yaklaşık 2000 yıl kadar kabul görmüş ve Rönesans döneminde .... tarafından "eğer madde elementse kendisinden daha küçük parçalara bölünemez" şeklindeki element tanımlamasına kadar bu şekilde sürmüştür.

Buna göre, yukarıdaki paragrafta bırakılan boşluğa, verilen bilim insanlarından hangisi getirilmelidir?

A) Robert Boyle
B) Antoine Lavoisier
C) John Dalton
D) Niels Bohr
E) Ernest Rutherford

6. I. Yeni kimyasal maddelerin ilk defa elde edilmesi
II. Günümüz laboratuvarlarında kullanılan bazı deney araç gereçlerinin ilk örneklerinin kullanılması
III. Günümüzde, kimya deneylerinde kullanılan bazı yöntemlerin kullanılması

Yukarıda verilenlerden hangileri simyanın kimya bilimine katkıları arasında yer alır?

A) Yalnız I
B) Yalnız II
C) Yalnız III
D) I ve III
E) I, II ve III

karekök

7. İnsanoğlu ateşin varlığını anladıktan sonra farklı amaçlar doğrultusunda ateşten faydalanmıştır.

Buna göre eski çağ insanları ateşi;

I. ısınmak,

II. demir, bakır gibi maddeleri eriterek kaplar yapmak,

III. yemek pişirmek

eylemlerinden hangilerini yapmak için kullanmıştır?

A) Yalnız I B) Yalnız II C) I ve II

D) II ve III E) I, II ve III

8. **Orta çağ simyacıları;**

I. Zaç yağı (H_2SO_4)

II. Kezzap (HNO_3)

III. Tuz ruhu (HCl)

maddelerinden hangilerini damıtma yöntemiyle elde etmişlerdir?

A) Yalnız I B) Yalnız II C) I ve II

D) I ve III E) I, II ve III

9. **Simyanın bir bilim dalı olup olmadığını düşünen Ayşe, simyanın temelinde bulunan;**

I. teorik temelleri olmayan çalışmalar

II. sınama - yanılma yöntemiyle verilen uğraşlar

III. sistematik bilgi ve birikime dayanmayan çalışmalar

uygulama şekillerinden hangilerini tek başına bilirse, simyanın bir bilim olmadığı sonucuna ulaşır?

A) Yalnız I B) I ve II C) I ve III

D) II ve III E) I, II ve III

10. Aristo; maddeleri oluşturan dört farklı element olduğunu öne sürmüştür.

Aristo'ya göre, aşağıda verilenlerden hangisi element olarak <u>görülmemiştir</u>?

A) Ateş B) Su C) Tahta

D) Hava E) Toprak

11.

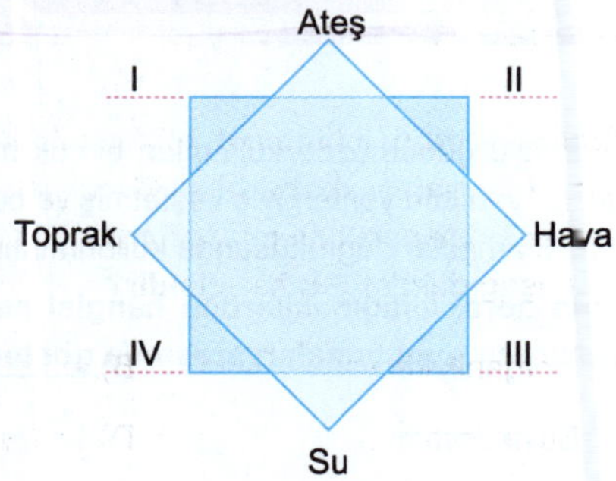

Aristo yukarıdaki şekilde I, II, III ve IV ile ifade edilen özellikleri ikişerli gruplandırarak yukarıda belirtilen 4 elementin var olduğunu savunmuştur.

Buna göre, I, II, III ve IV ile ifade edilen özellikler aşağıdakilerden hangisinde doğru verilmiştir?

	I	II	III	IV
A)	Kuru	Soğuk	Islak	Sıcak
B)	Islak	Sıcak	Kuru	Soğuk
C)	Kuru	Islak	Sıcak	Soğuk
D)	Kuru	Sıcak	Islak	Soğuk
E)	Kuru	Sıcak	Soğuk	Islak

12. **Aşağıdaki simyacı ya da bilim insanlarından hangisi karşısında verilen açıklama ile <u>ilişkilendirilemez</u>?**

	Simyacı / Bilim insanı	Açıklama
A)	Antoine Lavoisier	Kütlenin korunumu kanununu bulmuştur.
B)	Democritus	Atomdan ilk bahseden simyacıdır.
C)	Cabir Bin Hayyan	Zaç yağı, tuz ruhu ve kezzap gibi kimyasalları sentezlemiştir.
D)	Ebubekir Er-Razi	Kroze ve fırın gibi laboratuvar malzemelerini üretmiş, maddeleri özelliklerine göre sınıflandırmıştır.
E)	Robert Boyle	Atomun parçalanabileceğini önermiştir.

karekök

1 D 2 E 3 B 4 A 5 A 6 E 7 E 8 E 9 E 10 C 11 D 12 E

1. **Etanol, aseton, aminoasit, glikoz gibi karbon bileşiklerinin yapısı ile bu bileşiklerin etkileşimlerini ve sanayideki kullanım alanlarını inceleyen bilim dalı aşağıdakilerden hangisidir?**

A) İnorganik kimya
B) Analitik kimya
C) Biyokimya
D) Adli kimya
E) Organik kimya

2. Sporcular, yarışmalar esnasında performanslarını artırmak için, yasak olmasına rağmen doping kullanabilmektedirler. Bu nedenle müsabakalardan önce sporcular arasında adaleti sağlamak için doping testleri yapılmaktadır.

Kan ve idrara uygulanan bu testleri yapan kimyager kimyanın hangi alt disiplininde uzmanlaşmıştır?

A) Adli kimya
B) Elektrokimya
C) Fizikokimya
D) Organik kimya
E) İnorganik kimya

3. **Vücudumuzdaki bir hastalığın teşhisi veya görülmekte olan bir tedavinin takibi için yapılan kan tahlilleri aşağıda verilen bilim dallarından hangisinin uğraş alanları arasında gösterilebilir?**

A) Organik kimya
B) Biyokimya
C) Fizikokimya
D) Anorganik kimya
E) Analitik kimya

4. I. Maddenin yapısı

II. Maddenin birbirleriyle olan etkileşimi

III. Fiziksel ya da kimyasal dönüşümler sırasında transfer edilen enerji

Kimya bilimi, yukarıdakilerden hangileriyle ilgilenir?

A) Yalnız I
B) Yalnız II
C) Yalnız III
D) II ve III
E) I, II ve III

5. **Kimya bilimi ile ilgili,**

I. Deneysel çalışmalar doğrultusunda incelemeler yapan bir bilim dalıdır.

II. Hava, su ve toprak kirliliğini oluşturan etkenleri ortadan kaldırmak için çalışmalar yapmaktadır.

III. Zirai alanda uygulanacak ilaç ve gübre gibi maddelerin üretim ve geliştirme aşamalarıyla ilgilenir.

ifadelerinden hangileri doğrudur?

A) Yalnız I
B) Yalnız II
C) Yalnız III
D) II ve III
E) I, II ve III

6.
- Sıcaklık ve basınç gibi fiziksel faktörlerin kimyasal tepkimelere etkisini inceleyen kimyanın alt bilim dalıdır.
- Kimyasal maddelerin yol açtığı çevre kirliliğini ve oluşan kirliliğin ortadan kaldırılmasını ya da önlenmesini konu alan alt bilimdir.
- Hidrojen, oksijen, azot, fosfor gibi elementlerin karbon ile yaptığı bileşiklerin yapısını ve etkileşimlerini inceleyen bilimdir.
- Canlı organizmalarda bulunan kimyasal maddeleri ve bu maddelerin kimyasal etkileşimlerini inceleyen bilim dalıdır.

Aşağıdaki kimya disiplinlerinden hangisi yukarıda tanımlanmamıştır?

A) Organik kimya
B) Polimer kimyası
C) Biyokimya
D) Çevre kimyası
E) Fizikokimya

karekök

7. Laboratuvarda yapılan bir çalışmada öğretmen hazırladığı bir karışımda bulunan maddelerin türlerinin belirlenmesini istemiştir. Bu çalışma sırasında, verilen toz hâlindeki karışıma önce su eklenerek bir çözelti oluşturulmuş daha sonra bu çözeltiden alınan küçük örneklere bazı kimyasal maddeler eklenerek gözlemlenecek sonuçlara göre, karışımda bulunan maddeler analiz edilmiştir.

Buna göre, yukarıdaki çalışma hangi alt disiplinin uygulama alanına girer?

A) Fizikokimya
B) Analitik kimya
C) Elektrokimya
D) Gıda kimyası
E) Nükleer kimya

8. **Kimya biliminin alt disiplinlerinden olan fizikokimya ile ilgili,**

I. Çalışmalarında fizik ve kimyanın temel ilkelerinden faydalanır.

II. Kimyasal kinetik, elektrokimya ve kimyasal termodinamik gibi alanlarla ilgilenir.

III. Atom altı parçacıkların oluşumunu inceleyen alt bilimdir.

yargılarından hangileri doğrudur?

A) Yalnız I
B) I ve II
C) I ve III
D) II ve III
E) I, II ve III

9. I. Su arıtımı

II. İlaç üretimi

III. Ahşap işleme

Yukarıdaki uygulama alanlarından kaç tanesinde kimya biliminden faydalanılır?

A) Yalnız I
B) Yalnız II
C) Yalnız III
D) II ve III
E) I, II ve III

10. I. Yazılım mühendisliği

II. Petrol mühendisliği

III. Nükleer tıp uzmanlığı

Kimya eğitimi alan birinin yukarıdaki alanlardan hangilerinde kariyer yapma olasılığı yoktur?

A) Yalnız I
B) I ve II
C) I ve III
D) II ve III
E) I, II ve III

11. I. Besin maddelerinin yapılarını ve kullanımları sırasında organizmaya etkilerini inceler.

II. Kimyasal maddelerin, hastalıkların tedavi mekanizmasına etkisini inceler.

III. Organik olmayan maddelerin yapısını ve etkileşimlerini inceler.

Yukarıda uğraş alanları verilen alt disiplinler hangi seçenekte doğru verilmiştir?

	I	II	III
A)	Gıda kimyası	Tıbbi kimya	İnorganik kimya
B)	Medikal kimya	Gıda kimyası	Anorganik kimya
C)	Biyokimya	Organik kimya	Fizikokimya
D)	İnorganik kimya	Tıbbi kimya	Gıda kimyası
E)	Organik kimya	Adli kimya	İnorganik kimya

12. I. Kan örneklerindeki enfeksiyonun tespit edilmesi

II. Su kaynaklarının sağlığa uygun hâle getirilmesi

III. Petrolden yakıt üretimi

IV. Parfüm ve deodorantlara koku veren maddelerin bitkilerden eldesi

Yukarıdaki çalışma alanlarından hangilerinde kimya disiplinleri uygulanır?

A) I ve II
B) II ve III
C) I, II ve IV
D) II, III ve IV
E) I, II, III ve IV

karekök

1	E	2	A	3	B	4	E	5	E	6	B	7	B	8	B	9	E	10	A	11	A	12	E

1. Eski çağlarda belli maddelerin simgelenmesi Çin ve Mısır'daki simgeleme çalışmalarından etkilenmiştir. Örneğin; altın, sarı olduğundan güneşle ilişkilendirilmiş ve  sembolü ile ifade edilmiştir.

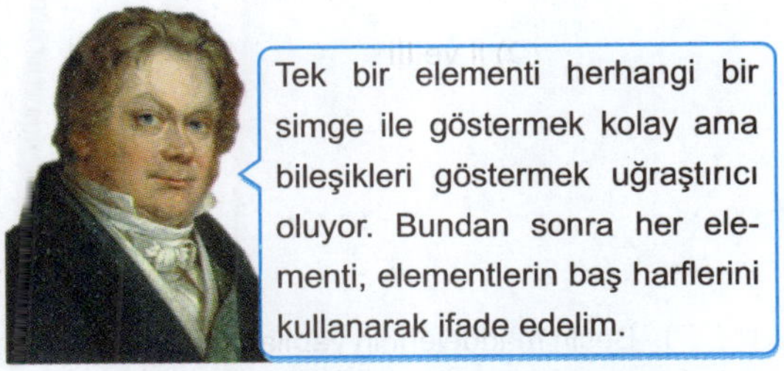

Yukarıdaki devrim niteliğindeki yorumuyla simgeleme yöntemine ilk defa farklı bir uygulamaya devam edilmesi gerektiğini ortaya atan İsveçli kimyacı kimdir?

A) Empedokles
B) Berzelius
C) Nagarjunu
D) Razi
E) Wei Boyang

2. Yeni bilimsel çalışmalar ve ayırma tekniklerinin keşfedilmesiyle birlikte, element kavramındaki "parçalanamaz" ifadesinin hatalı olduğu anlaşılmıştır.

Buna göre, günümüzde kullanılan aşağıdaki araştırma tekniklerinden hangisi rönesans dönemi element tanımının değişmesine neden olmuş olabilir?

A) Şekerli - su karışımından şeker eldesi
B) Uranyum elementinden kripton ve ksenon eldesi
C) Sudan hidrojen ve oksijen eldesi
D) Kumlu sudan kum eldesi
E) Alkol - su karışımından alkol eldesi

3. I. Kalsiyum
II. Kobalt
III. Potasyum

Yukarıda verilen elementlerden hangilerinin sembolü "K" harfi ile <u>başlamaz</u>?

A) Yalnız I
B) Yalnız II
C) Yalnız III
D) I ve II
E) II ve III

4. **KOH bileşiği ile ilgili;**

I. K^+ ve OH^- iyonlarının bir araya gelmesi ile oluşmuştur.
II. Potasyum hidroksit olarak adlandırılır.
III. Potas kostik olarak da bilinir.

yargılardan hangileri doğrudur?

A) Yalnız I
B) Yalnız II
C) Yalnız III
D) II ve III
E) I, II ve III

5. Aşağıdaki tabloda bazı bileşiklerin sistematik ve yaygın isimleri verilmiştir.

Buna göre, verilen bileşiklerden hangisinin yaygın adı <u>hatalıdır</u>?

	Madde	Yaygın adı
A)	NH_3	Amonyak
B)	NaOH	Sud kostik
C)	$CaCO_3$	Kireç taşı
D)	NaCl	Sofra tuzu
E)	$Ca(OH)_2$	Sönmemiş kireç

6. Aşağıda verilen bileşik - isim eşleştirmelerinden hangisi yanlıştır?

	Bileşik	İsim
A)	HCl	Tuz ruhu
B)	CaO	Sönmemiş kireç
C)	HNO_3	Zaç yağı
D)	CH_3COOH	Asetik asit
E)	H_2SO_4	Sülfürik asit

7. Aşağıda verilen bileşiklerden hangisinin 1 molekülündeki atom sayısı en fazladır?

A) Asetik asit
B) Su
C) Sofra tuzu
D) Sülfürik asit
E) Kezzap

8. Çamaşır sodası olarak da bilinen sodyum karbonat (Na_2CO_3) bileşiğinin katyon ve anyonu aşağıdakilerden hangisinde doğru verilmiştir?

A) $N^+ - CO^{2-}$
B) $Na^+ - CO_3^{2-}$
C) $Na^+ - CO_3^-$
D) $S^+ - CO_3^{2-}$
E) $Na^+ - CO_2^{2-}$

9. Aşağıda verilen yaygın isimlerden hangisi bir aside ait değildir?

A) Sirke ruhu
B) Tuz ruhu
C) Kezzap
D) Zaç yağı
E) Sönmemiş kireç

10. Aşağıdaki bileşiklerden hangisinin formülünde oksijen (O) elementi bulunmaz?

A) Kezzap
B) Sülfürik Asit
C) Asetik asit
D) Sönmemiş kireç
E) Tuz ruhu

11. CH_3COOH maddesi ile ilgili;

I. Yaygın adı sirke asitidir.
II. Yapısında metal ve ametal atomları vardır.
III. Asetik asit olarak da bilinir.

yargılardan hangileri doğrudur?

A) Yalnız I
B) I ve II
C) I ve III
D) II ve III
E) I, II ve III

karekök

12.

Bileşikler

Zaç yağı	HNO_3
Kezzap	HCl
Sönmemiş kireç	CaO
Tuz ruhu	NaCl
Su	H_2O
Yemek tuzu	

Yukarıdaki kutuda bazı bileşikler ve isimler verilmiştir.

Bu bileşikler verilen isimler ile eşleştirilirse hangisi eşleştirme dışında kalır?

A) Kezzap
B) Su
C) Zaç yağı
D) Yemek tuzu
E) Sönmemiş kireç

1	B	2	B	3	D	4	E	5	E	6	C	7	A	8	B	9	E	10	E	11	C	12	C

1. Aşağıda verilen güvenlik işaretlerinden hangisi bir kimyasal maddenin yanlış kullanımı sonucu patlamaya neden olabileceğini ifade eder?

A) 
B) 
C) 
D) 
E) 

2.

Yukarıda verilen güvenlik işareti;

I. asit,

II. baz,

III. alkol

kimyasal maddelerinden hangilerinin şişeleri üzerinde kullanılmalıdır?

A) Yalnız I B) I ve II C) I ve III D) II ve III E) I, II ve III

3. Bir grup bilim insanı atomun parçalanması üzerine deneyler yapmaktadır.

Bu bilim insanlarının çalıştığı laboratuvarın girişinde öncelikli olarak bulunması gereken güvenlik işareti aşağıdakilerden hangisidir?

A) 
B) 
C) 
D) 
E) 

4.

Yukarıda verilen güvenlik işareti ile ilgili,

I. Doğaya bırakıldığında kendiliğinden bozunmayacak maddeler için kullanılır.

II. Petrol taşıyan araçların üzerinde bulunmalıdır.

III. Sadece toprak kirliliğine sebep olan maddeler için kullanılır.

yargılarından hangileri <u>yanlıştır</u>?

A) Yalnız I B) Yalnız II C) Yalnız III D) II ve III E) I, II ve III

5.

1

2

Yukarıda verilen güvenlik işaretleri ile ilgili,

I. 1. güvenlik işareti oksijen içeren bir tankın üstünde bulunabilir.

II. 2. güvenlik işareti petrol taşıyan bir aracın üstünde bulunabilir.

III. 1. güvenlik işaretinin bulunduğu yerde patlayıcı madde güvenlik işareti de bulunabilir.

yargılarından hangileri doğrudur?

A) Yalnız III B) I ve II C) I ve III D) II ve III E) I, II ve III

karekök

6. Bir kimyasal maddenin hem tahriş edici hem de toksik özellikte olduğu bilinmektedir.

Buna göre, bu maddenin bulunduğu kabın üstünde aşağıdaki güvenlik işaretlerinden hangileri bulunmalıdır?

A) 

B) 

C) 

D) 

E) 

7.

- Yakıcı madde
- Radyoaktif madde
- Zararlı madde

Yukarıda sol sütunda verilen güvenlik işaretlerini sağ sütunundaki açıklamalarıyla eşleştiren bir öğrenci aşağıdaki sonuçlardan hangisine ulaşır?

A) 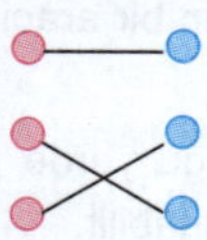

B) 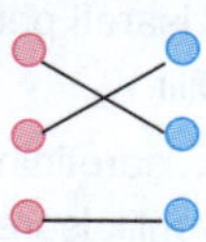

C) 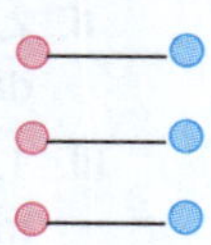

D) 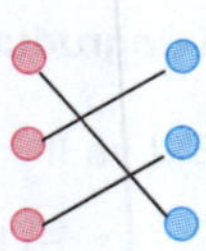

E) 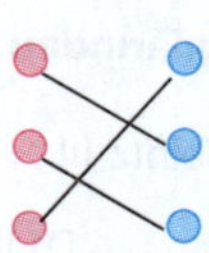

8.

	İşaret	Anlamı
I.		Gözlerin güvenliği için gözlük kullanılmalıdır.
II.		Elektrikli aletlerin kullanımı sırasında dikkatli olunmalıdır.
III.		Kesici aletler ile çalışılacağından dikkatli olunmalıdır.
IV.		Asit ya da baz gibi tahriş edici maddelere karşı dikkatli olunmalıdır.
V.		Yanlış kullanım sonucu patlama gerçekleşeceğinden dikkatli olunmalıdır.

Yukarıda verilen güvenlik işaretlerinden hangisinin anlamı <u>yanlıştır</u>?

A) I B) II C) III D) IV E) V

9. Toprak, laboratuvarda yapacağı bir deney için HNO_3, NaOH ve C_2H_5OH kimyasallarına ihtiyaç duymaktadır. Bu deneyi gerçekleştirirken cam kaplar, cıvalı termometre ve LPG kaynaklı bek alevi kullanacaktır.

Toprak, yapacağı bu deney sırasında,

güvenlik işaretlerinden kaç tanesiyle karşılaşır?

A) 2 B) 3 C) 4 D) 5 E) 6

karekök

1	D	2	B	3	E	4	C	5	A	6	B	7	B	8	E	9	D

1. Sucuktaki dana eti varlığını ve miktarını araştıran bir araştırmacı aşağıdaki kimya disiplinlerinden hangisinde uzmanlaşmış olmalıdır?

A) Anatilik kimya
B) Organik Kimya
C) Anorganik kimya
D) Fizikokimya
E) Nükleer kimya

2.

	Bileşik	Adı
I.	H_2SO_4	Sülfürik asit
II.	HCl	Tuz ruhu
III.	CH_3COOH	Asetik asit

Yukarıda verilen bileşiklerden hangileri doğru adlandırılmıştır?

A) Yalnız I
B) Yalnız II
C) I ve II
D) I ve III
E) I, II ve III

3. X : Kimyasal bir örnekteki bileşenlerin nitelik ve niceliğini inceleyen bilim dalıdır.

Y : Karbon kimyası olarak da bilinir.

Z : Besinlerin kimyasal yapılarını inceleyen bilim dalıdır.

Yukarıda X, Y ve Z olarak ifade edilen kimyanın alt bilim dalları aşağıdakilerden hangisinde doğru verilmiştir?

	X	Y	Z
A)	Analitik kimya	İnorganik kimya	Biyokimya
B)	Analitik kimya	Organik kimya	Polimer kimya
C)	Adli kimya	Organik kimya	Gıda kimyası
D)	Analitik kimya	Organik kimya	Gıda kimyası
E)	Organik kimya	İnorganik kimya	Biyokimya

4. Aşağıdaki elementlerden hangisinin sembolü <u>yanlış</u> verilmiştir?

	Element	Sembolü
A)	Bakır	Cu
B)	Krom	Cr
C)	Potasyum	K
D)	Nikel	N
E)	Kükürt	S

5. Hastanelerin ultrason ve röntgen birimlerinin kapısında aşağıdaki güvenlik işaretlerinden hangisinin öncelikli olarak bulunması gerekir?

A) 

B) 

C) 

D) 

E) 

6. Aşağıdaki laboratuvar araçlarından hangisi çözelti hazırlama, saklama ya da ısıtmada <u>kullanılmaz</u>?

A) Beherglas
B) Erlenmayer
C) Büret
D) Cam balon
E) Cam tüp

7. I. Asetik asit

II. Tuz ruhu

III. Kezzap

Yukarıdaki bileşiklerin formülleri hangi seçenekte doğru verilmiştir?

	I	II	III
A)	CH_3COOH	HCl	H_2SO_4
B)	HCl	CH_3COOH	HNO_3
C)	HNO_3	H_2SO_4	CH_3COOH
D)	CH_3COOH	HCl	HNO_3
E)	HNO_3	HCl	H_2SO_4

8.

	Element		Sembol
1.	Potasyum	a.	K
2.	Fosfor	b.	P
3.	Kalay	c.	Sn

Yukarıdaki elementler hangi seçenekte doğru sembolü ile eşleştirilmiştir?

A) 1a, 2b, 3c B) 1a, 2c, 3b

C) 1b, 2c, 3a D) 1c, 2a, 3b

E) 1c, 2b, 3a

9.

	Sembol	Adı
I.	Au	Altın
II.	Pb	Kurşun
III.	Hg	Cıva
IV.	Ag	Gümüş
V.	Cu	Kobalt

Yukarıdaki tabloda bazı elementlerin sembolleri isimleri ile eşleştirilmiştir.

Buna göre bu eşleştirmelerden hangisi yanlıştır?

A) I B) II C) III D) IV E) V

10. Aşağıdaki laboratuvar malzemelerinden hangisinin adı yanlış verilmiştir?

A)
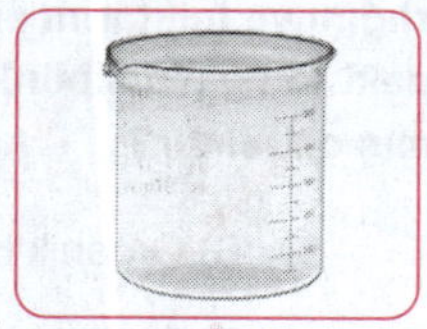
Beherglas

B)

Büret

C)
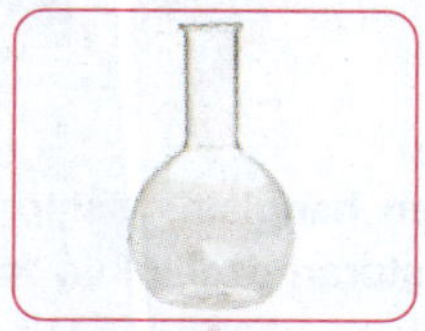
Cam balon

D)
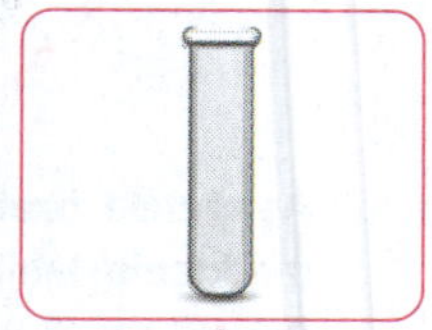
Tüp

E)

Ayırma hunisi

11. Aşağıdakilerden hangisi bileşik değildir?

A) CH_4 B) CO_2 C) P_4

D) HNO_3 E) NaCl

12.
- Doğada iki atomlu moleküller hâlinde bulunur.
- Fiziksel ve kimyasal yöntemlerle daha küçük bileşenlerine ayrılmaz.

Yukarıda özellikleri verilen madde hangi seçenekte verilen olabilir?

A) Cl_2 B) CO C) HF

D) Au E) $CaCO_3$

1	A	2	E	3	D	4	D	5	A	6	C	7	D	8	A	9	E	10	B	11	C	12	A

1.

Aşağıdaki özelliklerden hangisine sahip olan bir maddenin tehlike oluşturan özelliğinin farkındalığını artıracak uyarı işareti yukarıda verilmemiştir?

A) Toksik
B) Patlayıcı
C) Yanıcı
D) Yakıcı
E) Çevreye zararlı

2. Aşağıdaki laboratuvar malzemelerinden hangisinin karşısındaki açıklama yanlıştır?

	Laboratuvar malzemesi	Açıklama
A)	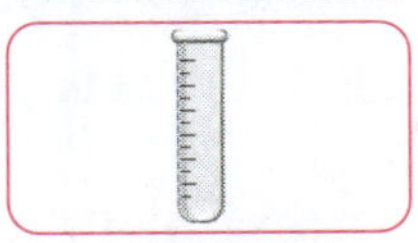 Dereceli silindir	Mezür olarak da adlandırılır.
B)	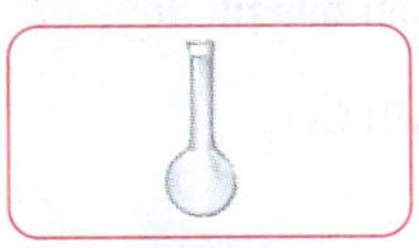 Balon joje	Hassas derişimde çözelti hazırlamada kullanılır.
C)	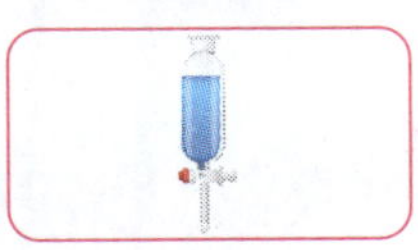 Büret	Titrasyon işlemlerinde kullanılır.
D)	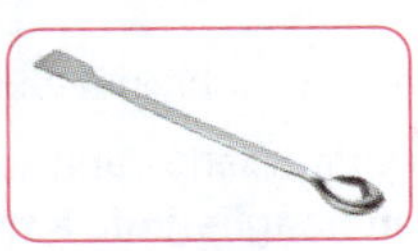 Spatül	Sulu çözelti hazırlarken çözünen maddeyi karıştırmada kullanılır.
E)	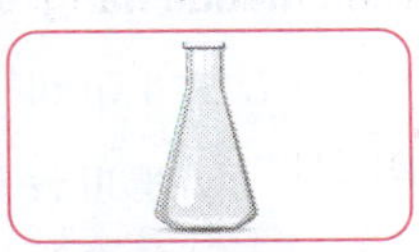 Erlenmayer	Çözelti hazırlama, ısıtma ve saklamada kullanılır.

karekök

3. I. Belirli ayırt edici özellikleri vardır.
II. Sembollerle gösterilirler.
III. Aynı cins taneciklerden (birimlerden) oluşurlar.

Yukarıdaki özelliklerden hangileri element ve bileşik için ortaktır?

A) Yalnız I
B) Yalnız II
C) I ve II
D) I ve III
E) I, II ve III

4. Aşağıdakilerden hangisinde farklı tür atomların oluşturduğu aynı tür moleküller bulunur?

A) Demir
B) Hidrojen
C) Fosfor
D) Tuzlu su
E) Saf su

5. Aşağıdaki maddelerden hangisinin kimliği proton sayısına bakılarak öğrenilebilir?

A) Oksijen
B) Toprak
C) Su
D) Hava
E) Tuz

6. Bileşiklerle ilgili aşağıdaki ifadelerden hangisi yanlıştır?

A) Saf maddelerdir.
B) Kimyasal yöntemlerle bileşenlerine ayrılırlar.
C) Formüllerle gösterilirler.
D) Bileşenlerinin özelliklerini gösterirler.
E) Erime ve kaynama noktaları ile öz kütleleri belirlidir.

7. Aşağıdaki bileşiklerden hangisi ayrıştırılınca iki farklı element elde edilir?

A) Kezzap B) Sönmemiş kireç

C) Zaç yağı D) Asetik asit

E) Sülfürik asit

8. I. S_8

II. Co

III. H

Yukarıdaki verilen maddelerden hangileri elementtir?

A) Yalnız I B) Yalnız II C) I ve II

D) I ve III E) I, II ve III

9.

	Element	Sembol	D	Y
I.	Gümüş	G		✓
II.	Kurşun	Pb	✓	
III.	Flor	Fl		✓
IV.	İyot	I		✓
V.	Mangan	Mg		✓

Yukarıdaki tabloda bazı elementlerin sembolleri "doğru" ya da "yanlış" olarak işaretlenmiştir.

Yapılan işaretlemelerden hangisi <u>hatalıdır</u>?

A) I B) II C) III D) IV E) V

10. Sıcaklık ve basınç gibi özelliklerin kimyasal değişimlere etkisini inceleyen kimya disiplini aşağıdakilerden hangisidir?

A) Organik kimya

B) Endüstiriyel kimya

C) Analitik kimya

D) Fizikokimya

E) Anorganik kimya

karekök

11. Doğada bağımsız moleküller hâlinde bulunan saf bir madde ile ilgili;

I. Elementtir.

II. Bileşiktir.

III. Aynı koşullarda erime ve kaynama noktası sabittir.

yargılarından hangileri <u>kesinlikle</u> doğrudur?

A) Yalnız I B) Yalnız II C) Yalnız III

D) I ve III E) II ve III

12. I. Tekstil

II. Petrokimya

III. Arıtım

IV. Tarım

Yukarıdaki sektörlerden hangilerinde kimya bölümünden mezun bir insan istihdam edilebilir?

A) I ve II B) II ve III

C) I, II ve III D) II, III ve IV

E) I, II, III ve IV

1	B	2	D	3	D	4	E	5	A	6	D	7	B	8	E	9	D	10	D	11	C	12	E

1. Aşağıdaki alan ya da sektörlerden hangisi kimya ile <u>ilişkilendirilemez</u>?

A) Arıtım
B) Boya - tesktil
C) Petrokimya
D) İlaç
E) Astroloji

2.

I.

II.

III.

IV.

Yukarıda verilen güvenlik işaretlerinden hangileri metil alkol şişesinin üstünde mutlaka bulunmalıdır?

A) I ve II
B) I ve III
C) II ve IV
D) II, III ve IV
E) I, II, III ve IV

3. Aşağıdakiler bileşiklerden hangisinin karşısındaki açıklama <u>yanlıştır</u>?

	Bileşik	Açıklama
A)	HCl	Lavabo temizliğinde kullanılır.
B)	CH_3COOH	Sirkenin bileşiminde bulunur.
C)	H_2SO_4	Zaç yağı ya da sülfürik asit olarak adlandırılır.
D)	$NaCl$	Yemeklerin tatlandırılmalarında kullanılır.
E)	HNO_3	Yaygın adı sönmemiş kireçtir.

4. Elementlerle ilgili;

I. Monoatomik, diatomik ya da poliatomik yapıda bulunabilirler.

II. Bazı elementler doğada bileşiklerin yapısında bulunurken bazıları serbest hâlde bulunur.

III. En az iki farklı türde atom içerirler.

yargılarından hangileri <u>yanlıştır</u>?

A) Yalnız I
B) Yalnız II
C) Yalnız III
D) I ve III
E) I, II ve III

5. I. Kireç taşı

II. Kireç

III. Sönmüş kireç

Yukarıda yaygın isimleri verilen bileşiklerde ortak olarak bulunan atomlar aşağıdakilerden hangisinde doğru verilmiştir?

A) Kalsiyum ve karbon
B) Kalsiyum ve oksijen
C) Kalsiyum, oksijen ve karbon
D) Kalsiyum, oksijen ve kükürt
E) Karbon, oksijen ve kükürt

6. Aşağıdaki iyonik bileşiklerden hangisinin katyon ve anyonları <u>yanlış</u> yazılmıştır?

	Bileşik	Katyon	Anyon
A)	Na_2SO_4	Na^+	SO_4^{2-}
B)	K_3PO_4	K^+	PO_4^{3-}
C)	$Mg(NO_3)_2$	Mg^+	NO_3^{2-}
D)	$AgCl$	Ag^+	Cl^-
E)	$Li_2C_2O_4$	Li^+	$C_2O_4^{2-}$

7. I. İlaç

II. Petrokimya

III. Kozmetik

Üniversiteden "kimyager" ünvanıyla mezun olan bir birey yukarıdaki endüstrilerden hangilerinde çalışabilir?

A) Yalnız I B) Yalnız II C) I ve II D) II ve III E) I, II ve III

8. **Aşağıdaki mesleklerden hangisinde çalışan bireylerin kimya eğitimi alması gerekmez?**

A) Eczacı B) Kimya öğretmeni C) Kimyager D) Gastronomi E) Metalurji Mühendisi

9.

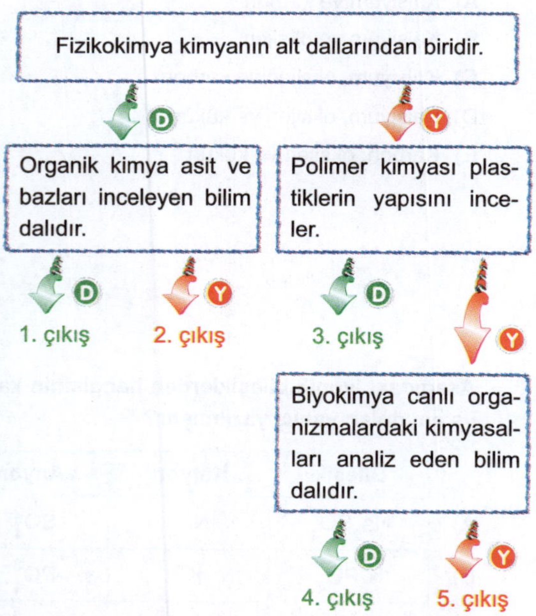

Yukarıda dallanmış ağaç tekniği ile hazırlanmış soruyu çözen bir öğrenci kaç numaralı çıkışa ulaşır?

A) 1 B) 2 C) 3 D) 4 E) 5

10. I. Doğada moleküller hâlinde bulunan her madde bileşiktir.

II. Elementler monoatomik, diatomik ya da poliatomik yapıdadır.

III. Moleküller aynı ya da farklı cins atomlardan oluşurlar.

Yukarıdaki ifadelerden hangileri doğrudur?

A) Yalnız I B) Yalnız II C) I ve II D) II ve III E) I, II ve III

11. **Kimya laboratuvarında aşağıdaki malzemelerden hangisine rastlanmaz?**

A) Erlenmayer B) Saat camı C) Spatül D) Termometre E) Mercek

12.

Katyon	Anyon
Fe^{2+}	Cl^-
Fe^{3+}	NO_3^-
NH_4^+	PO_4^{3-}

Yukarıdaki katyon ve anyonlar aşağıdaki bileşiklerden hangisini oluşturmaz?

A) $FePO_4$ B) $Fe(NO_3)_3$ C) $Fe(NH_4)_2$ D) NH_4NO_3 E) $Fe_3(PO_4)_2$

13. I. Hint

II. Mısır

III. Mezopotamya

IV. Yunan

V. İslam

Yukarıdaki uygarlıklardan kaç tanesinin kimyanın bilim olma sürecine katkı yaptığı söylenebilir?

A) 5 B) 4 C) 3 D) 2 E) 1

1	E	2	C	3	E	4	C	5	B	6	C	7	E	8	D	9	B	10	D	11	E	12	C	13	A

2. BÖLÜM

ATOM VE PERİYODİK SİSTEM

1. I. Atomun büyük bir kısmının boşluk olması
II. Atomdaki negatif yüklü tanecikler ile pozitif yüklü taneciklerin birbirini çekerek yapışmaması
III. Enerji alan atomların farklı renklerde ışık yayması

Yukarıdaki olaylardan hangileri Thomson atom modeli ile açıklanamaz?

A) Yalnız I B) Yalnız II C) Yalnız III
D) II ve III E) I, II ve III

2. **Rutherford altın plaka deneyi ile,**
I. atomun merkezinde yoğun bir bölgenin bulunduğu,
II. atomun büyük bir kısmının boşluk olduğu,
III. atomdaki negatif yüklü taneciklerin çekirdek dışındaki boşlukta yer aldığı

sonuçlarından hangilerine ulaşmıştır?

A) Yalnız I B) Yalnız II C) Yalnız III
D) II ve III E) I, II ve III

3. **Aşağıdaki ifadelerden hangisi yanlıştır?**

A) Atomdaki yüksüz taneciklerin (nötron) varlığı Chadwick tarafından keşfedilmiştir.
B) Atom çekirdeğinde bulunan proton ve nötronların tamamı nükleon olarak adlandırılır.
C) Bir elektronun kütlesi, bir proton kütlesinin yaklaşık 1836 katıdır.
D) Her elementin proton sayısı farklıdır.
E) Atomların çekirdek yükü proton sayısına eşittir.

4. **Atomun yapısı ve temel tanecikleri ile ilgili aşağıda verilen yargılardan hangisi yanlıştır?**

A) Atomların kimyasal olaylarda çekirdek yapısı değişmez.
B) Nötr atomlarda proton ve elektron sayıları birbirine eşittir.
C) Elektronlar atom çekirdeği dışındaki katmanlarda bulunmaktadır.
D) Atom hacminin büyük bir kısmı çekirdekten oluşur.
E) Nötronlar yüksüz taneciklerdir.

5. **Atom altı parçacıklar ile ilgili aşağıda verilen yargılardan hangisi yanlıştır?**

A) Elektronlar negatif yüklüdür.
B) Elektron kütlesi proton ve nötron kütlesinin $\frac{1}{1836}$'sı kadardır.
C) Atom çekirdeği pozitif yüklüdür.
D) Atomda bulunan elektronlar zamanla çekirdeğe yapışır.
E) Proton ve nötron taneciklerinin hareketliliği elektron hareketliliğinin yanında ihmal edilebilir düzeyde yavaştır.

karekök

6. $^{56}_{26}X$ **atomu ile ilgili,**
I. Proton sayısı 26'dır.
II. Nötron sayısı 30'dur.
III. Nötrdür.

yargılarından hangileri doğrudur?

A) Yalnız I B) I ve II C) I ve III
D) II ve III E) I, II ve III

7. **Katyon olduğu bilinen bir taneciğin;**

I. proton sayısı,
II. nötron sayısı,
III. çekirdek yükü

niceliklerinden hangileri kesinlikle elektron sayısından büyüktür?

A) Yalnız I B) I ve II C) I ve III D) II ve III E) I, II ve III

8. **Nötr X atomu 2 elektron verdiğinde,**

I. 2– yüklü anyonu oluşur.
II. Proton sayısı 2 artar.
III. Nötron sayısı değişmez.

yargılarından hangileri doğru olur?

A) Yalnız I B) Yalnız III C) I ve III D) II ve III E) I, II ve III

9. **Aşağıda verilen niceliklerden hangisi $^{19}_{9}F$ ve $^{20}_{10}Ne$ tanecikleri için aynı değere sahiptir?**

A) Proton sayısı
B) Nötron sayısı
C) Kütle numarası
D) Kimyasal özelliği
E) Çekirdek yükü

10. X^{2-} taneciği Y^{n} taneciğine 3 elektron verdiğinde iyon yükleri eşitlenmektedir.

Buna göre,

I. Kimyasal özellikleri aynı tanecikler oluşmuştur.
II. n değeri 4+'dır.
III. Son durumda her iki tanecik de katyondur.

yargılarından hangileri doğrudur?

A) Yalnız I B) Yalnız III C) I ve III D) II ve III E) I, II ve III

11. **XO_4^{2-} taneciğindeki X'in nötron sayısını bulmak için;**

I. toplam proton sayısı,
II. toplam nötron sayısı,
III. toplam elektron sayısı

niceliklerinden hangilerinin bilinmesine gerek yoktur? *(Oksijenin nötron sayısı 8 alınacaktır.)*

A) Yalnız I B) Yalnız III C) I ve III D) II ve III E) I, II ve III

12. **XO_3^{3-} taneciğinin toplam elektron sayısı 42 olduğuna göre, X'in proton sayısı aşağıdakilerden hangisidir?** *(Oksijenin proton sayısı 8'dir.)*

A) 18 B) 17 C) 16 D) 15 E) 14

13.

	Terim	Tanım
I.	İzotop atomlar	Proton sayıları aynı, nötron sayıları farklı atomlardır.
II.	İzoton atomlar	Bir elementin nötron sayıları aynı olan atomlardır.
III.	İzobar atomlar	Farklı elementlere ait nükleon sayıları aynı olan atomlardır.

Yukarıdaki terimlerden hangilerinin tanımı yanlış yapılmıştır?

A) Yalnız II B) I ve II C) I ve III D) II ve III E) I, II ve III

14. **Nötr izotop atomlar ile ilgili,**

I. Kimyasal özellikleri aynıdır.
II. Fiziksel özellikleri farklıdır.
III. Aynı elementlerle oluşturdukları aynı formüle sahip moleküllerin kütleleri farklıdır.

yargılarından hangileri doğrudur?

A) Yalnız I B) Yalnız II C) Yalnız III D) II ve III E) I, II ve III

karekök

1	E	2	E	3	C	4	D	5	D	6	E	7	C	8	B	9	B	10	D	11	C	12	D	13	A	14	E

1. **Aşağıdaki atomlardan hangisinin katman elektron dağılımı <u>yanlış</u> verilmiştir?**

A) 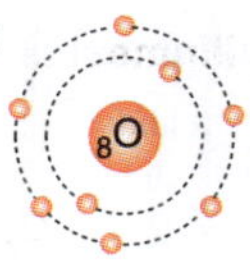

B) 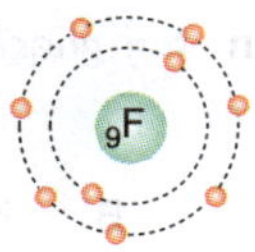

C) 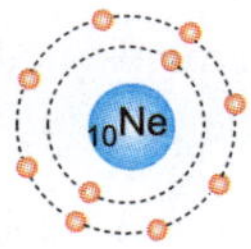

D) 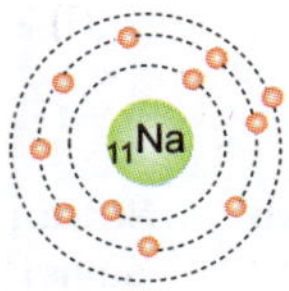

E) 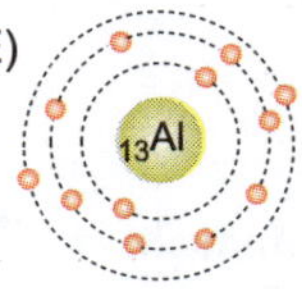

2. Nötr X atomunun katman elektron dağılımı;

X : 2 - 8 - 6

şeklindedir.

Buna göre, X ile ilgili;

I. Çekirdek yükü 16'dır.

II. Değerlik elektron sayısı 6'dır.

III. Nötron sayısı 16'dır.

yargılarından hangileri <u>kesinlikle</u> doğrudur?

A) Yalnız I B) I ve II C) I ve III D) II ve III E) I, II ve III

3. Atomlar kararlı hâle gelebilmek için iyon oluştururlar. Proton sayısı küçük olan atomlar son katmanlarında bulunan elektron sayısını 2'ye (dublet kuralı), büyük olanlar ise 8'e (oktet kuralı) tamamlaya çalışırlar.

Buna göre, aşağıdaki atomlardan hangisi kararlı hâle gelebilmek için dublet kuralına uyar?

A) $_{3}$Li B) $_{7}$N C) $_{9}$F D) $_{13}$Al E) $_{16}$S

4.

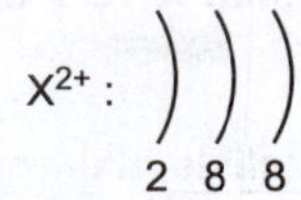

X^{2+} iyonunun katman elektron dağılımı yukarıda verilmiştir.

Buna göre; nötr X taneciği ile ilgili,

I. Elektron bulunduran katman sayısı 4'tür.

II. Proton sayısı 20'dir.

III. Çekirdek yükü elektron sayısından fazladır.

yargılarından hangileri doğrudur?

A) Yalnız I B) Yalnız II C) Yalnız III D) I ve II E) I, II ve III

5.

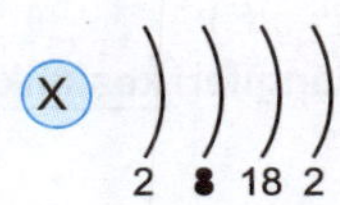

Nötr X atomunun katman elektron dağılımı yukarıda verilmiştir.

Buna göre, nötr X atomu 2+ yüklü katyonuna dönüştüğünde;

I. elektron bulunduran katman sayısı,

II. proton sayısı,

III. kimyasal özelliği

nicelik ve özelliklerinden hangileri <u>değişmez</u>?

A) Yalnız II B) Yalnız III C) I ve III D) II ve III E) I, II ve III

6. **Farklı elementlere ait X ve Y taneciklerinin aşağıdaki nicelik ve niteliklerinden hangisi <u>kesinlikle</u> farklıdır?**

A) Nötron sayısı

B) Proton sayısı

C) Kütle numarası

D) Elektron bulunduran katman sayısı

E) Elektron sayısı

7. Proton sayısı aynı nötron sayısı farklı olan tanecikler birbirinin izotopudur.

Birbirinin izotopu olduğu bilinen X ve Y atomları ile ilgili;

I. çekirdek yükleri,

II. atom numaraları,

III. kütle numaraları

nicelik ve özelliklerinden hangileri aynıdır?

A) Yalnız I B) Yalnız III C) I ve II

D) II ve III E) I, II ve III

8. X atomunun ^{35}X ve ^{37}X olmak üzere iki izotopu vardır.

Buna göre; ^{35}X ve ^{37}X atomlarının;

I. kimyasal özellik,

II. fiziksel özellik,

III. doğada bulunma yüzdesi

nicelik ve özelliklerinden hangileri kesinlikle aynıdır?

A) Yalnız I B) I ve II C) I ve III

D) II ve III E) I, II ve III

9.

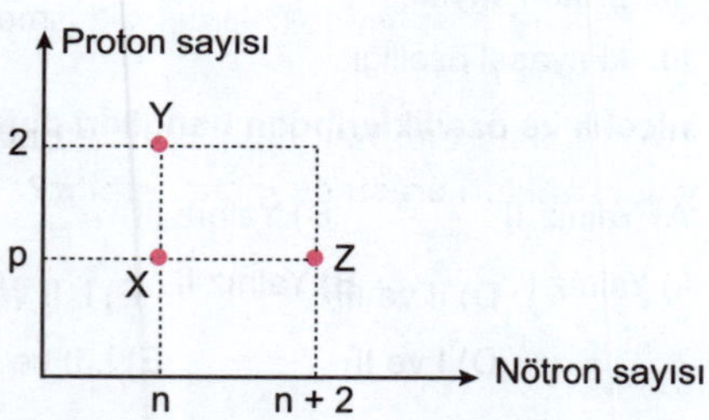

Yukarıdaki grafikte X, Y ve Z atomlarının proton ve nötron sayıları verilmiştir.

Buna göre,

I. X ve Y birbirinin izotopudur.

II. Y ve Z birbirinin izobarıdır.

III. X ve Z birbirinin izotonudur.

yargılarından hangileri doğrudur?

A) Yalnız I B) Yalnız II C) I ve II

D) II ve III E) I, II ve III

10. Aşağıdaki tanecik çiftlerinden hangisi birbirinin izotopu olan atomlardan oluşmuştur?

A) $^{1}_{1}H$ ve $^{3}_{1}T$ B) $^{39}_{19}K$ ve $^{40}_{20}Ca$

C) $^{35}_{17}Cl$ ve $^{36}_{18}Ar$ D) $^{14}_{6}C$ ve $^{14}_{7}N$

E) $^{31}_{15}P$ ve $^{32}_{16}S$

11.

Tanecik	Çekirdek yükü	Nötron sayısı	Elektron sayısı
X^{n+}	20	20	18
Y	17	20	17
Z^{m-}	16	16	18
T	19	20	19

Yukarıda X, Y, Z ve T taneciklerine ait çekirdek yükü, nötron ve proton sayıları verilmiştir.

Buna göre, aşağıdaki yargılardan hangisi yanlıştır?

A) X^{n+} ve Z^{m-} iyonik Y ve T atomik hâldedir.

B) X^{n+}, Y ve T birbirinin izotonudur.

C) X^{n+} ve Z^{m-} tanecikleri oktet kuralına uymuştur.

D) X^{n+} ve Z^{m-} nin kimyasal özellikleri benzerdir.

E) n ve m'nin değeri 2'dir.

karekök

12. İzoton oldukları bilinen $_{19}X^{+}$ ve $^{40}Y^{2+}$ taneciklerinin elektron sayıları aynıdır.

Buna göre,

I. X in kütle numarası 40'tır.

II. Nötr X ve Y nin elektron bulunduran katman sayıları eşittir.

III. X atomu X^{+} iyonuna dönüştüğünde elektron bulunduran katman sayısı azalır.

yargılarından hangileri doğrudur?

A) Yalnız I B) I ve II C) I ve III

D) II ve III E) I, II ve III

1 E 2 B 3 A 4 D 5 A 6 B 7 C 8 A 9 B 10 A 11 D 12 D

1. I. II. III.

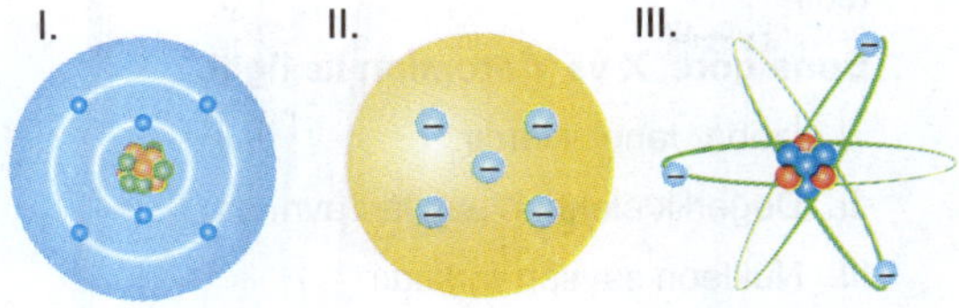

Yukarıdaki atom modelleri hangi seçenekte doğru adlarıyla eşleştirilmiştir?

	I	II	III
A)	Bohr	Rutherford	Thomson
B)	Bohr	Thomson	Rutherford
C)	Thomson	Bohr	Rutherford
D)	Rutherford	Thomson	Bohr
E)	Thomson	Rutherford	Bohr

2. **Bohr'un, hidrojen atomu ile ilgili ortaya koyduğu atom modeli için aşağıdaki ifadelerden hangisi yanlıştır?**

A) Elektron çekirdek dışındaki dairesel yörüngelerde hareket eder.

B) Temel hâlde bulunan $_1H$ atomunun elektronu çekirdeğe en yakın yörüngede bulunur.

C) Dışarıdan enerji alan H atomunun elektronu çekirdekten daha uzakta bulunan yörüngeye geçiş yapar.

D) H atomunun elektronu yüksek enerjili yörüngeden düşük enerjili yörüngeye geçiş yaparak uyarılmış hâle geçer.

E) Uyarılmış hâldeki H atomu yüksek enerjili ve kararsızdır.

3. **Aşağıdaki atom tanımlarından hangisi Bohr atom modelini en iyi tanımlar?**

A) Atom, parçalanmayan küre şeklinde bir taneciktir.

B) Atom, merkezinde yoğun bir bölgenin bulunduğu, elektronlarınsa atomun boşluk olarak bilinen kısmında yer aldığı bir taneciktir.

C) Atom, çekirdek etrafındaki yörüngelerde elektronların hızla hareket ettiği taneciktir.

D) Atom, pozitif elektrik yükünün negatif elektrik yükünü dengelediği nötral yapıda bir taneciktir.

E) Atom, çekirdek etrafının elektron bulutlarıyla çevrildiği küresel yapıdır.

4.

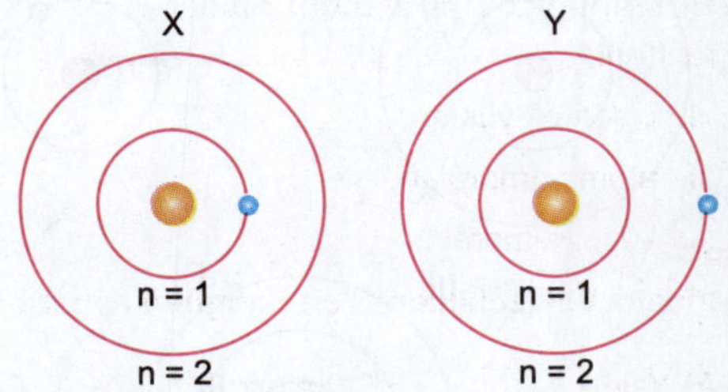

Yukarıda $_1H$ atomunun iki farklı elektron dağılımı şematize edilmiştir.

Buna göre,

I. X temel hâl, Y ise uyarılmış hâli sembolize eder.

II. X; Y'ye dönüşürken dışarıya enerji verir (ışıma yapar).

III. Y dışarıdan enerji alarak X'e dönüşebilir.

yargılarından hangileri doğrudur?

A) Yalnız I B) Yalnız II C) Yalnız III D) I ve II E) I, II ve III

5. I. Hidrojenin ışıma (emisyon) spektrumunu açıklayamaması

II. Elektronunun yerinin tam bir duyarlılıkla tespit edilebileceğini varsayması

III. Elektronların neden çekirdeğe düşmediğini açıklayamaması

Yukarıdakilerden hangileri Bohr atom modelinin yetersizlikleri arasında gösterilebilir?

A) Yalnız I B) Yalnız II C) Yalnız III D) I ve II E) I, II ve III

6. I. Atomun uyarılmış hâli kararsızdır.

II. Uyarılmış atom ışıma yapar.

III. Uyarılmış hâlden temel hâle geçen atom enerji yayar.

Yukarıdaki yargılardan hangileri doğrudur?

A) Yalnız I B) Yalnız II C) Yalnız III D) II ve III E) I, II ve III

7.

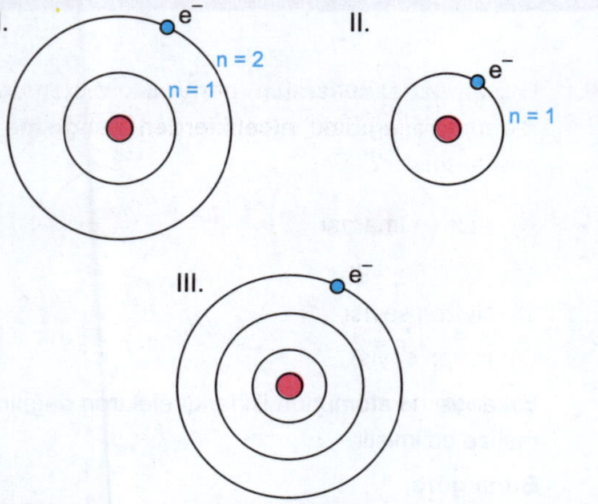

Yukarıdaki atomlardan hangileri uyarılmış hâldedir?

A) Yalnız I B) I ve II C) I ve III
D) II ve III E) I, II ve III

8. **Aşağıdaki atomlardan hangisinin katman elektron dağılımı <u>yanlış</u> verilmiştir?**

A) $_{8}$O: 2 – 6
B) $_{12}$Mg: 2 – 8 – 2
C) $_{16}$S: 2 – 8 – 6
D) $_{17}$Cl: 2 – 8 – 7
E) $_{20}$Ca: 2 – 8 – 10

9. X^{2+} ve Y^{3-} iyonlarının katman elektron dağılımı 2 – 8 – 8 şeklindedir.

Buna göre, X ve Y atomları ile ilgili,

I. X'in proton sayısı, Y'ninkinden 5 fazladır.
II. Elektron bulunduran katman sayıları aynıdır.
III. Kimyasal özellikleri benzerdir.

yargılarından hangileri <u>yanlıştır</u>?

A) Yalnız I B) I ve II C) I ve III
D) II ve III E) I, II ve III

karekök

10. X^{+} ve Y^{-} iyonlarının izoelektronik oldukları ve Y'nin nötron sayısının X'inkinden 1 fazla olduğu bilinmektedir.

Buna göre, X ve Y atomları ile ilgili,

I. İzobar taneciklerdir.
II. Değerlik elektron sayıları aynıdır.
III. Nükleon sayıları farklıdır.

yargılarından hangileri doğrudur?

A) Yalnız I B) Yalnız III C) I ve II
D) II ve III E) I, II ve III

11. I. Sadece $_{1}$H, $_{2}He^{+}$ veya $_{3}Li^{2+}$ gibi tek elektronlu taneciklerin sepektrumlarını başarılı bir şekilde açıklayabilmesi
II. Elektronun çekirdek dışındaki çembersel yörüngelerde hareket ettiğini düşünmesi
III. Elektronun hem dalga hem de tanecik karakterine sahip olduğunu hesaba katmamış olması

Yukarıdakilerden hangileri Bohr atom modelinin yetersizliği arasında gösterilebilir?

A) Yalnız I B) Yalnız III C) Yalnız III
D) II ve III E) I, II ve III

12. **Modern atom teorisi (Bulut modeli) ile ilgili,**

I. Bohr atom modeli ile tam bir uyum içindedir.
II. Modern atom teorisine göre elektronların yeri tam olarak bilinemez.
III. Elektronların bulunma olasılığının yüksek olduğu bölgeleri orbital kavramıyla ifade eder.

yargılarından hangileri <u>yanlıştır</u>?

A) Yalnız I B) Yalnız III C) Yalnız III
D) II ve III E) I, II ve III

1	2	3	4	5	6	7	8	9	10	11	12
B	D	C	A	B	E	C	E	D	B	E	A

1. **Mendeleyev'in periyodik sistemi ile ilgili;**

I. Elementler atom numaralarına göre sıralanmıştır.

II. O gün bilinmeyen elementler için boşluklar bırakılmıştır.

III. Günümüzde da kullanılmaktadır.

yargılarından hangileri doğrudur?

A) Yalnız I B) Yalnız II C) I ve II D) II ve III E) I, II ve III

2. I. Mendelev

II. Moseley

III. Bohr

Yukarıdaki bilim insanlarından hangileri periyodik sistemle ilgili çalışma <u>yapmamıştır</u>?

A) Yalnız I B) Yalnız II C) Yalnız III D) II ve III E) I, II ve III

3. **Günümüzde kullanılan periyodik sistem hangi bilim insanının önerdiği periyodik yasa doğrultusunda oluşturulmuştur?**

A) Antoine Lavoisier

B) Henry Moseley

C) Robert Boyle

D) Dimitri İvanovic Mendeleyev

E) Johann Döbereiner

4. **Günümüzde kullanılan periyodik sistemde elementler, aşağıdaki niceliklerden hangisine göre sıralanmıştır?**

A) Atom numarası

B) Atom ağırlığı

C) Nötron sayısı

D) İzotop sayısı

E) Atom hacmi

5. I. Lantanit ve aktinit gruplarının periyodik sisteme eklenmesi

II. Elementlerin artan atom numaralarına göre dizilişi

III. Elementlerin artan atom ağırlıklarına göre dizilişi

Yukarıda periyodik tablo ile ilgili yapılan bazı çalışmalar verilmiştir.

Buna göre, verilen çalışmaların eskiden yeniye kronolojik sıralaması aşağıdakilerden hangisinde doğru verilmiştir?

A) I, II, III B) I, III, II C) II, III, I D) III, II, I E) III, I, II

6. **Modern periyodik sisteme yerleştirilen elementlere ait;**

I. çekirdek yükü,

II. sembol,

III. kaynama noktası

özelliklerinden hangileri periyodik sistemde <u>gösterilmez</u>?

A) Yalnız I B) Yalnız III C) I ve II D) I ve III E) II ve III

7. **Periyodik sistem ile ilgili;**

I. Yatay satırlar periyot olarak adlandırılır.

II. Düşey sütunlar gruptur.

III. Elementler sol üst köşeden başlanarak artan atom numaralarına göre yerleşmişlerdir.

yargılarından hangileri doğrudur?

A) Yalnız I B) I ve II C) I ve III

D) II ve III E) I, II ve III

8.

X	T
Y	Z

Yukarıda periyodik tablodan bir kesit verilmiştir.

Buna göre,

I. X ve Y aynı gruptadır.

II. T ve Z aynı periyottadır.

III. X ve Y benzer kimyasal özellikler gösterir.

yargılarından hangileri yanlıştır?

A) Yalnız I B) Yalnız II C) I ve III

D) II ve III E) I, II ve III

9. **Aşağıdakilerden hangisi periyodik tabloda aynı grupta bulunan elementlerin benzerlik gösteren özelliklerinden değildir?**

A) Sertlik

B) Parlaklık

C) İletkenlik

D) Elektron almaya/vermeye olan yatkınlık

E) Proton sayısı

10. **Periyodik tablo ile ilgili aşağıda verilen yargılardan hangisi yanlıştır?**

A) Her periyot 1A grubu elementiyle başlar.

B) 18 gruptan oluşmuştur.

C) 10 tane B grubu, 8 tane A grubundan oluşur.

D) Elementler artan atom ağırlıklarına göre yerleştirilmiştir.

E) İlk periyot 2 elementten oluşan en kısa periyottur.

11.

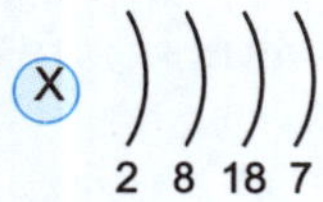

Nötr X atomunun katman elektron dağılımı yukarıda verilmiştir.

Buna göre; X elementi ile ilgili,

I. 4. periyotta yer alır.

II. Periyodik sistemin 7A grubunda bulunur.

III. Atom numarası 35'tir.

yargılarından hangileri doğrudur?

A) Yalnız I B) I ve II C) I ve III

D) II ve III E) I, II ve III

karekök

12.

Element	**Periyodik tablodaki yeri**
$_{8}O$	2. periyot, 8A grubu
$_{11}Na$	3. periyot, 1A grubu
$_{12}Mg$	3. periyot, 2A grubu
$_{15}P$	3. periyot, 5A grubu
$_{20}Ca$	4. periyot, 2A grubu

Yukarıdaki tabloda bazı elementler ile bu elementlerin periyodik tablodaki yerleri eşleştirilmiştir.

Buna göre, hangi elementin periyodik tablodaki yeri yanlış verilmiştir?

A) O B) Na C) Mg D) P E) Ca

1	E	2	C	3	B	4	A	5	D	6	B	7	E	8	B	9	E	10	D	11	E	12	A

KAVRAMA TESTİ - 5

1.

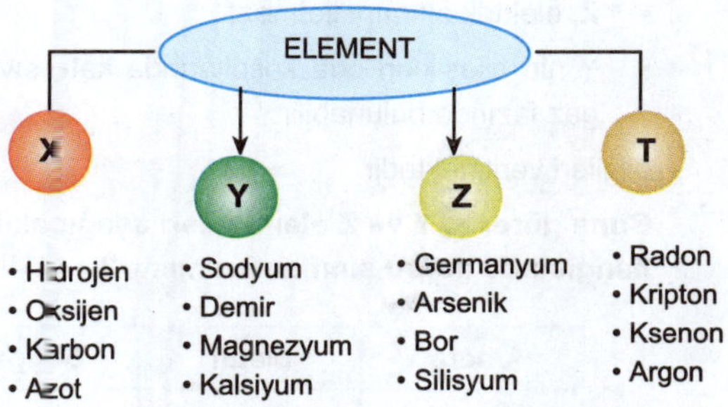

Yukarıdaki şemada elementler sınıflandırılmış ve her element sınıfı için örnekler verilmiştir.

Buna göre; X, Y, Z ve T element sınıfları aşağıdakilerden hangisinde doğru verilmiştir?

	X	Y	Z	T
A)	Metal	Ametal	Yarı metal	Soy gaz
B)	Ametal	Metal	Soy gaz	Yarı metal
C)	Yarı metal	Metal	Ametal	Soy gaz
D)	Yarı metal	Ametal	Metal	Soy gaz
E)	Ametal	Metal	Yarı metal	Soy gaz

2.

Demir

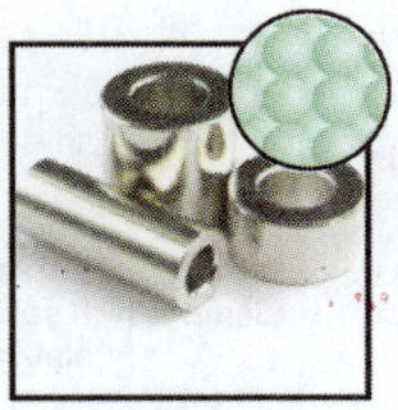

Nikel

Yukarıda 25 °C'deki demir ve nikel elementlerinin fotoğrafları ve tanecik modelleri verilmiştir.

Buna göre; 25 °C'deki demir ve nikel için;

I. haddelenebilme (şekillendirilebilme),

II. monoatomik yapı,

III. fiziksel hâl

özelliklerinden hangileri ortaktır?

A) Yalnız I B) I ve II C) I ve III

D) II ve III E) I, II ve III

3. Metaller ile ilgili aşağıda verilen yargılardan hangisi <u>yanlıştır</u>?

A) Isı ve elektriği iyi iletirler.

B) Bileşiklerinde pozitif değerlik alırlar.

C) Elektron verme eğilimi gösterirler.

D) Aktif olanları doğada bileşikler hâlinde bulunur.

E) Oda koşullarında tamamı katı hâldedir.

4. Ametaller ile ilgili aşağıda verilen yargılardan hangisi <u>yanlıştır</u>?

A) Doğada genellikle moleküler hâlde bulunurlar.

B) Bileşiklerinde pozitif ve negatif yükseltgenme basamağına sahip olabilirler.

C) Elektron alma eğilimi gösterirler.

D) Oda koşullarında tümü gaz fazındadır.

E) Kırılgan olduklarından tel veya levha hâline getirilemezler.

5. Aşağıda verilen elementlerden hangisi ametal <u>değildir</u>?

A) Cıva (Hg) B) İyot (I) C) Fosfor (P)

D) Brom (Br) E) Klor (Cl)

6. **Asal gazlar ile ilgili aşağıda verilen yargılardan hangisi <u>yanlıştır</u>?**

A) He, Ne gibi asal gazlar bileşik oluşturma eğilimi göstermezler.

B) Oda koşullarında gaz fazındadırlar.

C) Doğada elementel hâlde bulunurlar.

D) Tümünün son yörüngesinde 8 elektron bulunur.

E) Periyodik tabloda bulundukları periyodun son elementidirler.

7. **Argon (Ar) ve ksenon (Xe) elementleri ile ilgili,**

I. Işıklandırmada kullanılırlar.

II. Kararlı yapıdadırlar.

III. Periyodik tablonun asal gazlar grubunda yer alırlar.

yargılarından hangileri doğrudur?

A) Yalnız I B) I ve II C) I ve III

D) II ve III E) I, II ve III

8. **Yarı metaller ile ilgili aşağıda verilen yargılardan hangisi <u>yanlıştır</u>?**

A) Parlak veya mat olabilirler

B) Elektrik ve ısıyı ametallerden daha iyi metallerden daha az iletirler.

C) Oda koşullarında katı hâlde bulunurlar.

D) İşlenemezler.

E) Fiziksel özellikleri ve görünüşleri açısından metallere, kimyasal özellikleri yönünden ametallere benzerler.

9. **Aşağıda verilen özelliklerden hangisi ametal ve yarı metaller için doğru, metaller için <u>yanlıştır</u>?**

A) Oda koşullarında katı hâlde bulunurlar.

B) İşlenebilirler.

C) Parlaktırlar.

D) VIIA gurubunda bulunabilirler.

E) Isı ve elektriği iyi iletirler.

karekök

10. X, Y ve Z elementleri ile ilgili;

- X, bileşik oluştururken elektron verir.
- Z, elektrik akımını iletmez.
- Y nin bileşikleri oda koşullarında katı, sıvı veya gaz fazında bulunabilir.

bilgileri verilmektedir.

Buna göre, X, Y ve Z elementleri aşağıdakilerden hangisinde doğru sınıflandırılmıştır?

	Ametal	Metal	Soygaz
A)	Z	X	Y
B)	Y	Z	X
C)	Y	X	Z
D)	X	Z	Y
E)	X	Y	Z

11.

	Özellik			
Element	Kolay şekil alabilme	Tepkimelere karşı asal olma	Isı ve elektriği iletme	Kırılgan olma
Na	✓		✓	
B	✓	✓		
S				✓
He		✓	✓	

Yukarıdaki tabloda oda koşullarında bulunan Na, B, S ve He elementlerinin sahip olduğu özellikler ✓ ile işaretlenmiştir.

Buna göre, yapılan işaretlemelerden kaç tanesi <u>yanlıştır</u>?

A) 2 B) 3 C) 4 D) 5 E) 6

1	E	2	E	3	E	4	D	5	A	6	D	7	E	8	D	9	D	10	C	11	A

1.

Grup numarası	Özel Adı
1A	Toprak alkali metaller
2A	Alkali metaller
3A	Toprak metalleri
7A	Halojenler
8A	Soygazlar

Yukarıdaki tabloda periyodik sistemde bulunan bazı gruplar ve bu grupların özel adları eşleştirilmiştir.

Buna göre, hangi iki grup yer değiştirirse doğru eşleştirmeye ulaşılır?

A) 1A ve 2A B) 1A ve 3A C) 2A ve 3A
D) 3A ve 7A E) 7A ve 8A

2.

Yukarıda bazı elementlerin periyodik tablodaki yerleri gösterilmiştir.

Buna göre, aşağıda verilen yargılardan hangisi yanlıştır?

A) X ve Z benzer kimyasal özelliklere sahiptir.
B) Z ve M'nin elektron bulunduran katman sayıları aynıdır.
C) T, B grubu elementidir.
D) Atom numarası en büyük olan element T, en küçük olan element ise X'tir.
E) M, 3. Periyot 8A grubu elementidir.

3. **Periyodik sistemin 17. grup elementleri ile ilgili aşağıda verilen yargılardan hangisi yanlıştır?**

A) Halojenler olarak adlandırılırlar.
B) Atom numaraları arttıkça erime ve kaynama noktaları artar.
C) Doğada monoatomik hâlde bulunurlar.
D) Grupta bulunan F, Cl, Br ve I ametaldir.
E) Atom numaraları kendilerine en yakın soygazların atom numarasından bir eksiktir.

4. Aynı periyotta bulunan X, Y, Z ve Q elementlerine ait,

- X, periyodunun en aktif metalidir.
- Y, toprak alkali metalidir.
- Z, 7A grubu elementidir.
- Q'nun tepkimeye girme eğilimi yoktur.

bilgileri veriliyor.

Buna göre; X, Y, Z ve Q elementlerinin atom numaraları aşağıdakilerden hangisinde doğru sıralanmıştır?

A) X > Y > Z > Q B) X > Y > Q > Z
C) Y > Z > Q > X D) Q > Z > X > Y
E) Q > Z > Y > X

5. X, Y ve Z elementleri ile ilgili;

- X'in değerlik elektron sayısı Y'ninkinden 1 eksiktir.
- Y'nin elektron bulunduran katman sayısı X'inkinden 1 fazladır.
- Y ve Z benzer kimyasal özellikler göstermektedir.

bilgileri veriliyor.

Buna göre; X, Y ve Z elementlerinin periyodik tablodaki yeri aşağıdakilerden hangisinde doğru şematize edilmiştir?

A) 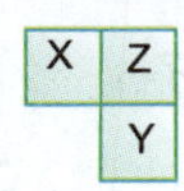

B) 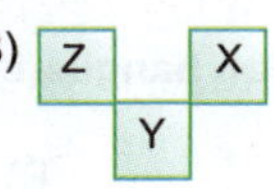

C) 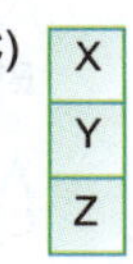

D) 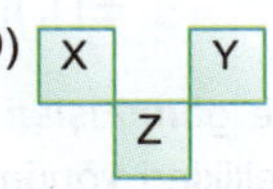

E) 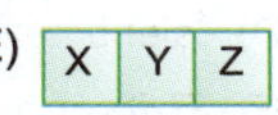

6. X ve Y sırasıyla periyodik tablonun aynı periyodunun 1 ve 2. gruplarında yer almaktadır.

Buna göre, X ve Y elementleri ile ilgili aşağıda verilen yargılardan hangisi yanlıştır?

A) Değerlik elektron sayıları sırasıyla 1 ve 2'dir.
B) Elektron bulunduran katman sayıları aynıdır.
C) Y'nin elektron verme isteği X'inkinden daha fazladır.
D) Isı ve elektriği iyi iletirler.
E) X'in erime ve kaynama noktası Y'ninkinden daha düşüktür.

7. Helyum (He) ve neon (Ne) element atomlarının proton sayıları sırasıyla 2 ve 10'dur.

Buna göre; He ve Ne elementleri ile ilgili,

I. Periyodik tablonun 18. grubunda yer alırlar.

II. Kimyasal olaylara karşı isteksizdirler.

III. Değerlik elektron sayıları 8'dir.

IV. Elektron bulunduran katman sayıları arasındaki fark 1'dir.

yargılarından hangileri doğrudur?

A) Yalnız I B) I ve II C) I, II ve IV D) I, III ve IV E) II, III ve IV

8.

$_{11}$Na
$_{19}$K
$_{37}$Rb

Yanda periyodik tabloda bulunan 1A grubunun bazı elementleri ve bu elementlerin proton sayıları verilmiştir.

Buna göre; verilen elementlerle ilgili,

I. Metaldirler.

II. Değerlik elektron sayıları 1'dir.

III. Elektron verme istekleri Na > K > Rb şeklinde sıralanır.

yargılarından hangileri doğrudur?

A) Yalnız I B) I ve II C) I ve III D) II ve III E) I, II ve III

9. Periyodik tabloda soldan sağa gidildikçe aşağıdaki özelliklerden hangisi <u>kesinlikle artar</u>?

A) Atom numarası

B) Metalik özellik

C) Elektron alma isteği

D) Nötron sayısı

E) Elektron bulunduran katman sayısı

10.

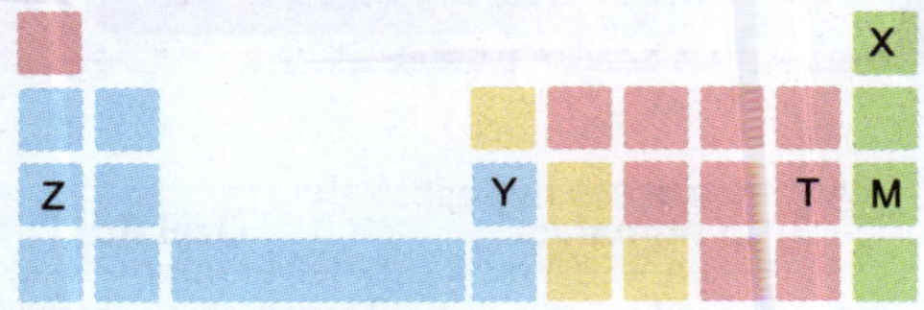

Yukarıda periyodik tabloda bulunan bazı elementlerin yerleri gösterilmiştir.

Buna göre,

I. X ve M soygazdır.

II. Z'nin metalik özelliği Y'ninkinden fazladır.

III. T ametaldir.

yargılarından hangileri doğrudur?

A) Yalnız I B) I ve II C) I ve III D) II ve III E) I, II ve III

11.

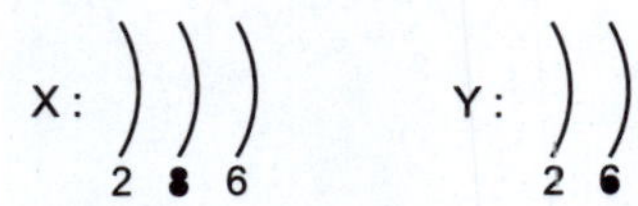

Yukarıda X ve Y element atomlarına ait katman elektron dağılımları verilmiştir.

Buna göre; X ve Y elementleri ile ilgili,

I. Elektron alma eğilimleri X > Y şeklindedir.

II. Atom numaraları sırasıyla 16 ve 8'dir.

III. Kimyasal özellikleri benzerdir.

IV. Periyodik tabloda aynı yatay sırada bulunurlar.

yargılarından hangileri <u>yanlıştır</u>?

A) II ve III B) I ve IV C) I, II ve IV D) I, III ve IV E) II, III ve IV

12. Aynı periyotta bulunan X, Y ve Z elementlerinin atom numaraları Y > X > Z şeklinde sıralanmaktadır.

Buna göre; X, Y ve Z elementlerinin;

I. elektron verme isteği,

II. ametalik özellik,

III. grup numarası

özelliklerinden hangileri Z > X > Y şeklinde sıralanır?

A) Yalnız I B) I ve II C) I ve III D) II ve III E) I, II ve III

karekök

1	A	2	A	3	C	4	E	5	A	6	C	7	C	8	B	9	A	10	E	11	B	12	A

1. **Atom yarıçapı ile ilgili,**

I. Yanyana duran iki metal atomunun çekirdekleri arasındaki mesafenin yarısıdır.

II. Aynı gruptaki elementlerin proton sayılarının arttığı yönde artan özelliğidir.

III. Elektron bulunduran katman sayıları eşit olan atomların çekirdek yükü arttıkça azalan özelliğidir.

yargılarından hangileri doğrudur?

A) Yalnız I B) Yalnız II C) Yalnız III D) II ve III E) I, II ve III

2. I. Yoğunluk

II. Erime noktası

III. Kaynama noktası

Elementlere ait yukarıdaki özelliklerden hangileri atom yarıçapıyla ilişkilidir?

A) Yalnız I B) Yalnız II C) Yalnız III D) II ve III E) I, II ve III

3. $Na(g) + 496\ kJ \longrightarrow Na^{+}(g) + e^{-}$

Yukarıda denklemi verilen değişim ile ilgili,

I. Na atomu katyonuna dönüşmüştür.

II. Na'nın 1. iyonlaşma enerjisi 496 kJ'dür.

III. Değişim sonucu Na'nın nükleon sayısı azalmıştır.

yargılarından hangileri doğrudur?

A) Yalnız I B) Yalnız II C) I ve II D) II ve III E) I, II ve III

4. $X(s) + 1215\ kJ \longrightarrow X^{+}(g) + e^{-}$

X atomuna ait yukarıdaki değişim ile ilgili,

I. X'in iyonlaşma denklemidir.

II. X'in 1. iyonlaşma enerjisi 1215 kJ'den daha azdır.

III. X ile X^{+} nın kimyasal özellikleri farklıdır.

yargılarından hangileri doğrudur?

A) Yalnız I B) I ve II C) I ve III D) II ve III E) I, II ve III

5.

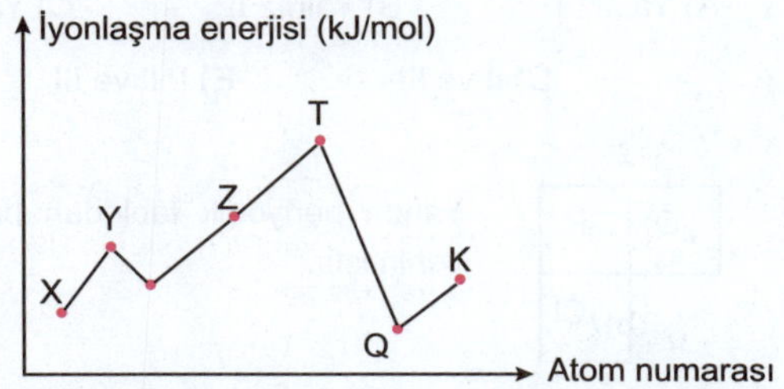

Yukarıdaki grafikte atom numaraları ardışık bazı baş grup elementlerinin iyonlaşma enerjileri karşılaştırılmıştır.

Buna göre, aşağıdaki ifadelerden hangisi <u>yanlıştır</u>?

A) T ile Q'nun elektron bulunduran katman sayıları farklıdır.

B) Z, periyodik sistemin 7A grubunda bulunur.

C) Z ametal, Q ise metaldir.

D) X alkali, Y ise toprak alkali metalidir.

E) Q'nun metalik aktifliği K'ninkinden fazladır.

6. **$_{11}X$ ile $_{13}Y$ atomları ile ilgili aşağıdaki yargılardan hangisi <u>yanlıştır</u>?**

A) X'in değerlik elektron sayısı 1; Y'ninki se 3'tür.

B) X'in 2. iyonlaşma enerjisi Y'nin 4. iyonlaşma enerjisine eşittir.

C) X'in atom yarıçapı Y'ninkinden büyüktür.

D) X ve Y baş grup elementleridir.

E) X bileşiklerinde 1+, Y ise bileşiklerinde 3+ yük alır.

karekök

7.

Atom	$İE_1$	$İE_2$	$İE_3$
X	496	4560	6900
Y	738	1450	7730
Z	578	1820	2750

Yukarıdaki tabloda aynı periyotta bulunan X, Y ve Z baş grup elementlerinin ilk 3 iyonlaşma enerjisi kJ/mol cinsinden verilmiştir.

Buna göre,

I. Atom yarıçaplarına göre X > Y > Z şeklinde sıralanır.

II. Z'nin değerlik elektron sayısı en az 3'tür.

III. X; 1A, Y ise 2A grubu elementidir.

yargılarından hangileri doğrudur?

A) Yalnız I B) Yalnız II C) Yalnız III D) II ve III E) I, II ve III

8.

$_8O$	$_9F$
	$_{17}Cl$

Yanda periyodik tablodan bir kesit verilmiştir.

Buna göre,

I. Cl'nın elektron ilgisi F ve O'dan fazladır.

II. Atom yarıçapları Cl > O > F şeklinde sıralanır.

III. O atomu kalkojen, F ve Cl atomları ise halojendir.

yargılarından hangileri doğrudur?

A) Yalnız I B) Yalnız II C) Yalnız III D) II ve III E) I, II ve III

9.

Yukarıdaki periyodik tablo kesitinde bazı elementlerin yerleri gösterilmiştir.

Buna göre, aşağıdaki ifadelerden hangisi <u>yanlış</u>tır?

A) Y ve Z ametal, T ise asal gazdır.

B) Z'nin elektronegatifliği Y'ninkinden fazladır.

C) L'nin elektron ilgisi Y'ninkinden fazladır.

D) Q'nun 1. iyonlaşma enerjisi X'inkinden küçüktür.

E) X, Y ve Z aynı periyot elementleridir.

10.

Atom	Elektron ilgisi kJ/mol
X	+6
Y	–141
Z	–349

Yukarıda X, Y ve Z atomlarının elektron ilgileri verilmiştir.

Buna göre,

I. X metal, Y ile Z ametaldir.

II. Y ve Z'nin, X'e göre elektron alma eğilimi daha fazladır.

III. Elektron ilgileri X > Y > Z şeklinde sıralanır.

yargılarından hangileri <u>kesinlikle</u> doğrudur?

A) Yalnız II B) I ve II C) I ve III D) II ve III E) I, II ve III

11. I. $_{14}X$

II. $_{15}Y$

III. $_{16}Z$

Yukarıdaki atomların 1. iyonlaşma enerjileri hangi seçenekte doğru sıralanmıştır?

A) I > II > III B) I > III > II C) II > I > III D) II > III > I E) III > II > I

12.

	Terim	Tanım
I.	İyonlaşma enerjisi	Gaz fazındaki bir atomdan elektron koparmak için o atoma verilen enerjidir.
II.	Elektron ilgisi	Gaz fazındaki bir atomun elektron alırken transfer ettiği enerjinin ölçüsüdür.
III.	Elektronegatiflik	Atomların bağ elektronlarını çekme gücüdür.

Yukarıdaki terimlerden hangileri doğru tanımlanmıştır?

A) Yalnız I B) Yalnız II C) Yalnız III D) II ve III E) I, II ve III

1	E	2	E	3	C	4	E	5	D	6	B	7	E	8	E	9	C	10	A	11	D	12	E

1. 3. periyot 7A grubunda bulunan X elementinin nötron sayısı proton sayısından 1 fazladır.

Buna göre X element atomlarının kütle numarası kaçtır?

A) 31 B) 32 C) 34 D) 35 E) 37

2. **$^{23}_{11}X^+$ iyonundaki elektron (e), nötron (n) ve proton (p) sayıları hangi seçenekte doğru sıralanmıştır?**

A) p > n > e B) p > e > n C) e > p > n D) n > p > e E) n > e > p

3. **X^{2+} iyonunun periyodik sistemdeki yerini bulabilmek için;**

I. elektron sayısı,
II. proton sayısı,
III. nötron sayısı

niceliklerinden hangileri tek başına yeterlidir?

A) Yalnız I B) Yalnız II C) I ve II D) II ve III E) I, II ve III

4. 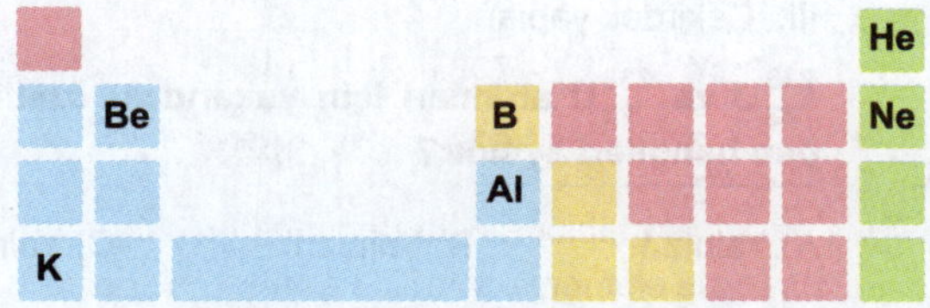

Yukarıdaki periyodik tabloda bazı elementlerin yerleri gösterilmiştir.

Buna göre, verilen elementlerin özellikleri ile ilgili aşağıdaki yargılardan hangisi yanlıştır?

A) He ve Ne elementleri benzer kimyasal özellik gösterirler.

B) B elementi yarı metaldir.

C) Al elementinin elektron verme eğilimi B elementinden yüksektir.

D) K atomunun elektron bulunduran katman sayısı Be atomunun elektron bulunduran katman sayısından fazladır.

E) Be, B ve Ne elementlerinin değerlik elektron sayıları aynıdır.

karekök

5. **Aşağıdakilerden hangisi metallerin özelliklerinden biri değildir?**

A) Tel ve levha hâline getirilebilirler.

B) Doğada diatomik olarak bulunabilirler.

C) Elektrik ve ısıyı iyi iletirler.

D) Elektron verme eğilimleri yüksektir.

E) Son katmanlarında az sayıda elektron bulundururlar.

6. **$_{12}X$ atomu elektron vererek X^{2+} iyonuna dönüştüğünde,**

I. Elektron bulunduran katman sayısı azalır.
II. Kimyasal özelliği değişir.
III. Atom yarıçapı büyür.

değişimlerinden hangileri gerçekleşir?

A) Yalnız I B) I ve II C) I ve III D) II ve III E) I, II ve III

7. I. Kimyasal özellik

II. Nötron sayısı

III. Çekirdek yapısı

$^{236}_{92}U$ ve $^{238}_{92}U$ atomları için yukarıdaki özelliklerden hangileri aynıdır?

A) Yalnız I B) Yalnız II C) Yalnız III

D) I ve III E) II ve III

8.

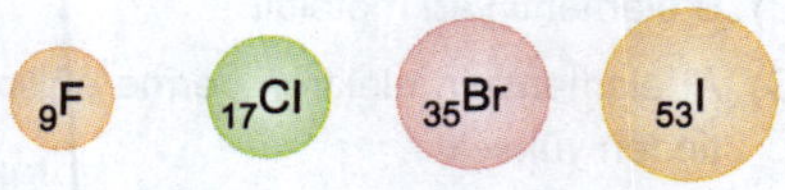

Yukarıda periyodik tablonun aynı grubunda bulunan element atomları sembolize edilmiştir.

Bu elementler ile ilgili aşağıda verilen yargılardan hangisi <u>yanlıştır</u>?

A) Doğada 2 atomlu moleküller hâlinde bulunurlar.

B) Periyodik tablonun halojenler grubunu oluştururlar.

C) Bileşik oluştururken elektron alma eğilimi gösterirler.

D) Oda koşullarında flor ve klor gaz, brom sıvı, iyot ise katı hâldedir.

E) Grupta atom numaraları arttıkça erime ve kaynama noktaları azalır.

9. I. Ametallerle iyonik bağlı bileşik oluşturabilme

II. Tek atomlu hâlde bulunabilme

III. Oda koşullarında katı olarak bulunabilme

Yukarıdaki özelliklerden hangileri bir elementin metal olduğunu kanıtlamak için <u>tek başına</u> yeterli <u>değildir</u>?

A) Yalnız II B) Yalnız II C) I ve II

D) I ve III E) II ve III

10. **$_{54}Xe$ atomunun elektron dağılımı aşağıdakilerden hangisinde doğru verilmiştir?**

A) 2 8 18 8

B) 2 8 18 8 4

C) 2 8 18 18 8

D) 2 8 18 18 8 4

E) 2 8 8 8 4

karekök

11. **Kütle numarası ve nötron sayısı bilinen pozitif (+) yüklü bir iyon için;**

I. çekirdek yükü,

II. elektron başına çekim gücü,

III. elektron dizilimi

nicelik ve özelliklerinden hangileri bulunabilir?

A) Yalnız I B) Yalnız II C) Yalnız III

D) I ve II E) I, II ve III

12. Periyodik sistemin aynı baş grubunda bulunan X, Y ve Z element atomlarının proton sayıları X > Z > Y şeklinde sıralanmaktadır.

Buna göre X, Y ve Z'nin,

I. iyonlaşma enerjisi,

II. periyot numarası,

III. elektronegatiflik

niceliklerinden hangileri X > Z > Y şeklinde sıralanır?

A) Yalnız II B) I ve II C) I ve III

D) II ve III E) I, II ve III

1	D	2	D	3	C	4	E	5	B	6	B	7	A	8	E	9	E	10	C	11	A	12	A

1.

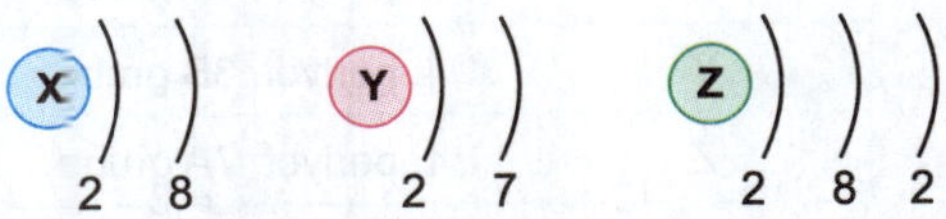

Yukarıda X, Y ve Z atomlarının katman elektron dağılımları verilmiştir.

Buna göre;

I. Y, bileşiklerinde X'in elektron düzenine ulaşır.

II. X kararlıdır.

III. Y ve Z atomları etkileşince iyonik bağ oluşturur.

yargılarından hangileri doğrudur?

A) Yalnız I B) I ve II C) I ve III

D) II ve III E) I, II ve III

2.

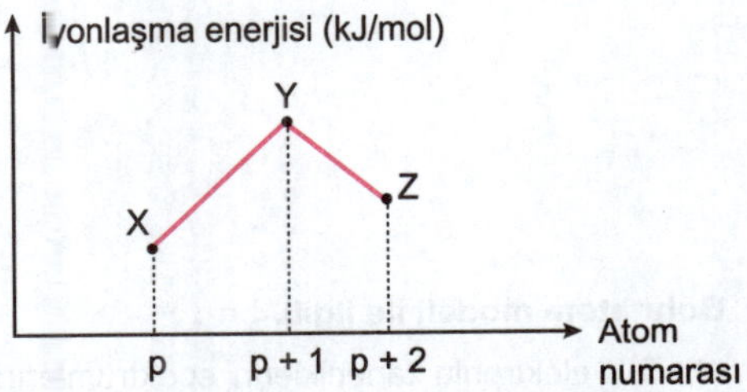

Yukarıda X, Y ve Z baş grup elementlerinin 1. iyonlaşma enerjileri karşılaştırılmıştır.

Buna göre; X, Y ve Z ile ilgili,

I. Atom hacimleri Y < Z < X şeklinde sıralanır.

II. Tümü metaldir.

III. Y, 5A grubu elementidir.

yargılarından hangilerinin doğruluğu <u>kesin değildir</u>?

A) Yalnız I B) Yalnız II C) Yalnız III

D) II ve III E) I, II ve III

3. Periyodik tablonun 1A grubu metalleri ile ilgili aşağıdaki yargılardan hangisi <u>yanlıştır</u>?

A) Değerlik elektron sayıları 1'dir.

B) Bileşik oluştururken elektron verme eğilimindedirler.

C) Periyodik tablonun her periyodunun en aktif metalleridir.

D) Isı ve elektriği iyi iletirler.

E) Periyodundaki en yüksek iyonlaşma enerjisine sahip elementlerdir.

4. I. X^- iyonunda elektron sayısı proton sayısından 1 fazladır.

II. X^+ iyonunda elektron sayısı proton sayısından 1 eksiktir.

III. X^- iyonunun proton sayısı, X^+ iyonunun proton sayısından 1 fazladır.

X atomunun oluşturduğu X^- ve X^+ iyonları ile ilgili yukarıdaki yargılardan hangileri <u>yanlıştır</u>?

A) Yalnız III B) I ve II C) I ve III

D) II ve III E) I, II ve III

5.
- 1 tane XY molekülünde 15 elektron, 15 nötron vardır.
- 1 tane XY_2 molekülünde 23 elektron, 23 nötron vardır.

Yukarıda X ve Y'den oluşan iki farklı molekül için elektron ve nötron sayıları verilmiştir.

Buna göre;

I. Y atomunun proton sayısı 8'dir.

II. X atomunun nötron sayısı 7'dir.

III. X ve Y'den oluşan XY_3^- iyonunda toplam 32 elektron vardır.

yargılarından hangileri doğrudur?

A) Yalnız I B) Yalnız II C) I ve II

D) I ve III E) I, II ve III

6. I. $^{12}X^{4-}$

II. $^{35}Y^{-}$

III. $^{24}Z^{2+}$

Yukarıda kütle numaraları verilen X^{4-}, Y^- ve Z^{2+} taneciklerinin nötron sayıları sırasıyla 6, 18 ve 12'dir.

Buna göre, X^{4-}, Y^- ve Z^{2+} taneciklerinin elektron bulunduran katman sayıları aşağıdakilerden hangisinde doğru karşılaştırılmıştır?

A) I > II > III B) II > III > I C) II > I = III

D) I = III > I E) I = II = III

karekök

7.

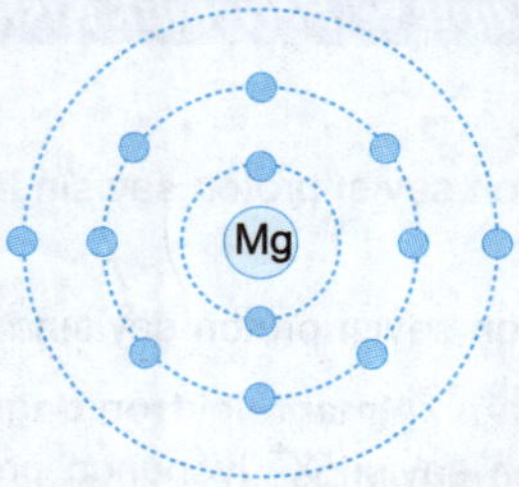

Yanda magnezyum atomunun elektron dağılımı sembolize edilmiştir.

Magnezyum atomunun kararlı hâli ile ilgili;

I. Elektron bulunduran 2 katmanı vardır.

II. Mg atomunun 2e⁻ almasıyla oluşur.

III. Proton ve nötron sayısı nötr hâli ile aynı değerdedir.

yargılarından hangileri doğrudur?

A) Yalnız I B) I ve II C) I ve III

D) II ve III E) I, II ve III

8. I. (–) yüklü iyonlarda elektron sayısı proton sayısından fazladır.

II. Nötr atomlarda proton sayısı elektron sayısına eşittir.

III. Nötr atom anyonuna dönüşürken hacmi büyür.

Nötr atom ve iyonlarla ilgili yukarıdaki yargılardan hangileri doğrudur?

A) Yalnız II B) Yalnız II C) I ve II

D) I ve III E) I, II ve III

9. **$_{12}X$ ve $_{11}Y$ atomları ile ilgili aşağıda verilen yargılardan hangisi <u>yanlıştır</u>?**

A) X'in 1. iyonlaşma enerjisi Y'ninkinden azdır.

B) Y'nin metalik özelliği X'inkinden fazladır.

C) Periyodik tabloda X 2A, Y ise 1A grubunda bulunur.

D) Periyodik tablonun aynı periyodunda yer alırlar.

E) Aktiflikleri Y > X şeklindedir.

10.

Element	Özellik
X	3. periyot, 7A grubu
Y	4. periyot, 3B grubu
Z	4. periyot, 7A grubu

X, Y ve Z elementleri ile ilgili yukarıdaki tabloda verilen bilgilere göre;

I. X ve Z benzer kimyasal özellik gösterir.

II. Y ve Z'nin değerlik elektron sayıları aynıdır.

III. X ve Z diatomik, Y ise monoatomik yapıdadır.

yargılarından hangileri doğrudur?

A) Yalnız I B) Yalnız II C) I ve II

D) I ve III E) I, II ve III

11. **Bohr atom modeli ile ilgili,**

I. Tek elektronlu taneciklerin spektrumlarını başarıyla açıklayan bir modeldir.

II. Çekirdek dışındaki elektronların çekirdeğe yapışmamasını, çekirdek dışındaki yörüngelerde çizgisel davranıştaki dönüşleriyle açıklamıştır.

III. Elektronların hız ve konumlarının tam bir hassasiyetle belirlenemeyeceğini savunmuştur.

yargılarından hangileri doğrudur?

A) Yalnız I B) I ve II C) I ve III

D) II ve III E) I, II ve III

12. **Kararlı yapıdaki X^{3-} iyonunun yörünge sayısı 3 ve kütle numarası 31 olduğuna göre, bu elementin çekirdeğinde $\frac{n}{p}$ oranı kaçtır?**

A) $\frac{13}{14}$ B) $\frac{16}{17}$ C) $\frac{16}{15}$ D) $\frac{15}{16}$ E) $\frac{17}{16}$

1 E 2 E 3 E 4 A 5 E 6 C 7 C 8 E 9 A 10 D 11 E 12 C

1. I. Atom numaraları kendilerine en yakın kalkojenden 1 fazladır.

II. Değerlik elektron sayıları 7'dir.

III. Hidrojenli bileşikleri asit özelliği gösterir.

Yukarıdaki yargılardan hangileri tüm halojenler için doğrudur?

A) Yalnız I B) Yalnız II C) Yalnız III D) II ve III E) I, II ve III

2.

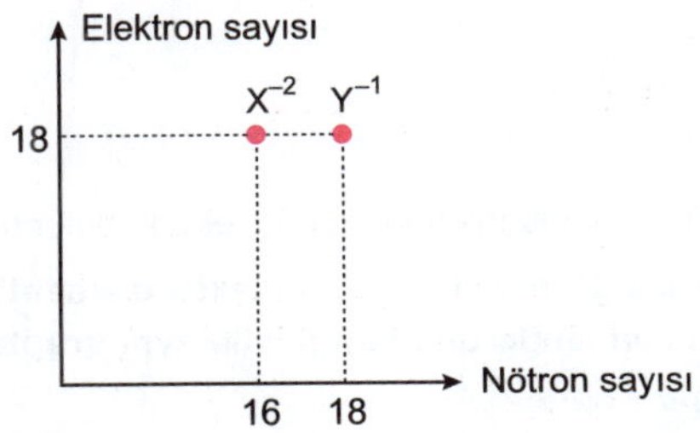

X^{2-} ve Y^{-} iyonlarının elektron ve nötron sayıları yukarıdaki grafikte verilmiştir.

X ve Y'nin baş grup elementleri olduğu bilindiğine göre;

I. X ve Y aynı periyotta bulunur.

II. X ve Y izobar atomlardır.

III. Y'nin grup numarası X'inkinden büyüktür.

yargılarından hangileri <u>yanlıştır</u>?

A) Yalnız II B) Yalnız III C) I ve II D) I ve III E) I, II ve III

3. **H_2, H_2O ve He ile ilgili aşağıdaki yargılardan hangisi <u>yanlıştır</u>?** ($_1H$, $_2He$, $_8O$)

A) H_2 ve H_2O moleküler yapılıdır.

B) He ve H_2 elementtir.

C) He doğada atomik yapıda bulunur.

D) H_2 ametal, He ise asal gazdır.

E) H_2O fiziksel yöntemlerle elementlerine ayrışır.

4.

Yukarıda iyon hâllerinin katman elektron dağılımları verilen X ve Y atomları için;

I. Elektron bulunduran katman sayıları aynıdır.

II. X metal, Y ise ametaldir.

III. X, toprak alkali metalidir.

yargılarından hangileri <u>yanlıştır</u>?

A) Yalnız I B) Yalnız III C) I ve II D) II ve III E) I, II ve III

5. Aynı periyotta bulunan X ile Y elementlerinin değerlik elektron sayıları sırasıyla 1 ve 6'dır.

Buna göre, aşağıdakilerden hangisi <u>yanlıştır</u>?

A) X metal, Y ametaldir.

B) X'in atom numarası Y'ninkinden fazladır.

C) Y, 6A grubu elementidir.

D) X'in metalik özelliği Y'ninkinden fazladır.

E) Y'nin elektron ilgisi X'inkinden fazladır.

6.

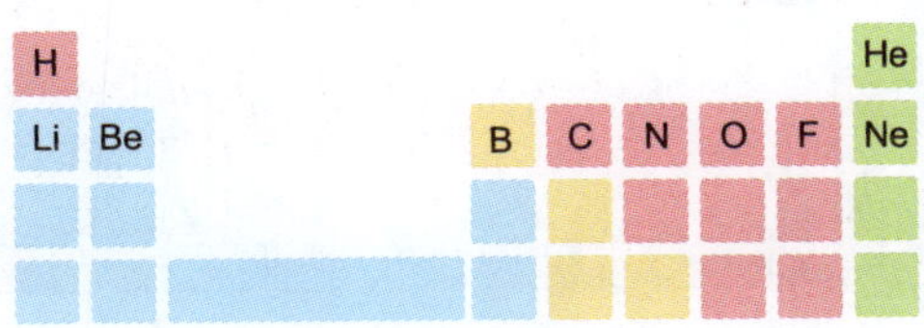

Yukarıda periyodik tablodan bir kesit verilmiştir.

Buna göre;

I. Periyodik tablo üzerinde belirtilen elementlerden atom numarası en büyük olan neon (Ne) dur.

II. Azot (N), oksijen (O) ve flor (F) ametal diğer elementler ise metaldir.

III. Oda koşullarında He ve Ne gaz fazındayken diğer elementler katı hâldedir.

yargılarından hangileri doğrudur?

A) Yalnız I B) Yalnız II C) Yalnız III D) I ve II E) I, II ve III

karekök

7. X, Y ve Z elementleri ile ilgili,

- X'in elektron bulunduran katman sayısı Y ve Z'ninkinden fazladır.
- Aynı periyotta bulunan Y ve Z'den Y'nin elektron ilgisi Z'ninkinden fazladır.

bilgileri verilmiştir.

Buna göre; X, Y ve Z'nin periyodik sistemdeki yeri,

I.

X	Y
	Z

II.

Z	Y
	X

III.

Y	Z
X	

durumlarından hangileriyle gösterilebilir?

A) Yalnız I B) Yalnız II C) I ve II D) I ve III E) II ve III

8. **Periyodik tablonun 3A grubunda bulunan X elementi ile ilgili;**

I. Birinci periyotta bulunamaz.

II. Şekillendirilebilir.

III. Metaldir.

yargılarından hangileri <u>kesinlikle</u> doğrudur?

A) Yalnız I B) Yalnız III C) I ve II D) I ve III E) II ve III

9.

Yukarıdaki periyodik tablo kesitinde X, Y, Z, T ve Q elementlerinin tablodaki yerleri gösterilmiştir.

Buna göre, aşağıda verilen yargılardan hangisi <u>yanlıştır</u>?

A) X, Z ve Q aynı periyot elementleridir.

B) T ve Q kararlı bileşiklerinde aynı soygazın elektron dizilimine sahiptir.

C) X alkali, Z ise toprak metalidir.

D) Y'nin kararlı bileşiğindeki elektron sayısı Q'nun elektron sayısından 1 fazladır.

E) Z ve Q'nun değerlik elektron sayıları arasındaki fark 4'tür.

10.

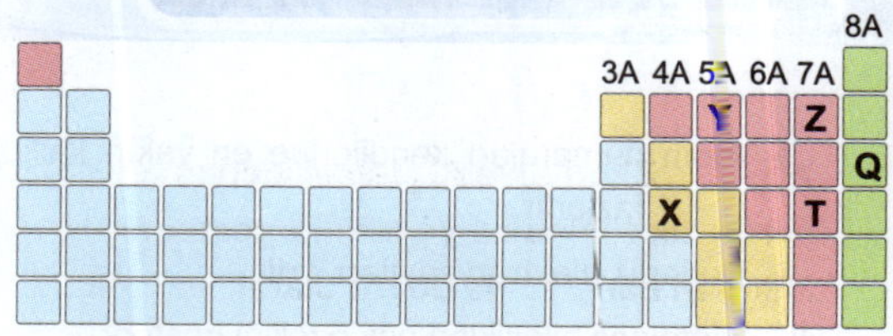

Yukarıdaki periyodik tablo kesitinde bazı elementlerin yerleri gösterilmiştir.

Buna göre, aşağıdaki ifadelerden hangisi <u>yanlıştır</u>?

A) Z'nin elektronegatifliği T'ninkinden fazladır.

B) Q'nun elektron ilgisi pozitif değerlidir.

C) X yarı metaldir.

D) Y ile T oda koşullarında katı hâldedir.

E) Y'nin ametalik özelliği Z'ninkinden azdır.

11. XO_4^{3-} iyonunda toplam 50 elektron bulunmaktadır.

Buna göre; XO_4^{3-} iyonundaki X elementi, aşağıdaki elementlerden hangisi ile aynı grupta yer alır?

($_8O$)

A) $_{12}Mg$ B) $_{13}Al$ C) $_{26}Fe$ D) $_{33}As$ E) $_{34}Se$

karekök

12.

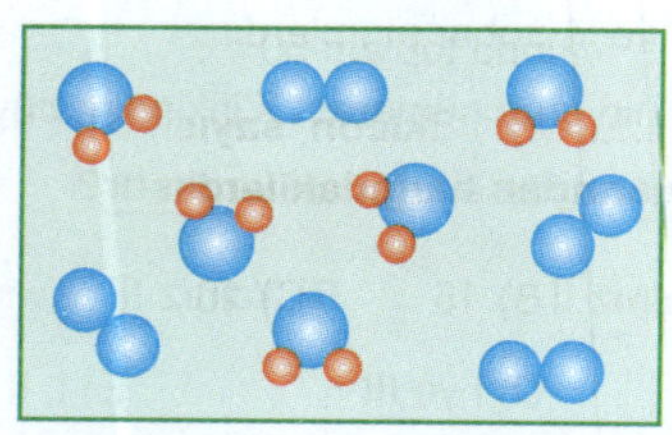

Yukarıda bir maddeye ait tanecik modeli verilmiş ve bu modelde aynı atomlar aynı renge sahip olan geometrik şekiller ile ifade edilmiştir.

Buna göre; tanecik modeli verilen bu madde,

I. O_2, H_2O

II. CO_2, CO

III. CO_2, Co

çiftlerinden hangilerinin bir araya gelmesi ile oluşabilir?

A) Yalnız I B) Yalnız II C) Yalnız III D) I ve II E) I, II ve III

1	E	2	A	3	E	4	B	5	B	6	A	7	B	8	C	9	B	10	D	11	D	12	A

1. **X^{3-}_{18}, Y^{+}_{18}, Z^{2+}_{18}, T_{18} ve A^{2-}_{18} taneciklerine ait atomların periyodik tablodaki yerlerinin gösterimi aşağıdakilerden hangisinde doğru olarak verilmiştir?**

A)

B)

C)
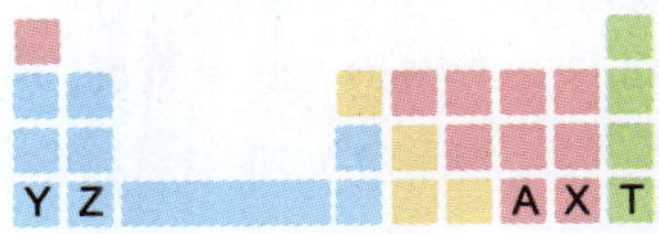

D)
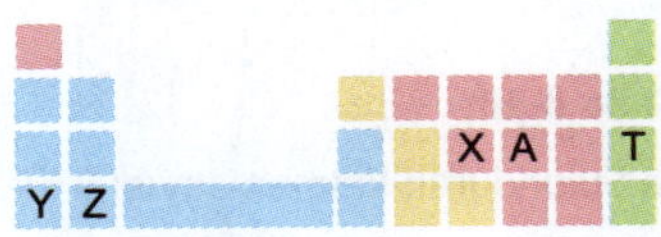

E)

2. XO_4^{2-} iyonunda toplam 50 elektron bulunmaktadır.
X atomunun nükleon sayısı 32 olduğuna göre, nötron sayısı aşağıdakilerden hangisidir? *($_8O$)*

A) 14 B) 15 C) 16 D) 17 E) 18

3. **Toprak alkali metaller ile ilgili;**

I. Son katmanlarında 2 elektron bulunur.

II. Tümü oda koşullarında katı hâldedir.

III. Tepkimeye girme eğilimleri alkali metallere göre daha azdır.

yargılarından hangileri doğrudur?

A) Yalnız I B) I ve II C) I ve III D) II ve III E) I, II ve III

4. **Aşağıdaki elementlerden hangisinin 1. iyonlaşma enerjisi diğerlerininkinden daha fazladır?**

A) $_7N$ B) $_8O$ C) $_9F$ D) $_{15}P$ E) $_{16}S$

5.
- Çekirdekli atom modeli
- Yörüngeli atom modeli
- Bölünemeyen atom modeli
- Üzümlü kek modeli

Yukarıda bazı atom modelleriyle ilgili benzetmeler yapılmıştır.

Buna göre, hangi atom modeliyle ilgili benzetme yapılmamıştır?

A) Bohr atom modeli

B) Dalton atom modeli

C) Modern atom modeli

D) Thomson atom modeli

E) Rutherford atom modeli

6. $^{19}X^{-}$ iyonu ile $^{20}Y_{10}$ atomunun nötron sayıları birbirine eşittir.

Buna göre, X^{-} taneciğinin elektron sayısı aşağıdakilerden hangisidir?

A) 7 B) 8 C) 9 D) 10 E) 11

7. Aşağıda verilen bilim insanlarından hangisi atomun yapısı ile ilgili bir çalışma <u>yapmamıştır</u>?

A) John Dalton
B) J.J. Thomson
C) Antoine Lavoisier
D) Niels Bohr
E) Ernest Rutherford

8.
I. Atom spektrumları
II. – yüklü elektronun + yüklü çekirdeğe yapışmama nedeni
III. Atomun parçalanabilirliği

Rutherford atom modeli yukarıdaki özelliklerden hangilerini <u>açıklayamamıştır</u>?

A) Yalnız I
B) I ve II
C) I ve III
D) II ve III
E) I, II ve III

9.
I. Elektron vermeye yatkındırlar.
II. Elektriği ve ısıyı iyi iletirler.
III. Standart koşullarda katı, sıvı ve gaz hâlinde bulunabilirler.

Yukarıda verilen özelliklerinden hangileri metaller için doğru, ametaller için <u>yanlıştır</u>?

A) Yalnız I
B) Yalnız II
C) Yalnız III
D) I ve II
E) II ve III

10. Atom spektrumları ile ilgili,

I. Her elementin atomu için karakteristik özelliğe sahiptir.
II. Kesiklidir.
III. Görünümünde tüm renkleri bulundurur.

yargılarından hangileri doğrudur?

A) Yalnız I
B) Yalnız II
C) I ve II
D) II ve III
E) I, II ve III

11. $_{35}$Br atomu ile ilgili;

I. Elektron bulunduran katman sayısı 3'tür.
II. 1 elektron aldığında soygaz elektron dağılımına sahip olur.
III. Değerlik elektron sayısı 7'dir.

yargılarından hangileri <u>yanlıştır</u>?

A) Yalnız I
B) Yalnız II
C) I ve II
D) I ve III
E) I, II ve III

12.
I. Elektron alan bir atomun katman sayısı artar.
II. Çekirdeğine nötron katılan bir atomun kütle numarası artar.
III. Nötr hâlden iyon hâline geçen bir atomun p/n oranı değişmez.

Atom ve iyon kavramları ile ilgili yukarıdaki yargılardan hangileri doğrudur?

A) Yalnız II
B) Yalnız III
C) I ve III
D) II ve III
E) I, II ve III

karekök

1	D	2	C	3	E	4	C	5	C	6	D	7	C	8	B	9	D	10	C	11	A	12	D

1. **$_{4}Be$ ile aynı grubu, $_{36}Kr$ ile aynı periyodu paylaşan X elementinin periyodik tablodaki yeri aşağıdakilerden hangisinde doğru verilmiştir?**

A) 3. periyot, 2A grubu

B) 4. periyot, 2A grubu

C) 4. periyot, 3B grubu

D) 3. periyot, 3A grubu

E) 3. periyot, 1A grubu

2. $_{z}X$, $_{z+1}Y$, $_{z+2}R$ elementlerinden, Y'nin periyodik tablonun son sütununda yer aldığı bilinmektedir.

Buna göre,

I. X ve R aynı grupta yer alır.

II. X'in son yörüngesinde 7 elektron bulunur.

III. X ametal, R ise metaldir.

yargılarından hangilerinin doğruluğu kesindir?

A) Yalnız III B) I ve II C) I ve III

D) II ve III E) I, II ve III

3. X, Y ve Z elementlerinin periyodik tablodaki yerleri

X	
Y	Z

şeklindedir.

Buna göre,

I. Y'nin 1. iyonlaşma enerjisi Z'ninkinden küçüktür.

II. X'in atom yarıçapı Y'ninkinden küçüktür.

III. Z'nin elektron ilgisi Y'ninkinden büyüktür.

yargılarından hangilerinin doğruluğu kesin değildir?

A) Yalnız I B) Yalnız II C) Yalnız III

D) I ve III E) II ve III

4. **$^{2a}_{a}X$, $^{2a+1}_{a+1}Y$, $^{2a+1}_{a}Z$ atomları ile ilgili aşağıdaki ifadelerden hangisi yanlıştır?**

A) X ve Y'nin nötron sayıları eşittir.

B) X ve Z izotop atomlardır.

C) Y ve Z izobar atomlardır.

D) X ve Z'nin enerji katman sayıları eşittir.

E) X ve Z'nin çekirdek yükleri farklıdır.

5.

$$X(g) + Q_1\ kJ \longrightarrow X^{+}(g) + e^{-}$$

$$X(g) + Q_2\ kJ \longrightarrow X^{2+}(g) + 2e^{-}$$

Yukarıda X atomuna ait iki değişim gösterilmiştir.

Buna göre,

I. X'in 1. iyonlaşma enerjisi Q_1 dir.

II. Q_2 değeri Q_1 değerinden büyüktür.

III. X'in 2. iyonlaşma enerjisi $Q_2 - Q_1$ dir.

yargılarından hangileri doğrudur?

A) Yalnız I B) Yalnız II C) Yalnız III

D) II ve III E) I, II ve III

6. **Aşağıdaki iyonların hangisinde e > n > p ilişkisi vardır?** *(e: elektron, n: nötron, p: proton)*

A) $^{24}_{12}Mg^{2+}$ B) $^{32}_{16}S^{2-}$ C) $^{14}_{7}N^{3-}$

D) $^{31}_{15}P^{3-}$ E) $^{23}_{11}Na^{+}$

7. I. Kendi aralarında bileşik oluşturamazlar.

II. Tek atomlu hâlde bulunabilirler.

III. Saf madde sınıfına girerler.

Yukarıdaki yargılardan hangileri hem metaller hem de soy gazlar için doğrudur?

A) Yalnız II B) Yalnız II C) I ve II

D) I ve III E) I, II ve III

8. I. ${}^{23}_{11}X^{+} - {}^{24}_{12}Y^{2+}$

II. ${}^{1}_{1}Z - {}^{2}_{1}Q$

III. ${}^{40}_{20}T - {}^{39}_{20}L$

Yukarıdaki tanecikler ile ilgili hangi yargı yanlıştır?

A) Z ve Q'nun fiziksel özellikleri aynıdır.

B) T ile L izotoptur.

C) X^{+} ile Y^{2+} izotondur.

D) X^{+} ile Y^{2+} izoelektroniktir.

E) Z ile Q izotoptur.

9.

İyon türü	Toplam elektron sayısı
X^{+}	10
Y^{3-}	18
Z^{3+}	10
T^{2-}	10

İyon türleri ile toplam elektron sayıları yukarıdaki tabloda verilen elementlerden hangileri 3. periyotta yer alır?

A) X, Y B) X, Z, T C) X, Y, T

D) Y, Z, T E) X, Y, Z

10.

Periyodik tabloda yerleri belirtilen elementlerle ilgili aşağıdakilerden hangisi yanlıştır?

A) Z elementi 3B grubundadır.

B) Çekirdek yükü en küçük olan X'tir.

C) Y'nin atom yarıçapı Z'ninkinden küçüktür.

D) Sadece Q elementi oda koşullarında gaz hâlinde bulunur.

E) Y'nin metalik özelliği X'inkinden fazladır.

karekök

11. **${}^{40}_{20}Ca$ elementi ${}^{40}_{20}Ca^{2+}$ iyonuna dönüştüğünde**

I. nötron sayısı,

II. elektron bulunduran katman sayısı,

III. çekirdek yükü

niceliklerinden hangileri azalır?

A) Yalnız II B) I ve II C) I ve III

D) II ve III E) I, II ve III

12. ${}_{19}X^{+}$ iyonunun çekirdeğindeki nötron ve proton sayıları arasında; n = p + 1 ilişkisi vardır.

Buna göre;

I. X in kütle numarası 39'dur.

II. X^{+} iyonunun elektron sayısı 18'dir.

III. Nötr X atomunun değerlik elektron sayısı 8'dir.

yargılarından hangileri yanlıştır?

A) Yalnız III B) I ve II C) I ve III

D) II ve III E) I, II ve III

1	B	2	A	3	D	4	E	5	E	6	D	7	E	8	A	9	E	10	C	11	A	12	A

1. **Nötr atomlarla ilgili;**

I. Elektron sayısı proton sayısına eşittir.

II. Kütle numarası atom numarasının iki katıdır.

III. Nötron sayısı elektron sayısına eşittir.

yargılarından hangileri her zaman doğrudur?

A) Yalnız I B) Yalnız II C) Yalnız III D) I ve III E) II ve III

2. **Aşağıda verilen atomlardan hangisi kararlı elektron dağılımına sahiptir?**

A) $_{1}H$ B) $_{8}O$ C) $_{12}Mg$ D) $_{18}Ar$ E) $_{19}Kr$

3. I. Elektron bulunduran katman sayıları

II. Nötron sayıları

III. Çekirdek yükleri

Aynı periyotta bulunan X ve Y elementlerine ait yukarıdaki niceliklerden hangileri aynı olamaz?

A) Yalnız I B) Yalnız II C) Yalnız III D) I ve III E) II ve III

4. **$_{12}X$, $_{56}Y$, $_{88}Z$ elementlerine ait;**

I. periyodik tablodaki grupları,

II. enerji katman sayıları,

III. değerlik elektron sayıları

niceliklerinden hangileri aynıdır?

A) Yalnız I B) Yalnız II C) Yalnız III D) I ve III E) II ve III

5. **Aşağıdakilerden hangisi oda koşullarında elektriği iletmez?**

A) $_{13}X$ B) $_{3}Y$ C) $_{13}Z$ D) $_{19}T$ E) $_{16}R$

6. **Atom numarası asal gazlardan 1 eksik olan elementlerle ilgili;**

I. Değerlik elektron sayısı 7'dir.

II. Ametaldirler.

III. Oda koşullarında gaz hâlinde bulunurlar.

yargılarandan hangileri kesinlikle doğrudur?

A) Yalnız I B) Yalnız II C) Yalnız III D) I ve III E) II ve III

7. I. Elektron bulunduran katman sayıları aynı olan elementler aynı periyotta bulunur.

II. Değerlik elektron sayıları eşit olan baş grup elementleri aynı grupta bulunur.

III. Aynı gruptaki elementlerin kimyasal özellikleri benzerdir.

Periyodik tablodaki grup ve periyotlarla ilgili yukarıdaki yargılardan hangileri doğrudur?

A) Yalnız I B) Yalnız II C) Yalnız III D) I ve II E) I, II ve III

8. $^{A}_{Z}X_{b}$ taneciğinde kütle numarası A, atom numarası Z ve elektron sayısı b'dir.

Buna göre;

I. b = Z ise X nötr hâldedir.

II. b > Z ise X anyondur.

III. b < Z ise X katyondur.

yargılarından hangileri doğrudur?

A) Yalnız I B) Yalnız II C) Yalnız III
D) II ve III E) I, II ve III

9. **$^{35}_{17}X$ atomunun izotopu ile ilgili;**

I. 17. grup elementidir.

II. Nötron sayısı 18'dir.

III. Doğada bileşik yapısında ya da diatomik hâlde bulunur?

yargılarından hangileri doğrudur?

A) Yalnız III B) I ve II C) I ve III
D) II ve III E) I, II ve III

10. **Aşağıdaki taneciklerden hangisi bileşiklerinde sadece (+) değerlik alır?**

A) $_{2}He$ B) $_{6}C$ D) $_{8}O$
D) $_{12}Mg$ E) $_{15}P$

karekök

11. **Aşağıdakilerden hangisi metallere ait bir özellik değildir?**

A) Bileşik oluştururken elektron verirler.

B) Elektrik akımını iletirler.

C) (–) değerlikli olma eğilimleri fazladır.

D) Kendi aralarında bileşik yapamazlar.

E) Tel ve levha hâline gelebilirler.

12. X^{n-} iyonu Y^{m+} iyonundan bir elektron alırsa, her iki taneciğin iyon yükleri eşit oluyor.

Buna göre, n ve m sayıları arasındaki bağıntı hangi seçenekte doğru verilmiştir?

A) n – m = 2 B) n + m = 2
C) m + n = –2 D) n – m = –2
E) n = m

13. I. Atomun kütlesinin büyük bir kısmı çekirdekte toplanmıştır.

II. Çekirdek kütlesi proton ve nötron kütlelerinin toplamına eşittir.

III. Elektron; proton ve nötronun yanında, kütlesi ihmal edilebilecek kadar küçük olan (–) yüklü bir parçacıktır.

Atomla ilgili yukarıdaki yargılardan hangileri doğrudur?

A) Yalnız I B) Yalnız II C) Yalnız III
D) I ve II E) I, II ve III

1	A	2	D	3	C	4	D	5	E	6	B	7	E	8	E	9	C	10	D	11	C	12	C	13	E

UYGULAMA TESTİ - 7

1. I. J.J. Thomson

II. Ernest Rutherford

III. Niels Bohr

Yukarıda verilen bilim insanlarından hangilerinin atom teorisinde atom altı taneciklerinin varlığından bahsedilmiştir?

A) Yalnız I B) I ve II C) I ve III

D) II ve III E) I, II ve III

2. I.

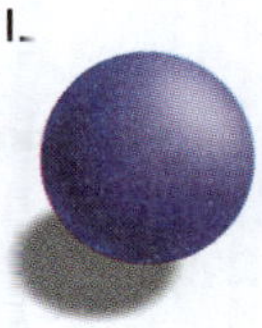

II.

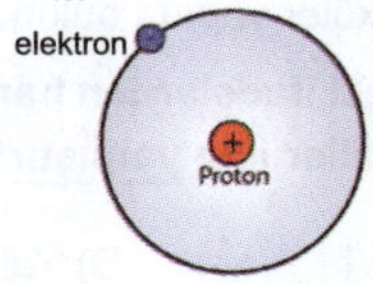

III.

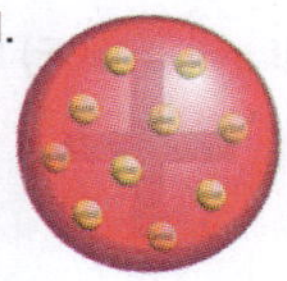

IV.

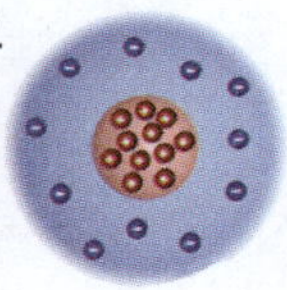

Yukarıda verilen atom modelleri aşağıdakilerden hangisinde eskiden yeniye kronolojik olarak doğru sıralanmıştır?

A) I, II, III, IV B) II, I, IV, III

C) I, III, IV, II D) IV, III, II, I

E) III, I, II, IV

3. Aşağıdaki elementlerden hangisinin periyodik sistemdeki yeri doğru verilmiştir?

	Element	Periyodik sistemdeki yeri
A)	$_{2}X$	1. periyot 2A grubu
B)	$_{8}Y$	6. periyot 2A grubu
C)	$_{21}Z$	4. periyot 6A grubu
D)	$_{16}T$	3. periyot 6A grubu
E)	$_{35}Q$	4. periyot 5A grubu

karekök

4. $^{27}_{13}Al^{3+}$ **iyonu ile ilgili aşağıdaki ifadelerden hangisi <u>yanlıştır</u>?**

A) Proton sayısı 13'tür.

B) Katyondur.

C) Çekirdek yükü +3'tür.

D) 14 nötronu vardır.

E) Kütle numarası 27'dir.

5. Periyodik sistemdeki yeri bilinen bir element ile ilgili;

I. atom numarası,

II. atom kütlesi,

III. nötr atomunun elektron sayısı

niceliklerinden hangileri bilinemez?

A) Yalnız I B) Yalnız II C) Yalnız III

D) II ve III E) I, II ve III

6. Periyodik tablonun aynı periyodunda sağa doğru elementlere ai;

I. iyonlaşma enerjisi,

II. elektron ilgisi,

III. çekirdek yükü

niceliklerinden hangileri kesinlikle artar?

A) Yalnız I B) Yalnız II C) Yalnız III

D) II ve III E) I, II ve III

7.

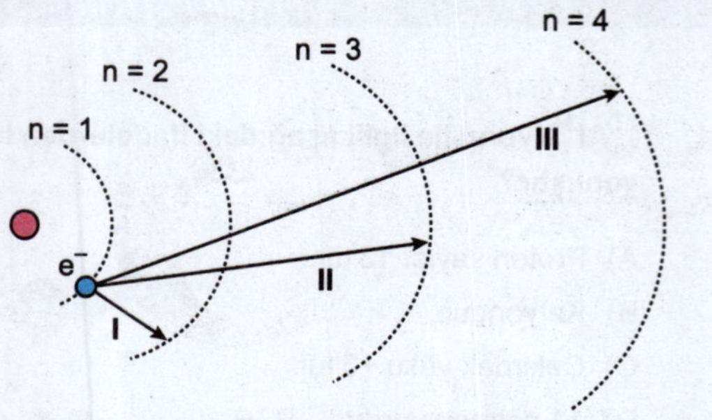

Yukarıda tek elektronlu bir taneciğin elektronunun katmanlar arası geçişi gösterilmiştir.

Buna göre, hangi seçenekte elektron geçişleri sırasında atoma verilen enerji değerleri doğru sıralanmıştır?

A) I > II > III B) I > III > II C) II > I > III
D) II > III > I E) III > II > I

8. X, Y ve Z elementleri ile ilgili,

- X aynı periyottaki Y'den daha elektronegatiftir.
- Aynı grupta bulunan Y ve Z'den Y'nin metalik aktifliği daha fazladır.

bilgileri veriliyor.

Buna göre; X, Y ve Z'nin atom numaraları hangi seçenekteki gibi sıralanır?

A) X > Y > Z B) Y > X > Z C) Y > Z > X
D) Z > X > Y E) Z > Y > X

9. Thomson atom modeline göre,

I. Atom içi dolu homojen bir küre şeklindedir ve parçalanamaz.
II. Atomun merkezinde pozitif yüklü yoğun bir bölge vardır.
III. Atom, pozitif ve negatif yüklerin birbirini dengelediği küre şeklinde bir cisimdir.

yargılarından hangileri doğrudur?

A) Yalnız III B) I ve II C) I ve III
D) II ve III E) I, II ve III

10. Nötr izoton taneciklerin;

I. kütle numarası,
II. proton sayısı,
III. elektron sayısı

niceliklerinden hangileri __farklıdır__?

A) Yalnız I B) Yalnız II C) Yalnız III
D) II ve III E) I, II ve III

11. I. Oda koşullarında elektriği iletirler.
II. Elektron verme eğilimleri yüksektir.
III. Molüküler yapıda bulunurlar.

Yukarıdaki ifadelerden hangileri metaller için doğru, ametaller için __yanlıştır__?

A) Yalnız I B) Yalnız II C) I ve II
D) II ve III E) I, II ve III

12.

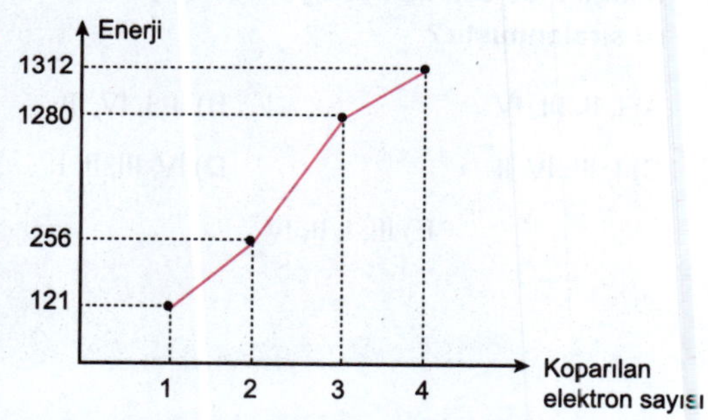

Yukarıda gaz fazında bulunan X element atomunun elektronlarını koparabilmek için atoma verilen enerji miktarı gösterilmiştir.

Buna göre X ile ilgili,

I. Toprak alkali metalidir.
II. Oda koşullarında katı hâldedir.
III. Atom numarası çift sayıdır.

yargılarından hangileri doğrudur?

A) Yalnız I B) Yalnız II C) Yalnız III
D) II ve III E) I, II ve III

1	2	3	4	5	6	7	8	9	10	11	12
E	C	D	C	B	C	E	A	A	E	C	E

3. BÖLÜM

KİMYASAL TÜRLER ARASI ETKİLEŞİMLER

1. **Aşağıdakilerden hangisi bir kimyasal tür değildir?**

A) Atom B) Molekül C) Katyon
D) İyon E) Elektron

2. **Aşağıdakilerden hangisi kimyasal türleri bir arada tutan kuvvetler arasında gösterilebilir?**

A) Kütle çekim kuvveti
B) Elektrostatik kuvvet
C) Güçlü nükleer kuvvet
D) Zayıf nükleer kuvvet
E) Yerçekimi kuvveti

3. **Birbirine yaklaşan iki kimyasal tür için;**

I. elektron bulutları arasında itme,
II. çekirdekleri arasında itme,
III. bir türün elektron bulutu ile diğer türün çekirdeği arasında çekme

elektrostatik kuvvetlerinden hangileri oluşur?

A) Yalnız I B) Yalnız II C) Yalnız III
D) I ve II E) I, II ve III

4. **Kimyasal türler arasında oluşan;**

I. metalik bağ,
II. van der Waals bağları,
III. iyonik bağ

etkileşimlerinden hangileri güçlü etkileşim (kimyasal bağ) olarak sınıflandırılabilir?

A) Yalnız I B) Yalnız II C) Yalnız III
D) I ve III E) I, II ve III

5. **Aşağıdaki bağlardan hangisi, birbirine yaklaşan iki kimyasal tür arasında çekme kuvvetinin itme kuvvetinden çok baskın olduğu durumlarda oluşur?**

A) London kuvvetleri
B) Hidrojen bağları
C) Kovalent bağlar
D) Dipol - dipol bağları
E) İyon - dipol bağları

6. **Aşağıdaki değişimlerden hangisi gerçekleşirken sadece zayıf etkileşimler kırılır?**

A) $Hg(s) + 59\ kJ \longrightarrow Hg(g)$
B) $I_2(k) + 151\ kJ \longrightarrow 2I(g)$
C) $H_2O(g) + 463{,}4\ kJ \longrightarrow 2H(g) + O(g)$
D) $Ar(s) + 6{,}4\ kJ \longrightarrow Ar(g)$
E) $MgO(k) + 3850\ kJ \longrightarrow Mg^{2+}(g) + O^{2-}(g)$

7. **Zayıf etkileşimlerin kırıldığı ya da oluştuğu değişimler ile ilgili;**

I. Yeni kimyasal türler oluşur.
II. Genellikle 40 $kJ \cdot mol^{-1}$ den daha az enerjinin transferiyle gerçekleşir.
III. Fiziksel değişimlerdir.

yargılarından hangileri doğrudur?

A) Yalnız I B) Yalnız II C) Yalnız III
D) II ve III E) I, II ve III

karekök

8. **Aşağıdaki atomlardan hangisinin Lewis yapısı <u>yanlış</u> verilmiştir?**

	Atom	Lewis Yapısı
A)	$_{1}H$	H•
B)	$_{2}He$	He:
C)	$_{6}C$	•Ċ̣•
D)	$_{8}O$	Ö̤
E)	$_{15}P$	•P̤̈•

9. **Katyonik yapıda bulunan bir tanecik ile ilgili,**

I. Proton sayısı elektron sayısından küçüktür.

II. Pozitif (+) yüklü bir taneciktir.

III. İyon olarak sınıflandırılır.

yargılarından hangileri doğrudur?

A) Yalnız I B) I ve II C) I ve III D) II ve III E) I, II ve III

10. **Anyonuna dönüşen bir tanecik ile ilgili,**

I. Kimyasal özelliği değişir.

II. Dönüşüm sonrası negatif (–) yüklüdür.

III. Toplam tanecik sayısı artar.

yargılarından hangileri doğrudur?

A) Yalnız I B) I ve II C) I ve III D) II ve III E) I, II ve III

karekök

11. **H_2O (su) sıvısının kaynaması ile ilgili,**

I. Fiziksel değişim gerçekleşir.

II. Zayıf etkileşimler kırılır.

III. Suyun molekül yapısı değişmez.

yargılarından hangileri doğrudur?

A) Yalnız I B) Yalnız II C) I ve II D) I ve III E) I, II ve III

12. I. İyonik bağ

II. London kuvvetleri

III. Hidrojen bağı

IV. Dipol - dipol kuvvetleri

Yukarıdaki etkileşim türlerinden hangileri Van der Waals bağlarından <u>değildir</u>?

A) Yalnız I B) I ve III C) II ve IV D) I, II ve III E) II, III ve IV

13. **Aşağıdaki atomlardan hangilerinin kararlı iyon yapısı <u>yanlış</u> verilmiştir?**

	Atom	Kararlı iyonu
A)	$_{8}O$	O^{2-}
B)	$_{7}N$	N^{3-}
C)	$_{20}Ca$	Ca^{2+}
D)	$_{11}Na$	Na^{+}
E)	$_{17}Cl$	Cl^{3+}

1 E 2 B 3 E 4 D 5 C 6 D 7 D 8 D 9 D 10 E 11 E 12 B 13 E

1. **İyonik yapılı bileşikler ile ilgili;**

I. Metal ve ametal atomları arasında oluşurlar.

II. Elektronegatiflik farkı fazla olan atomlar tarafından oluşturulur.

III. Anyon ve katyonlar arasındaki elektrostatik çekim kuvvetleri sonucu oluşurlar.

yargılarından hangileri doğrudur?

A) Yalnız I B) Yalnız II C) I ve II

D) I ve III E) I, II ve III

2. $K\dot{\cdot} + \cdot\ddot{\underset{..}{F}}: \longrightarrow K^+[:\ddot{\underset{..}{F}}:]^-$

Yukarıdaki tepkimede K ve F atomları arasında gerçekleşen etkileşim gösterilmiştir.

Buna göre;

I. K metali, F ametaline 1 elektron vererek K^+ katyonuna dönüşmüştür.

II. F atomu 1 elektron alarak oktet kuralına uymuştur.

III. KF bileşiği iyonik yapılıdır.

yargılarından hangileri doğrudur?

A) Yalnız I B) I ve II C) I ve III

D) II ve III E) I, II ve III

3. I. $_{5}B^{3+}$

II. $_{11}Na^+$

III. $_{15}P^{3-}$

Yukarıda verilen taneciklerden hangilerinin Lewis yapısında eşleşmiş 4 elektron çifti bulunur?

A) Yalnız III B) I ve II C) I ve III

D) II ve III E) I, II ve III

4.

	Bileşik	Lewis Yapısı
I.	KBr	$K^+[:\ddot{\underset{..}{Br}}:]^-$
II.	$MgCl_2$	$[:\ddot{\underset{..}{Cl}}:]^- Mg^{2+} [:\ddot{\underset{..}{Cl}}:]^-$
III.	CaS	$Ca^+[:\ddot{\underset{..}{S}}:]^-$
IV.	Al_2O_3	$2Al^{3+}.3[:\ddot{\underset{..}{O}}:]^{2-}$

Yukarıda bazı iyonik bileşikler ve Lewis yapıları verilmiştir.

Buna göre, hangi bileşiklerin Lewis yapıları yanlıştır? *($_{8}O$, $_{12}Mg$, $_{13}Al$, $_{16}S$, $_{17}Cl$, $_{19}K$, $_{20}Ca$, $_{35}Br$)*

A) Yalnız III B) I ve III C) I, II ve IV

D) II, III ve IV E) III ve IV

5.

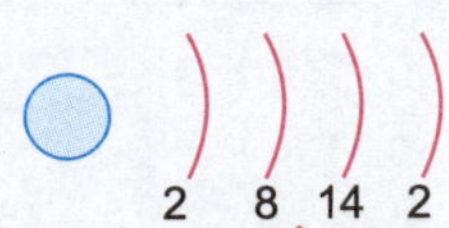

Temel hâl elektron dağılımı yukarıdaki gibi olan Fe metali ile oksijen ametali arasında Fe_2O_3 ve FeO formülleri ile ifade edilen bileşikler oluşmaktadır.

Verilen bilgilere göre;

I. Fe elementi her iki bileşikte de oktet kuralına uymaz.

II. Her iki bileşikte Fe'nin yükseltgenme basamağı farklıdır.

III. Oluşan bileşikler iyonik yapılıdır.

sonuçlarından hangilerine ulaşılır? *($_{8}O$)*

A) Yalnız I B) Yalnız II C) I ve II

D) I ve III E) I, II ve III

karekök

6. **$_{12}Mg$ ve $_{9}F$ atomları arasında oluşan bileşik ile ilgili aşağıdakilerden hangisi yanlıştır?**

A) Bileşik formülü MgF_2 şeklindedir.

B) Lewis yapısı $Mg^{2+}\ 2[:\ddot{\underset{..}{F}}:]^{-}$ şeklindedir.

C) Elektron alış verişi sonucu oluşur.

D) Atomların kararlı hâllerinde elektron bulunduran katman sayıları aynıdır.

E) F atomu, Mg atomuna 2 elektron vermiştir.

7.
- X^{n+} ve Y^{m-} şeklindeki iyonlar arasında oluşan bileşik iyon yükleri çaprazlanarak X_mY_n formülü ile ifade edilir.
- X^{n+} ve Y^{n-} iyonları arasında oluşan bileşik iyon yükleri sadeleştirilerek XY formülüyle ifade edilir.

Buna göre, aşağıda verilen iyonlar arasında oluşan bileşik formüllerinden hangisi yanlış yazılmıştır?

	İyonlar	Bileşik
A)	Na^{+}, Cl^{-}	NaCl
B)	Al^{3+}, PO_4^{3-}	$AlPO_4$
C)	Mg^{2+}, NO_3^{-}	$Mg(NO_3)_2$
D)	Ca^{2+}, SO_4^{2-}	$Ca_2(SO_4)_2$
E)	Zn^{2+}, N^{3-}	Zn_3N_2

8. X, Y ve Z elementleri periyodik tablonun 2. periyodunun sırasıyla 2A, 3A ve 5A grubu elementleridir.

Buna göre, bu atomlar arasında,

I. XZ

II. YZ

III. X_3Y_2

bileşiklerinden hangileri oluşmaz?

A) Yalnız I B) I ve II C) I ve III D) II ve III E) I, II ve III

9. **İyonik yapılı bileşikler ile ilgili,**

I. Erime ve kaynama noktaları yüksektir.

II. Sert ve kırılgandırlar.

III. Oda koşullarında kristal yapılıdırlar.

yargılarından hangileri doğrudur?

A) Yalnız I B) Yalnız II C) I ve II D) II ve III E) I, II ve III

10. **Aşağıdaki bileşik çiftlerinden hangisinde ilk sırada verilen bileşiğin erime noktası daha yüksektir?**

($_{8}O$, $_{9}F$, $_{11}Na$, $_{12}Mg$, $_{17}Cl$, $_{19}K$, $_{20}Ca$, $_{35}Br$, $_{56}Ba$)

	I	II
A)	BaO	CaO
B)	$MgCl_2$	MgO
C)	KBr	KCl
D)	NaCl	NaF
E)	MgO	NaCl

11. **İyonik yapılı NaCl bileşiği ile ilgili aşağıda verilen yargılardan hangisi yanlıştır?**

A) Birim hücrelerden oluşur.

B) Katı hâlde elektrik akımını iletmezken sıvı hâli ve sulu çözeltisi elektriği iletir.

C) Özelliğini gösteren en küçük yapı taşı moleküldür.

D) Na^{+} ve Cl^{-} iyonlarından oluşmuştur.

E) Oda koşullarında katı hâldedir.

1	2	3	4	5	6	7	8	9	10	11
E	E	A	A	E	E	D	C	E	E	C

1. **Kovalent bağ ile ilgili;**

I. Genellikle ametal atomları arasında oluşur.

II. Elektronların atomlar tarafından ortak kullanılması sonucu oluşur.

III. Sadece aynı tür atomlar arasında oluşur.

yargılarından hangileri doğrudur?

A) Yalnız III B) I ve II C) I ve III D) II ve III E) I, II ve III

2.

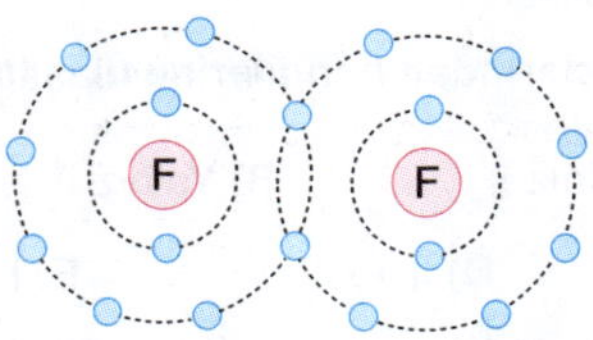

Yukarıda F_2 molekülünün yapısı katman elektron dizilimi yöntemiyle verilmiştir.

Buna göre;

I. Her F atomu bağ yaptığı diğer F atomunun 1 elektronunu ortak kullanmıştır.

II. F in değerlik elektron sayısı 7'dir.

III. Molekülde bulunan F atomları oktet kuralına uymuştur.

yargılarından hangileri doğrudur?

A) Yalnız I B) I ve II C) I ve III D) II ve III E) I, II ve III

3. $_8O$ atomunun Lewis yapısı ·Ö· (iki yanında birer nokta, üstünde ve altında ikişer nokta) şeklindedir.

Buna göre, O atomu ile ilgili;

I. Bağlayıcı elektron sayısı 2'dir.

II. 4 tane ortaklaşmış elektron çifti bulunur.

III. Kendi atomuyla ikili bağ içeren moleküller oluşturur.

yargılarından hangileri doğrudur?

A) Yalnız I B) I ve II C) I ve III D) II ve III E) I, II ve III

4.

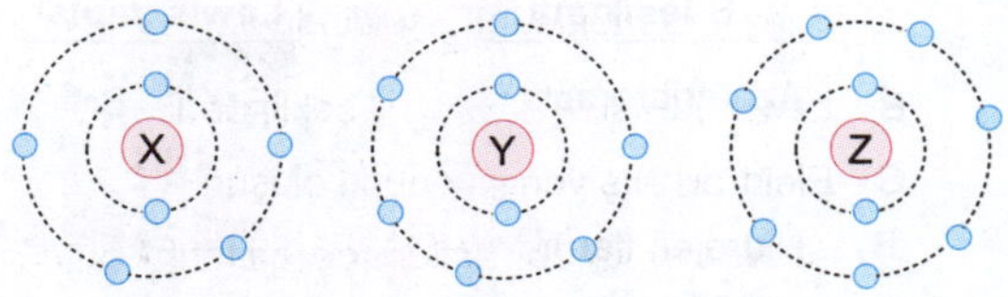

Yukarıda 3 farklı atomun katman elektron dizilimi verilmiştir.

Buna göre;

I. Kendi atomuyla yapacağı bağ sayısı

II. Değerlik elektron sayısı

III. Bağlayıcı elektron sayısı

IV. Grup numarası

özelliklerinden hangileri X > Y > Z şeklinde sıralanır?

A) Yalnız III B) I ve III C) II ve IV D) I, III ve IV E) I, II, III ve IV

5. **$_6C$ ve $_1H$ atomları arasında oluşan CH_4 bileşiği ile ilgili;**

I. Lewis yapısı H:C:H (C'nin üstünde ve altında birer H, aralarında ikişer nokta) şeklindedir.

II. Kovalent yapılı bir bileşiktir.

III. Moleküllerinde eşleşmemiş 2 elektron bulundurur.

yargılarından hangileri doğrudur?

A) Yalnız I B) Yalnız II C) I ve II D) I ve III E) I, II ve III

6. **C_2H_4 bileşiğinin Lewis yapısı aşağıdakilerden hangisidir?** ($_6C$, $_1H$)

A)
```
      H
      |
  H - C - H
      |
      H
```

B)
```
  H   H
  |   |
  C = C
  |   |
  H   H
```

C) H − C ≡ C − H

D)
```
  H - C̄ - C̄ - H
      |    |
      H    H
```

E) C − H − H − H − H − C

7. Aşağıda verilen bileşik adı - Lewis yapısı eşleştirmelerinden hangisi yanlıştır? ($_1H$, $_6C$, $_7N$, $_8O$, $_9F$, $_{35}Br$)

	Bileşik adı	Lewis yapısı
A)	Azot tribromür	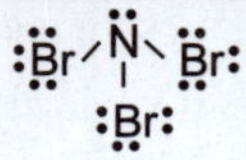
B)	Hidrojen florür	H – F:
C)	Karbon tetrahidrür	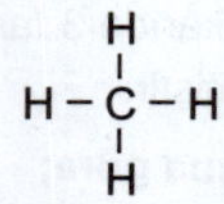
D)	Karbon dioksit	O = C = O
E)	Su	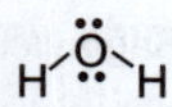

8. Kovalent yapılı bileşikler ile ilgili aşağıda verilen yargılardan hangisi yanlıştır?

A) Atomların değerlik elektronlarını ortak kullanarak oluşturdukları bileşiklerdir.

B) Bağımsız birimler olan moleküllerden oluşurlar.

C) Erime ve kaynama noktaları iyonik bağlı bileşiklerden daha düşüktür.

D) Oda koşullarında genellikle gaz veya kolayca gaz fazına geçebilecek sıvılardır.

E) Atomların eşleşmiş elektronlarıyla oluşturdukları bağlar ile meydana gelirler.

9. Aşağıdaki maddelerden hangisi molekül içi çoklu bağ bulundurmaz? ($_1H$, $_6C$, $_8O$, $_7N$, $_{17}Cl$)

A) N_2 B) O_2 C) CO_2 D) CCl_4 E) C_2H_2

10. Bağ oluşturacak farklı atomların bağ elektronlarını sahiplenme (çekme) istekleri farklıdır.

- Aynı periyotta bulunan $_6C$, $_7N$, $_8O$ ve $_9F$ arasında bağ elektronlarını sahiplenme eğilimi F > O > N > C şeklinde sıralanır.
- VII A grubunda $_9F$, $_{17}Cl$, $_{35}Br$, $_{53}I$ atomlarının bağ elektronlarını çekme gücü ise F > Cl > Br > I şeklinde sıralanır.

Bu bilgilere göre;

I. Aynı periyotta bulunan elementlerin proton sayısı arttıkça bağ elektronlarını çekme gücü artar.

II. Aynı grupta bulunan elementlerin elektron bulunduran katman sayısı arttıkça bağ elektronlarını sahiplenme isteği azalır.

III. Aynı grupta bulunan elementlerin elektron bulunduran katman sayıları arttıkça erime noktaları yükselir.

sonuçlarından hangilerine ulaşılır?

A) Yalnız I B) Yalnız II C) I ve II D) II ve III E) I, II ve III

11.

Atom	Pauling elektronegatiflik değeri
Ag	1,9
F	4,0
Cl	3,0
Br	2,8
I	2,5

Yukarıdaki tabloda bazı element atomlarının elektronegatiflik değerleri verilmiştir.

Buna göre,

I. AgF bileşiğinin iyonik karakteri AgCl bileşiğininkinden yüksektir.

II. BrCl bileşiği, FCl bileşiğinden daha polardır.

III. AgI bileşiğinin kovalent karakteri AgBr bileşiğininkinden yüksektir.

yargılarından hangileri yanlıştır?

A) Yalnız I B) Yalnız II C) Yalnız III D) I ve III E) I, II ve III

1	B	2	E	3	C	4	B	5	C	6	B	7	D	8	E	9	D	10	C	11	B

1.

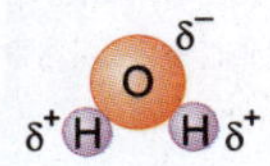

Yukarıda su molekülünün kısmi pozitif (δ^+) ve negatif (δ^-) kısımları gösterilmiştir.

Buna göre;

I. Molekül apolardır.

II. H ve O atomları arasında oluşan bağ polar kovalenttir.

III. O atomu bağ elektronlarını daha fazla çektiği için molekülün negatif kutbunu oluşturur.

yargılarından hangileri doğrudur? ($_8O$, $_1H$)

A) Yalnız I B) Yalnız II C) I ve II D) II ve III E) I, II ve III

2.

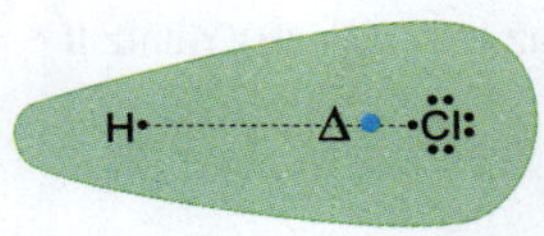

Yukarıda HCl molekülünün + yük merkezi (Δ) ve – yük merkezi (•) gösterilmiştir.

Buna göre, aşağıda verilen yargılardan hangisi yanlıştır?

A) Cl, molekülün δ^- tarafını oluşturur.

B) H, molekülün δ^+ tarafını oluşturur.

C) Atomlar arasında oluşan bağ polar kovalenttir.

D) Yük merkezi Cl atomuna daha yakın olduğu için molekül polardır.

E) Molekülde kısmi yükler birbirini dengelemiştir.

3. **$_6C$ ve $_{16}S$ atomları arasında oluşan molekül ile ilgili aşağıdakilerden hangisi yanlıştır?**

A) Molekülde 1 tane C, 2 tane S atomu bulunur.

B) Molekül içi 4 tane polar kovalent bağ bulunur.

C) Molekülde kısmi yükler birbirini dengelediği için molekül apolardır.

D) Lewis yapısı S̤̈ = C = S̤̈ şeklindedir.

E) Karbon disülfat olarak adlandırılır.

4. **Aşağıda verilen moleküllerden hangisi polar kovalent bağ içermesine rağmen apolardır?** ($_1H$, $_6C$, $_8O$, $_9F$, $_{17}Cl$)

A) HF B) H_2O C) CO_2 D) O_2 E) CH_3Cl

5. **Aşağıda formülleri verilen maddelerden hangisi karşısında belirtilen bağ türünü içermez?** ($_1H$, $_6C$, $_8O$, $_9F$, $_{11}Na$, $_{17}Cl$)

	Madde	Bağ türü
A)	NaCl	İyonik bağ
B)	H_2	Apolar kovalent bağ
C)	HF	İyonik bağ
D)	H_2O	Polar kovalent bağ
E)	C_2H_4	Apolar kovalent bağ

6. **Aşağıdaki bileşiklerden hangisi hem iyonik hem de kovalent bağ içerir?** ($_1H$, $_6C$, $_7N$, $_8O$, $_{12}Mg$, $_{16}S$, $_{19}K$, $_{35}Br$)

A) H_2O B) NH_3 C) C_2H_5OH D) K_2SO_4 E) $MgBr_2$

7. **Aşağıdaki elementlerden hangisi yoğun fazda metalik bağ oluşturamaz?**

A) $_3Li$ B) $_9F$ C) $_{11}Na$ D) $_{13}Al$ E) $_{21}Sc$

karekök

8. I. Parlaklık

II. Elektrik ve ısıyı iyi iletebilme

III. Tel ve levha hâline getirilebilme

Metallere ait yukarıdaki özelliklerden hangileri, değerlik elektronlarının serbest hareket edebilmesi ile açıklanır?

A) Yalnız I B) Yalnız II C) Yalnız III

D) I ve II E) I, II ve III

9. I. NaCl(k)

II. Cu(k)

III. C(elmas)

Yukarıdaki maddelerden hangilerine bir darbe ya da kuvvet uygulandığında kırılma gerçekleşir?

($_{6}C$, $_{11}Na$, $_{17}Cl$, $_{29}Cu$)

A) Yalnız I B) Yalnız II C) Yalnız III

D) I ve III E) I, II ve III

10. Metalik bağın sağlamlığı ile ilgili;

I. Değerlik elektron sayısı arttıkça azalır.

II. Atom hacmi arttıkça azalır.

III. Metalik bağ sağlamlığı arttıkça metalin erime noktası ve sertliği yükselir.

yargılarından hangileri <u>yanlıştır</u>?

A) Yalnız I B) Yalnız II C) Yalnız III

D) I ve II E) I, II ve III

karekök

11.

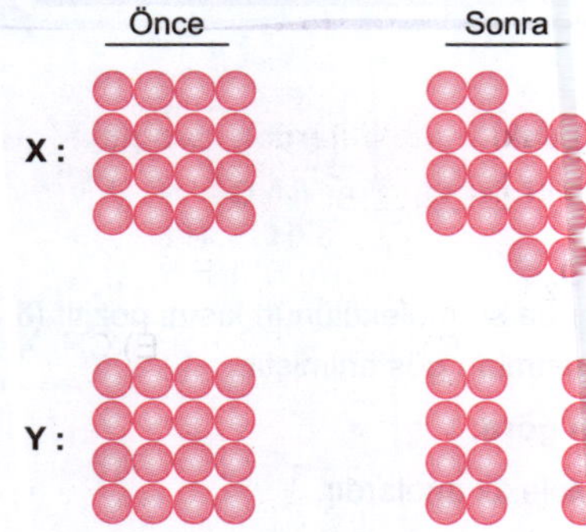

X ve Y kristallerinin kuvvet uygulanmadan önceki ve sonraki temsili şekilleri yukarıda verilmiştir.

Buna göre,

I. X iyonik bileşik, Y ise metaldir.

II. Y katı hâlde elektriği iletebilirken X katı hâlde elektriği iletmez.

III. X kristali aynı, Y kristali farklı tür atomlardan oluşmuştur.

yargılarından hangileri doğrudur?

A) Yalnız I B) Yalnız II C) Yalnız III

D) I ve II E) I, II ve III

12. I. $_{11}Na$, $_{19}K$

II. $_{11}Na$, $_{12}Mg$

III. $_{29}Cu$, $_{30}Zn$

Yukarıdaki metal çiftlerinden hangilerinde, ilk sırada verilen metalin erime noktası daha yüksektir?

A) Yalnız I B) Yalnız II C) Yalnız III

D) I ve III E) I, II ve III

1	D	2	E	3	E	4	C	5	C	6	D	7	B	8	E	9	D	10	A	11	C	12	D

1. **Aşağıdaki moleküllerden hangisinde kalıcı dipol karakter bulunmaz?** *($_1H$, $_6C$, $_8O$, $_9F$, $_{53}I$)*

A) CO_2 B) HF C) OF_2
D) IF E) CH_3Cl

2. I. CCl_4
II. CF_4
III. F_2

Yukarıdaki apolar moleküller hangi seçenekte artan kutuplanabilirliklerine göre doğru sıralanmıştır? *(^1_1H, $^{12}_6C$, $^{19}_9F$, $^{35}_{17}Cl$)*

A) I, II, III B) I, III, II C) II, I, III
D) II, III, I E) III, II, I

3. I. SO_2
II. CH_4
III. BF_3
IV. H_2O
V. NH_3

Yukarıdaki moleküller hangi seçenekte dipollük karakterlerine göre doğru sınıflandırılmıştır?
(H, $^{12}_6C$, $^{14}_7N$, $^{16}_8O$, $^{19}_9F$, $^{32}_{16}S$)

	Geçici dipol	Kalıcı dipol
A)	I, III	II, IV, V
B)	II, III	I, IV, V
C)	II, IV	I, III, V
D)	II, V	I, III, IV
E)	I, IV, V	II, III

4. I. F_2
II. Ne
III. BF_3

Yukarıdaki atom ve moleküllerden hangileri kalıcı dipol özellik göstermez? *($_5B$, $_9F$, $_{10}Ne$)*

A) Yalnız I B) Yalnız II C) Yalnız III
D) I ve II E) I, II ve III

5. I. İyonik bağ
II. Dipol - dipol kuvvetleri
III. Kovalent bağ

Yukarıdaki etkileşimler hangi seçenekte en kuvvetliden en zayıfa doğru sıralanmıştır?

A) I, II, III B) I, III, II C) II, I, III
D) II, III, I E) III, II, I

6. I. CO_2 nin kaynama noktasının SO_2 ninkinden düşük olması
II. Etil alkolün suda çözünmesi
III. Su buharı moleküllerinin basınç etkisi ile sıvılaşması

Yukarıdakilerden hangileri moleküller arası dipol - dipol etkileşimlerinin etkin rol alması ile açıklanabilir? *($^{12}_6C$, $^{16}_8O$, $^{32}_{16}S$)*

A) Yalnız I B) Yalnız II C) Yalnız III
D) I ve II E) I, II ve III

karekök

7. **Aşağıdaki maddelerden hangisinin tanecikleri arasında sadece London kuvvetleri bulunur?**
($_1H$, $_7N$, $_8O$, $_{29}Cu$)

A) $H_2O(s)$ B) Cu(k) C) $N_2(s)$

D) $NH_3(s)$ E) Elmas

8. I. He

II. Cl_2

III. CH_3Cl

Sıvı fazda bulunan yukarıdaki maddelerin kaynama noktaları hangi seçenekte doğru sıralanmıştır?
(^4_2He, $^{12}_6C$, $^{35}_{17}Cl$)

A) I > II > III B) I > III > II C) II > I > III

D) III > I > II E) III > II > I

9. **Aşağıdaki madde çiftlerinden hangisinde ilk sırada verilen maddenin kaynama noktası daha <u>yüksektir</u>?**
($_1H$, $_6C$, $_8O$, $_{10}Ne$, $_{18}Ar$, $_{16}S$, $_{17}Cl$, $_{35}Br$, $_{53}I$)

	I	II
A)	CH_4	CCl_4
B)	Br_2	I_2
C)	CO_2	CS_2
D)	H_2O	H_2S
E)	Ne	Ar

10. **H_2O molekülleri arasında;**

I. Hidrojen bağları

II. Dipol - dipol bağları

III. London kuvvetleri

etkileşimlerinden hangileri oluşur?

A) Yalnız I B) Yalnız II C) Yalnız III

D) I ve II E) I, II ve III

11. **Aşağıdaki maddelerden hangisinin molekülleri arasında hidrojen bağı <u>oluşmaz</u>?**
($_1H$, $_6C$, $_7N$, $_8O$, $_9F$, $_{17}Cl$)

A) HF B) NH_3 C) H_2O

D) HCl E) CH_3OH

12. I. Etil alkolün kaynama noktasının metil alkolünkinden yüksek olması

II. Etil alkolün kaynama noktasının dimetil eterinkinden yüksek olması

III. Glikolun kaynama noktasının etil alkolünkinden yüksek olması

Yukarıdaki durumlardan hangileri moleküller arası hidrojen bağının etkinliği ile açıklanabilir?

A) Yalnız I B) Yalnız II C) Yalnız III

D) II ve III E) I, II ve III

karekök

1	A	2	E	3	B	4	E	5	B	6	A	7	C	8	E	9	D	10	E	11	D	12	D

1. I. Hidrojen bağı

II. Metalik bağ

III. London kuvvetleri

IV. Dipol - dipol bağları

Yukarıdaki etkileşim türlerinden hangileri zayıf etkileşim değildir?

A) Yalnız II B) I ve II C) II ve III

D) III ve IV E) I, III ve IV

2. Aşağıdaki maddelerden hangisiyle CO_2 bileşiği karıştırılırsa tanecikleri arasında London kuvvetleri etkin olur?

A) H_2O B) $MgCl_2$ C) HBr

D) C_6H_6 E) CH_3OH

3.

Atom	Elektronegatiflik
H	2,1
C	2,5
O	3,5

Yukarıda elektronegatiflik değerleri verilen atomların oluşturduğu

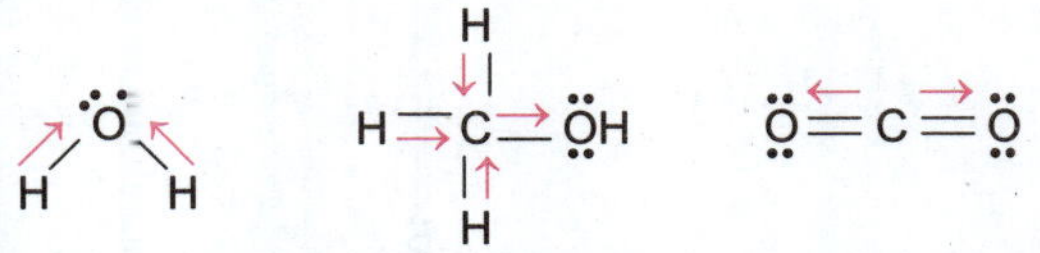

moleküllerinin Lewis yapıları ve atomları arasındaki elektronegatiflik farkından kaynaklanan çekim farkı (⟶) ile gösterilmiştir.

Buna göre, aşağıdaki yargılardan hangisi yanlıştır?

A) H_2O molekülünde O merkez atomdur.

B) CO_2 molekülünde dipol moment sıfırdır.

C) CH_3OH suda iyi çözünür.

D) Molekülde elektronegatifliği yüksek olan atom kısmı pozitif yüklenir.

E) CO_2 apolar, H_2O ve CH_3OH polar moleküllerdir.

4.

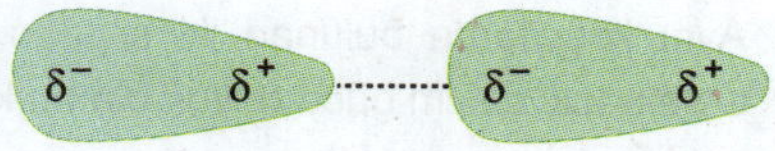

Yukarıda elektron yük yoğunluğu dağılımı verilen iki molekül arasında,

I. hidrojen bağı,

II. dipol dipol kuvvetleri,

III. iyonik bağ

etkileşimlerinden hangileri bulunabilir?

A) Yalnız I B) Yalnız II C) I ve II

D) I ve III E) II ve III

5.

I. 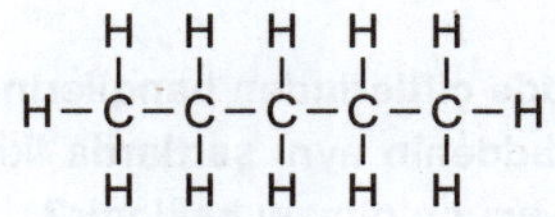 (C_5H_{12})

II. 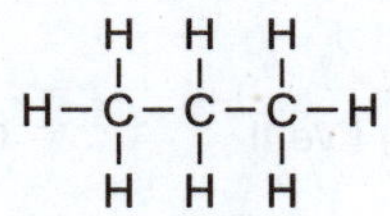 (C_3H_8)

III. 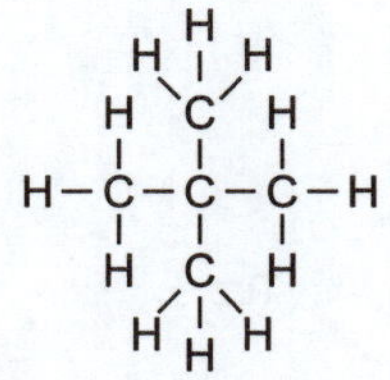 (C_5H_{12})

Yukarıdaki moleküllerin yoğun fazında oluşan London çekim güçleri hangi seçenekte doğru sıralanmıştır?

A) I > II > III B) I > III > II C) II > I > III

D) II > III > I E) III > II > I

6. I. Çay şekeri

II. Yemek tuzu

III. DNA sarmalı

Yukarıdakilerden hangileri hidrojen bağı bulundurur?

A) Yalnız I B) I ve II C) I ve III

D) II ve III E) I, II ve III

karekök

7. Aşağıdaki ifadelerden hangisinin doğruluğu <u>kesin değildir</u>?

A) Aynı koşullarda bulunan iki sıvıdan molekülleri arasındaki çekim gücü büyük olanın kaynama sıcaklığı daha yüksektir.

B) Polar maddeler, polar çözücülerde iyi çözünür.

C) Yapısında H ve O atomlarını bulunduran moleküllerin yoğun fazında hidrojen bağı bulunur.

D) London kuvvetleri Van der Waals bağlarının bir türüdür.

E) Kovalent yapılı tüm maddelerin yoğun fazında London kuvvetleri oluşur.

8. I. $NH_3 - PH_3$

II. $CH_4 - CCl_4$

III. $CO_2 - CS_2$

Yukarıdaki madde çiftlerinden hangilerinde ilk sırada verilen maddenin aynı şartlarda ikinci sıradakinden daha uçucu olması beklenir?

($_1H$, $_6C$, $_7N$, $_8O$, $_{15}P$, $_{16}S$, $_{17}Cl$)

A) Yalnız I B) I ve II C) I ve III D) II ve III E) I, II ve III

9.

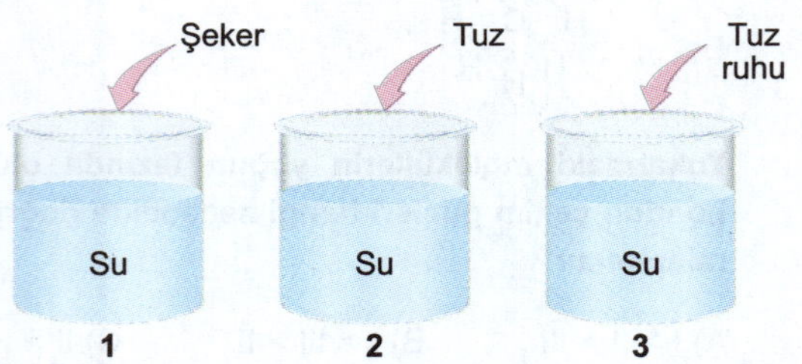

Yukarıda oluşturulan karışımlarda tanecikler arası oluşacak etkileşim türleri hangi seçenekte doğru eşleştirilmiştir?

	1	2	3
A)	Hidrojen bağı	Dipol - dipol	İyon - dipol
B)	Hidrojen bağı	İyon - dipol	Dipol - dipol
C)	Dipol - dipol	Hidrojen bağı	İyon - dipol
D)	İyon - dipol	Hidrojen bağı	Dipol - dipol
E)	Dipol - dipol	İyon - dipol	Hidrojen bağı

10. I. Elektronegatifliği farklı olan atomların oluşturduğu moleküller polar karakterlidir.

II. Yapısında en az iki aynı türde atom bulunduran moleküller apolardır.

III. Polar moleküllere sahip maddelerin kaynama noktası aynı koşullarda apolar moleküllere sahip maddelerinkinden yüksektir.

Yukarıdaki yargılardan hangilerinin doğruluğu <u>kesin değildir</u>?

A) Yalnız I B) Yalnız II C) Yalnız III D) II ve III E) I, II ve III

11. X, Y ve Z molekülleri ile ilgili aşağıdaki bilgiler veriliyor.

- X molekülü iki atomludur ve polar yapıdadır.
- Y ile Z karıştırıldığında aralarında dipol - dipol etkileşimleri oluşmaktadır.

Buna göre, aşağıdaki yargılardan hangisi <u>yanlıştır</u>?

A) X molekülü HF olabilir.

B) Y molekülü kalıcı dipol özelliğe sahiptir.

C) Z molekülünde dipol moment sıfırdan farklıdır.

D) X molekülü apolar kovalent bağ bulundurur.

E) X ile Z arasında London kuvvetleri oluşur.

12.

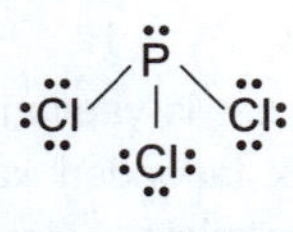

Yukarıda Lewis yapısı verilen molekül ile ilgili,

I. Bağ yapısına katılmayan elektron çifti sayısı 20'dir.

II. Kalıcı dipol özelliğe sahiptir.

III. Yoğun fazda molekülleri arasında hidrojen bağları oluşur.

yargılarından hangileri doğrudur?

A) Yalnız I B) Yalnız II C) Yalnız III D) I ve III E) II ve III

karekök

1	A	2	D	3	D	4	C	5	B	6	C	7	C	8	D	9	B	10	E	11	D	12	B

1. Maddelerin yanıcılığı, başka maddelerle verdiği tepkimeler, asit - bazlarla etkileşimi birer kimyasal özelliktir.

Bir maddenin kimyasal özelliğinin belirlenmesinde;

I. ortam sıcaklığı,

II. etkileşime gireceği madde türü,

III. dış basınç

faktörlerinden hangileri etkilidir?

A) Yalnız I B) Yalnız II C) I ve II D) I ve III E) I, II ve III

2. I. Açığa ısı çıkması

II. Yeni türde moleküllerin oluşması

III. Toplam kütlenin korunması

Yukarıdaki özelliklerden hangileri bir değişimin kimyasal olduğunu kesinlikle kanıtlar?

A) Yalnız I B) Yalnız II C) Yalnız III D) I ve II E) II ve III

3. I. Asit ve bazlara karşı etkinlik

II. Elektrik iletkenliği

III. Yanıcılık

Yukarıdakilerden hangileri kimyasal özelliktir?

A) Yalnız I B) I ve II C) I ve III D) II ve III E) I, II ve III

4.  +  →  + ısı

$Na(k)$ $Cl_2(g)$ $NaCl(k)$

Yukarıda, Na katısının Cl_2 gazı ile reaksiyonu ve açığa çıkan NaCl tuzu resimlerle ifade edilmiştir.

Buna göre;

I. Açığa çıkan tuz, Na ve Cl_2 nin özelliklerini gösterir.

II. Reaksiyonun gerçekleşmesi için sistemin sürekli ısıtılması gerekir.

III. NaCl katısından Na ve Cl_2 eldesi ısı alan bir reaksiyondur.

yargılarından hangileri yanlıştır?

A) Yalnız I B) Yalnız II C) I ve II D) I ve III E) I, II ve III

karekök

5. **Kimyasal bir değişim sırasında aşağıdakilerden hangisi kesinlikle gerçekleşmez?**

A) Renk değişimi
B) Çökelti oluşumu
C) Çekirdek kaynaşması
D) Gaz çıkışı
E) Isı değişimi

6. I. Azotun yüksek sıcaklıkta oksijen ile azot monoksit oluşturması

II. Yağlı boyanın kuruması

III. Na katısının suya atılarak NaOH oluşturması

Yukarıda verilen olaylardan hangileri kimyasaldır?

A) Yalnız II B) Yalnız III C) I ve II D) II ve III E) I, II ve III

7. Maddenin kimyasal yapısını değiştirmeksizin gözlenebilen ve ölçülebilen özellikler fiziksel özellik olarak tanımlanır.

Buna göre aşağıda verilenlerden hangisi fiziksel özellik değildir?

A) Kaynama noktası
B) Yoğunluk
C) Fiziksel hâl
D) Tepkimelere karşı asallık
E) Renk

8.

Madde	K.N.(°C)	D.N. (°C)	Yoğunluk (g/cm^3)
X	82	5	1,2
Y	60	–20	1,2
Z	60	5	2,1

Yukarıdaki tabloda katı hâldeki X, Y ve Z saf maddelerinin normal kaynama, donma noktaları ve yoğunlukları verilmiştir.

Buna göre,

I. Tabloda verilen özellikler kimyasaldır.
II. Oda koşullarında üçü de sıvıdır.
III. Birim hacminin kütlesi en büyük olan Z'dir.

yargılarından hangileri doğrudur?

(D.N.ve K.N. sırasıyla donma ve kaynama noktasını ifade etmektedir.)

A) Yalnız I B) Yalnız II C) Yalnız III
D) I ve III E) II ve III

9. $CH_4(g) + 2O_2(g) \longrightarrow CO_2(g) + 2H_2O(s)$

tepkimesi ile ilgili aşağıdaki yargılardan hangisi yanlıştır?

A) CH_4 ve O_2 gazları reaktif olarak adlandırılır.
B) Kimyasal bir değişimi ifade etmektedir.
C) Değişim sırasında molekül sayısı korunmuştur.
D) Karbondioksit ve su olmak üzere iki farklı ürün oluşmuştur.
E) Molekül yapıları korunmuştur.

10. I. Kağıdın yırtılması
II. Petrol gazının sıvılaştırılarak LPG elde edilmesi
III. Doğal gazın yanması
IV. Cam bardağın kırılması
V. Tuzun suda çözünmesi

Yukarıda verilen olaylardan kaç tanesi fizikseldir?

A) 1 B) 2 C) 3 D) 4 E) 5

11. $CO_2(suda) + 2KOH(suda) \longrightarrow K_2CO_3(suda) + X(s)$

Yukarıda verilen reaksiyonda X ile ifade edilen madde aşağıdakilerden hangisidir?

A) H_2O_2 B) H_2O C) K_2O
D) CO_2 E) H_2CO_3

karekök

12. 1. değişim: $2O_3 \longrightarrow 3X$
2. değişim: $H_2O(k) \longrightarrow H_2O(s)$

Yukarıda verilen değişimler ile ilgili;

I. 1. değişim kimyasaldır.
II. 2. değişimde maddenin kimliği değişmiştir.
III. 1. değişimdeki X, O_2 dir.

yargılarından hangileri doğrudur?

A) Yalnız I B) Yalnız II C) I ve III
D) II ve III E) I, II ve III

1	E	2	B	3	C	4	C	5	C	6	E	7	D	8	E	9	E	10	D	11	B	12	C

UYGULAMA TESTİ - 1

1. **Aşağıdaki maddelerden hangisi yoğun fazda moleküller arası hidrojen bağı <u>içermez</u>?**

A) CH_3-NH_2

B) CH_3-O-CH_3

C) C_2H_5-OH

D) CH_2-OH
$\;|$
CH_2-OH

E) CH_3COOH

2.
I. Sütün ekşimesi
II. Yaprağın sararması
III. Meyvenin çürümesi
IV. Yoğurttan ayran yapılması
V. Sakkarozun sindirilerek glikoza dönüşmesi

Yukarıda verilen işlemlerden hangisinin sonucunda yeni bir ürün açığa <u>çıkmaz</u>?

A) I B) II C) III D) IV E) V

3.

Bileşik adı	Kaynama sıcaklığı (°C)	Buhar basıncı (mmHg)
Dietil eter	34,5	534
Aseton	56	231
Su	100	23,8

Yukarıdaki tabloda aynı koşullarda bulunan üç farklı bileşiğin kaynama sıcaklığı ve buhar basıncı değerleri verilmiştir.

Tabloya göre;

I. Buhar basıncı, kaynama sıcaklığıyla ters orantılıdır.
II. Buhar basıncı yüksek olan sıvılar daha uçucudur.
III. Moleküller arası çekim güçlerine göre, su > aseton > dietil eter şeklinde sıralanır.

sonuçlarından hangilerine ulaşılabilir?

A) Yalnız I B) Yalnız II C) I ve III
D) II ve III E) I, II ve III

4. **Aşağıdaki atomlardan hangisinin Lewis yapısı <u>hatalı</u> verilmiştir?**

	Atom	Lewis yapısı
A)	$_5X$	
B)	$_7Y$	
C)	$_{11}Z$	
D)	$_{16}T$	
E)	$_{18}R$	

5.
I. $CH_3-(CH_2)_6-CH_2-OH$; C_2H_5OH
II. HF ; HCl
III. CCl_4 ; CH_3Cl

Yukarıdaki madde çiftlerinden hangilerinde ilk sırada verilen maddenin sudaki çözünürlüğü, ikinci sırada verilen maddeninkinden <u>yüksektir</u>?

A) Yalnız I B) Yalnız II C) Yalnız III
D) I ve II E) II ve III

6. Polar yapılı olan şeker molekülleri ($C_6H_{12}O_6$) suda;

$$C_6H_{12}O_6(k) \xrightarrow{H_2O(s)} C_6H_{12}O_6(suda)$$

denklemine göre çözünmektedir.

Buna göre, şekerin suda çözünme süreci ile ilgili;

I. $C_6H_{12}O_6$ molekülleri arasındaki hidrojen bağları kırılır.
II. $C_6H_{12}O_6$ ile H_2O molekülleri arasında hidrojen bağları oluşur.
III. Başlangıca göre elektrik iletkenliği artar.

yargılarından hangileri doğrudur?

A) Yalnız I B) Yalnız II C) I ve II
D) II ve III E) I, II ve III

karekök

7. I. Magnezyum ($_{12}Mg$)

II. Potasyum ($_{19}K$)

III. Kalsiyum ($_{20}Ca$)

Yukarıdaki metallerin aynı ortamdaki erime noktaları hangi seçenekte doğru sıralanmıştır?

A) I > II > III B) I > III > II C) II > I > III

D) II > III > I E) III > II > I

8.

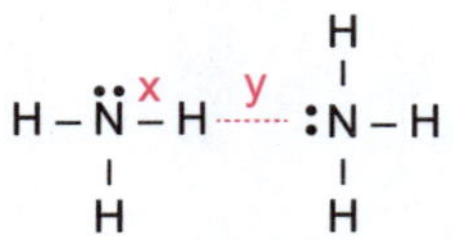

Yukarıdaki NH_3 molekülleri ve bağlarla ilgili;

I. x, güçlü; y ise zayıf etkileşimdir.

II. NH_3 sıvısı kaynarken hem x hem de y bağları kırılır.

III. x, hidrojen bağıdır.

yargılarından hangileri doğrudur?

A) Yalnız I B) Yalnız II C) I ve III

D) II ve III E) I, II ve III

9. Aşağıda formülü verilen bileşiklerden hangisinin Lewis (elektron - nokta) yapısı hatalı verilmiştir?

($_1H$, $_5B$, $_6C$, $_7N$, $_8O$, $_9F$, $_{12}Mg$)

	Bileşik	Lewis yapısı
A)	BF_3	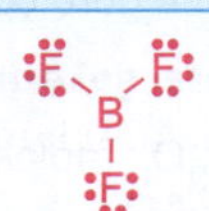
B)	N_2H_4	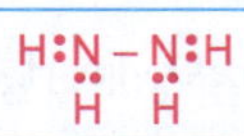
C)	MgF_2	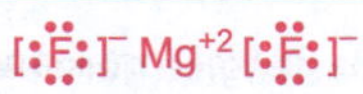
D)	CO_2	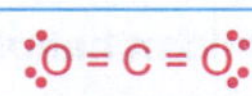
E)	H_2O	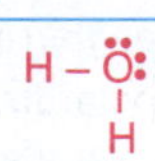

10. I. London çekim gücü

II. Hidrojen bağı

III. Dipol - dipol kuvvetleri

Karşılaştırılabilir büyüklükteki moleküller arasında oluşan yukarıdaki etkileşimler hangi seçenekte azalan kuvvetlerine göre doğru sıralanmıştır?

A) I, II, III B) II, I, III C) II, III, I

D) III, I, II E) III, II, I

11. Aşağıdaki bileşiklerden hangisinin formülü yanlış verilmiştir?

	Bileşik	Formülü
A)	Kalsiyum karbonat	$CaCO_3$
B)	Fosfor triklorür	PCl_3
C)	Bakır(II)oksit	Cu_2O
D)	Alüminyum sülfat	$Al_2(SO_4)_3$
E)	Magnezyum hidroksit	$Mg(OH)_2$

karekök

12. I. NaBr, NaCl, NaF

II. CaF_2, $CaCl_2$, $CaBr_2$

III. LiCl, NaCl, KCl

Yukarıdaki bileşik serilerinden hangileri azalan iyonik bağ sağlamlığına göre doğru sıralanmıştır?

($_3Li$, $_9F$, $_{11}Na$, $_{17}Cl$, $_{19}K$, $_{20}Ca$, $_{35}Br$)

A) Yalnız I B) Yalnız II C) I ve II

D) II ve III E) I, II ve III

1	B	2	D	3	E	4	C	5	B	6	C	7	B	8	A	9	B	10	C	11	C	12	D

1.

Atom	H	F	Cl	O	N	S
Elektronegatiflik değeri	2,1	4,0	3,0	3,5	3,0	2,5

Yukarıdaki tabloda bazı ametallerin elektronegatiflik değeri verilmiştir.

Buna göre, en az polar ve en çok polar olan bağ çifti hangi seçenekte sırasıyla doğru verilmiştir?

A) S – N ; O – C
B) H – F ; N – Cl
C) N – Cl ; H – F
D) O – N ; F – S
E) F – S ; F – Cl

2. I. Kaynama noktası
II. Buhar basıncı
III. Uçuculuk
IV. Moleküller arası çekim kuvveti

Yukarıda verilen özelliklerden hangileri yoğun fazda bulunan polar moleküllerden oluşmuş bir maddede, apolar moleküllerden oluşmuş maddeye oranla genellikle daha fazladır?

A) I ve II B) I ve IV C) II ve III
D) II ve IV E) III ve IV

3. **$_{13}X$ ve $_{8}Y$ atomları arasında oluşan bileşikle ilgili;**
I. İyonik bağlı bileşiktir.
II. Formülü X_2Y_3 tür.
III. Bileşiğin yapısındaki anyon ve katyon aynı soygaz elektron düzenindedir.
IV. Sıvı hâlde elektriği iletmez.

yargılarından hangileri doğrudur?

A) I ve II B) I ve III C) I, II ve III
D) I, III ve IV E) II, III ve IV

karekök

4. **Lewis yapısı ·Ẋ· (üç noktalı X) şeklinde olan X elementi ile ilgili aşağıda verilen yargılardan hangisi kesinlikle yanlıştır?**

A) Periyodik tablonun 5A grubunda yer alır.
B) $_1H$ ile XH_3 formülünde bileşik oluşturur.
C) Ametallerle elektron ortaklaşması sonucu kovalent bağ oluşturur.
D) Üç elektron vererek oktet kuralına uyar.
E) Bağlayıcı elektron sayısı 3'tür.

5. **Aşağıda katman elektron dizilimleri verilen elementlerden hangisi yoğun fazında metalik bağ bulundurmaz?**

A) X : 2 – 8 – 2
B) Y : 2 – 8 – 8 – 1
C) Z : 2 – 8 – 9 – 2
D) T : 2 – 8 – 18 – 3
E) Q : 2 – 8 – 18 – 7

6. **NH_3 molekülü ile ilgili aşağıdaki ifadelerden hangisi yanlıştır?** ($_1H$, $_7N$)

A) Lewis formülü H : N̈ : H (N'nin altında H) şeklindedir.
B) Bağlayıcı (ortaklanmış) elektron sayısı 6'dır.
C) Ortaklanmamış elektron sayısı 2'dir.
D) N–H bağları polar olmasına rağmen NH_3 molekülü apolardır.
E) Sistematik adı trihidrojenmononitrür'dür.

7. I. CH_4

II. H_2O

III. NaCl

Sıvı hâlde bulunan yukarıdaki maddeler hangi seçenekte kaynama noktalarına göre doğru karşılaştırılmıştır? *($^{1}_{1}H$, $^{12}_{6}C$, $^{16}_{8}O$, $^{23}_{11}Na$, $^{35}_{17}Cl$)*

A) I > II > III B) I > III > II C) II > I > III

D) III > I > II E) III > II > I

8. Aşağıda bazı element atomlarının Lewis yapıları verilmiştir.

Buna göre, verilen atomlardan hangisinin Lewis yapısı <u>yanlıştır</u>?

	Atom	Lewis yapısı
A)	$_{2}He$	He:
B)	$_{4}Be$	·Be·
C)	$_{6}C$	$\cdot\dot{\underset{\cdot}{C}}\cdot$
D)	$_{8}O$	$\ddot{\underset{\cdot\cdot}{O}}{:}$
E)	$_{9}F$	${:}\ddot{\underset{\cdot\cdot}{F}}\cdot$

9.

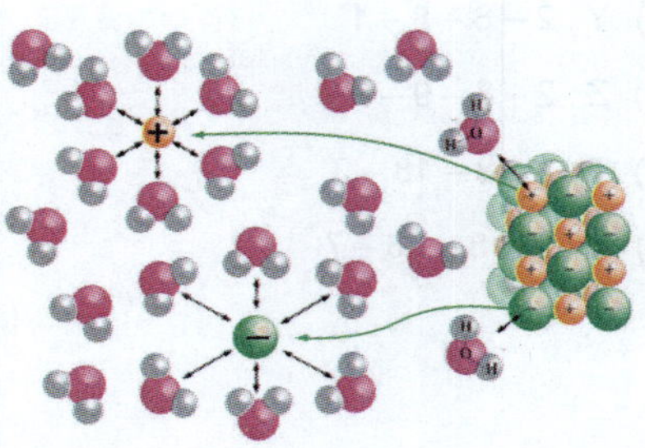

Yukarıda NaCl bileşiğinin suyun içerisinde çözünmesi şematize edilmiştir.

NaCl nin suda çözünme süreci ile ilgili;

I. Su molekülleri NaCl'yi katyon ve anyonuna ayrıştırmıştır.

II. Su moleküllerinin oksijen tarafı anyona, hidrojen tarafı katyona doğru yönelir.

III. Su molekülleri ile Na^+ ve Cl^- iyonları arasında iyon-dipol etkileşimleri oluşmuştur.

ifadelerinden hangileri doğrudur?

A) Yalnız I B) I ve II C) I ve III

D) II ve III E) I, II ve III

10. **CH_4, C_3H_8 ve He molekül ve / veya atomları ile ilgili;**

I. Yoğun fazlarda tanecikleri arasında yalnız London kuvvetleri oluşur.

II. Kaynama noktası en yüksek olan C_3H_3, en düşük olan He dir.

III. Kalıcı dipol karakter taşırlar.

yargılarından hangileri <u>yanlıştır</u>?

A) Yalnız I B) Yalnız II C) Yalnız III

D) I ve II E) I, II ve III

karekök

11. **Aşağıdaki bileşiklerden hangisinin suda çözünmesi <u>beklenmez</u>?** *($_{1}H$, $_{5}B$, $_{6}C$, $_{7}N$, $_{8}O$, $_{9}F$, $_{11}Na$, $_{17}Cl$)*

A) NH_3 B) NaCl C) C_2H_5OH

D) HCl E) BF_3

12. I. London kuvvetleri

II. Dipol - dipol bağları

III. Hidrojen bağları

Yukarıdaki bağlardan hangileri apolar moleküller arasında <u>oluşmaz</u>?

A) Yalnız I B) Yalnız II C) Yalnız III

D) II ve III E) I, II ve III

1	C	2	B	3	C	4	D	5	E	6	D	7	E	8	D	9	C	10	C	11	E	12	D

1.

Atom	Elektronegatiflik değeri
Na	0,9
Mg	1,2
P	2,1
Cl	3,0
F	4,0
O	3,5

Yukarıdaki tabloda bazı atomların elektronegatiflik değerleri verilmiştir.

Buna göre, aşağıdaki bileşiklerden hangisini oluşturan atomlar arasındaki bağın iyonik karakteri en büyüktür?

A) NaCl B) MgF_2 C) NaF D) MgO E) PCl_3

2. I. $CsCl(k) \longrightarrow Cs^+(aq) + Cl^-(aq)$

II. $Na_2C_2O_4(k) \longrightarrow 2Na^+(aq) + C_2O_4^{2-}(aq)$

III. $CuSO_4(k) \longrightarrow Cu^+(aq) + SO_4^{2-}(aq)$

Yukarıda bazı iyonik yapılı bileşiklerin suda çözünme denklemleri verilmiştir.

Buna göre, hangi çözünme denklemi yanlıştır?

A) Yalnız III B) I ve II C) I ve III D) II ve III E) I, II ve III

3. **Aşağıdakilerden hangisi bir maddenin kimyasal özelliği değildir?**

A) Çözünürlük
B) Yanıcılık
C) Asit veya bazlarla reaksiyona girebilme
D) Asallık
E) Oksitlenebilme

4. $Fe + 3HCl \longrightarrow FeCl_3 + 3/2X$

$X + 1/2O_2 \longrightarrow Y$

$Y + CO_2 \longrightarrow Z$

Yukarıdaki denkleştirilmiş ardışık tepkimelerde X, Y ve Z ile gösterilen maddeler hangi seçenekte doğru verilmiştir?

	X	Y	Z
A)	H_2	H_2O_2	$H_2C_2O_4$
B)	O_2	H_2O	Ca_2CO_3
C)	H_2	H_2O	H_2CO_3
D)	H_2	H_2O	$H_2C_2O_4$
E)	Cl_2	OCl_2	$HClO_4$

5. I. KCl

II. H_2O

III. C_2H_5OH

Yukarıda verilen maddelerin aynı koşullarda uçuculukları aşağıdakilerden hangisinde doğru sıralanmıştır?

A) I > II > III B) II > I > III C) II > III > I D) III > I > II E) III > II > I

6. **İyonik bağlı bileşiklerle ilgili aşağıdaki yargılardan hangisi yanlıştır?**

A) Metal ve ametal atomları arasında oluşurlar.
B) Katı hâlde elektriği iletmezler.
C) Doğada kristal örgülü yapıda bulunurlar.
D) Elementler arasında elektron ortaklaşması sonucu oluşurlar.
E) Sulu çözeltileri elektrolittir.

karekök

7. I. Kovalent bağ

II. Hidrojen bağı

III. London Kuvvetleri

Yukarıdakilerden hangileri molekül içi bağ (güçlü etkileşim) değildir?

A) Yalnız I B) Yalnız II C) Yalnız III D) I ve II E) II ve III

8. **$_{7}X$ atomu ile $_{1}Z$ veya $_{8}Y$ atomu arasında, aşağıda formülü verilen bileşiklerden hangisi oluşamaz?**

A) XZ_3 B) XY C) XY_3 D) X_2Y_3 E) X_2Y_5

9. I. Şekerli suyun ısıtılarak bileşenlerine ayrıştırılması

II. Çinko ve bakır metallerinin karışımından pirinç elde edilmesi

III. Ekmeğin küflenmesi

Yukarıdaki değişimler hangi seçenekte doğru sınıflandırılmıştır?

	I	II	III
A)	Fiziksel	Fiziksel	Kimyasal
B)	Kimyasal	Kimyasal	Fiziksel
C)	Fiziksel	Fiziksel	Fiziksel
D)	Kimyasal	Fiziksel	Kimyasal
E)	Fiziksel	Kimyasal	Kimyasal

10. **Lewis yapısı $X^{+}[:\ddot{\underset{..}{Y}}:]^{-}$ şeklinde verilen bileşik ve bu bileşiği oluşturan elementlerle ilgili aşağıdaki yargılardan hangisi yanlıştır?**

A) XY, iyonik bağlı bileşiktir.

B) X'in değerlik elektron sayısı 1'dir.

C) Y bir halojendir.

D) XY bileşiği moleküler yapıdadır.

E) X metal, Y ise ametaldir.

karekök

11. **Aşağıdaki atom çiftleri arasındaki bağlardan hangisinin türü yanlış verilmiştir?**

	Bağ	Türü
A)	:Ö = Ö:	Apolar kovalent
B)	– C ≡ N:	Polar kovalent
C)	>C = C<	Apolar kovalent
D)	H – F̤̈:	Polar kovalent
E)	:F̤̈ – C̤̈l:	Apolar kovalent

12. **Aşağıdaki moleküllerden hangisi apolar kovalent bağ içerir?** ($_{1}H$, $_{6}C$, $_{7}N$, $_{8}O$, $_{9}F$, $_{11}Na$, $_{17}Cl$)

A) HF B) CO C) NaCl D) H_2O E) O_2

1	C	2	A	3	A	4	C	5	E	6	D	7	E	8	C	9	A	10	D	11	E	12	E

1. I. Mıknatısla çekme

II. Sıvılaştırma

III. Kükürt tozu ile ısıtarak demir (II) sülfür elde etme

Bir miktar demir tozuna yukarıdaki işlemler ayrı ayrı uygulanıyor.

Hangi işlemler sırasında kimyasal değişme olur?

A) Yalnız I   B) Yalnız II   C) Yalnız III   D) I ve II   E) II ve III

2. Aşağıdakilerden hangisi ısı alan fiziksel değişimlere örnek verilebilir?

A) $Mg(k) + 1/2\ O_2(g) \longrightarrow MgO(k)$

B) $CO_2(g) \longrightarrow C(k) + O_2(g)$

C) $I_2(k) \longrightarrow I_2(g)$

D) $C_2H_4 + 3O_2 \longrightarrow 2CO_2 + 2H_2O$

E) $H_2O(g) \longrightarrow H_2O(s)$

3. $_{7}X$**,** $_{9}Y$ **ve** $_{11}Z$ **atomlarının** $_{1}H$ **ile oluşturduğu** XH_3**, HY ve ZH bileşikleri ile ilgili aşağıdaki yargılardan hangisi yanlıştır?**

A) XH_3 bileşiğinde bağlar ve molekül polardır.

B) HY bileşiği polar kovalent bağ içerir.

C) ZH bileşiği elektron alış verişi ile oluşur.

D) XH_3 bileşiğinin Lewis (elektron - nokta) gösterimi

H:X:H
  H

şeklindedir.

E) X - H bağının iyonik karakteri Y - H bağınınkinden yüksektir.

4. I. $_{11}Na$ ve $_{35}Br$

II. $_{35}Br$ ve $_{17}Cl$

III. $_{6}C$ ve $_{8}O$

Yukarıdaki element çiftlerinden hangileri elektron ortaklaşması yaparak bileşik oluşturur?

A) Yalnız I   B) Yalnız II   C) I ve II   D) I ve III   E) II ve III

5. Atom numarası 12 olan X elementi ile aynı periyotta yer alan ve bileşiklerinde en düşük –2 değerlik alabilen Y elementi için aşağıdakilerden hangisi yanlıştır?

A) Atom numarası 16'dır.

B) X ile oluşturduğu bileşiğin formülü XY_2 dir.

C) X ile oluşturduğu bileşiğin sulu çözeltisi elektrolittir.

D) Değerlik elektron sayısı 6'dır.

E) Periyodik sistemin 16. grup elementidir.

6. I. MgO, CaO

II. NaCl, MgO

III. NaBr, NaI

Yukarıdaki iyonik bileşik serilerinden hangileri artan erime noktalarına göre sıralanmıştır?

($_{4}Be$, $_{8}O$, $_{11}Na$, $_{12}Mg$, $_{17}Cl$, $_{35}Br$, $_{53}I$)

A) Yalnız I   B) Yalnız II   C) Yalnız III   D) II ve III   E) I, II ve III

karekök

7.

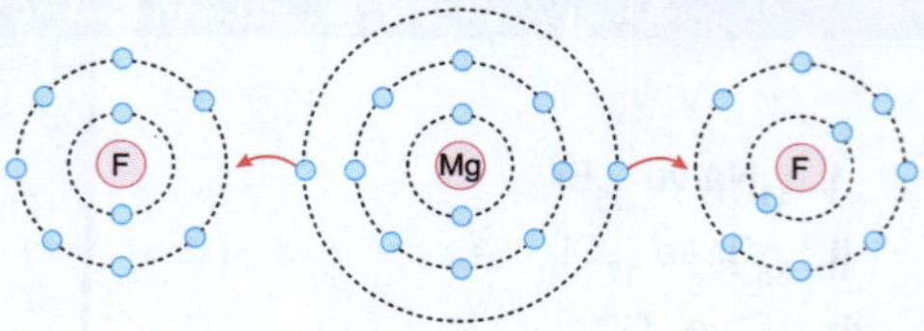

Yukarıda Mg atomu ile F atomları arasında gerçekleşen etkileşim sembolize edilmiştir.

Buna göre;

I. Her iki atom arasında elektron alış verişi gerçekleşmiştir.

II. İyonik bağ oluştururlar.

III. Mg 2A grubu metali, F ise 7A grubu ametalidir.

yargılarından hangileri doğrudur?

A) Yalnız I B) Yalnız III C) I ve II

D) I ve III E) I, II ve III

8. **Aşağıdaki katyon ve anyon çiftlerinden hangisinin oluşturduğu bileşik formülü yanlış verilmiştir?**

	Katyon	Anyon	Bileşik
A)	Ca^{2+}	N^{3-}	Ca_3N_2
B)	Al^{3+}	OH^-	$AlOH_3$
C)	NH_4^+	PO_4^{3-}	$(NH_4)_3PO_4$
D)	Fe^{2+}	O^{2-}	FeO
E)	K^+	MnO_4^-	$KMnO_4$

9. **Aşağıdaki maddelerden hangisinin aynı ortamda kaynama noktası diğerlerinden daha yüksektir?**

($_1H$, $_9F$, $_{17}Cl$, $_{35}Br$, $_{53}I$)

A) I_2 B) Br_2 C) Cl_2 D) F_2 E) H_2

karekök

10.

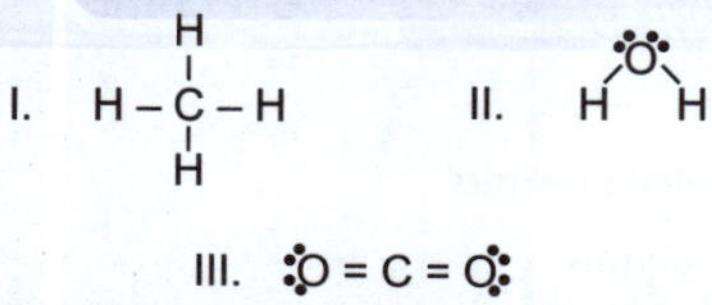

Lewis yapıları yukarıda verilen moleküllerden hangilerinde, bağlar polar olduğu hâlde molekül apolardır?

A) Yalnız I B) Yalnız II C) Yalnız III

D) I ve III E) I, II ve III

11. I. $I_2 - CS_2$

II. $O_2 - CO_2$

III. $H_2O - CCl_4$

Yukarıda verilen bileşik çiftlerinden hangileri birbiri içerisinde iyi çözünür?

($_1H$, $_6C$, $_8O$, $_{16}S$, $_{17}Cl$, $_{53}I$)

A) Yalnız III B) I ve II C) I ve III

D) II ve III E) I, II ve III

12. Etil alkolün (C_2H_5OH) normal kaynama noktası 78 °C, dimetil eterin (CH_3OCH_3) normal kaynama noktası –23 °C tır.

Etil alkolün kaynama noktasının dimetil eterinkinden oldukça yüksek olması, etil alkol molekülleri arasında;

I. hidrojen bağı,

II. london kuvvetleri,

III. dipol - dipol etkileşimleri

etkileşimlerinden hangilerinin etkinliği ile açıklanır?

A) Yalnız I B) Yalnız II C) Yalnız III

D) I ve II E) I, II ve III

1	2	3	4	5	6	7	8	9	10	11	12
C	C	E	E	B	B	E	B	A	D	B	A

UYGULAMA TESTİ - 5

1. I. O

II. CO_2

III. NO_3^-

Yukarıdaki kimyasal türler hangi seçenekte doğru sıralanmıştır?

	I	II	III
A)	Atom	Molekül	İyon
B)	İyon	Molekül	Molekül
C)	Atom	İyon	Molekül
D)	Molekül	Molekül	İyon
E)	Molekül	İyon	Atom

2. I. Ham petrolün işlenerek benzin, mazot gibi bileşenlerine ayrıştırılması

II. Suyun elektroliz edilerek H_2 ve O_2 gazlarına ayrıştırılması

III. Argon sıvısının buharlaştırılması

Yukarıdaki olaylardan hangilerinin gerçekleşmesi için 40 kJ/mol den <u>daha az</u> enerji gerekir?

A) Yalnız I B) I ve II C) I ve III D) II ve III E) I, II ve III

3. **$_{13}X$ ile $_{16}Y$ atomları arasında oluşan bileşik ile ilgili aşağıdaki yargılardan hangisi <u>yanlıştır</u>?**

A) İyonik yapılıdır.

B) Lewis yapısı $2[X^{3+}]\,3[:\ddot{\underset{..}{Y}}:]^{2-}$ şeklindedir.

C) Oda koşullarında katı hâldedir.

D) Bileşik yapısındaki X ve Y aynı soygaz elektron dizilimine sahiptir.

E) Bileşik hücre birimlerinin ard arda dizilmesi sonucu oluşmuştur.

4. I. HCN

II. C_2H_6

III. N_2

Yukarıdaki moleküllerden hangilerinin atomları arasında çoklu bağlar bulunur? ($_1H$, $_6C$, $_7N$)

A) Yalnız I B) I ve II C) I ve III D) II ve III E) I, II ve III

5. **Metaller ile ilgili aşağıdaki ifadelerden hangisi <u>yanlıştır</u>?**

A) Katı ya da sıvı hâlde atomları arasında metalik bağ bulundururlar.

B) Sıcaklıkları arttıkça elektriksel iletkenlikleri de artar.

C) Tel levha hâline getirilebilirler.

D) Oda koşullarında cıva hariç katı hâlde bulunurlar.

E) Parlak bir görünüme sahiptirler.

6. **Aşağıdaki tanecik çiftlerinden hangisinde oluşan <u>etkin çekim gücü</u> Van der Waals etkileşimleri arasında yer <u>almaz</u>?** ($_1H$, $_6C$, $_8O$, $_9F$, $_{11}Na$, $_{17}Cl$, $_{35}Br$, $_{53}I$)

A) $NaCl - H_2O$ B) $C_6H_6 - I_2$

C) $H_2O - HF$ D) $HCl - HBr$

E) $H_2O - HCl$

7. I. C_2H_5OH
II. HCl
III. C_2H_6

Aynı ortamda aynı sıcaklıkta bulunan yukarıdaki maddelerin uçuculukları hangi seçenekte doğru sıralanmıştır?

A) I > II > III B) I > III > II C) II > I > III
D) II > III > I E) III > II > I

8. I. İyon - dipol kuvvetleri
II. Dipol - dipol kuvvetleri
III. Hidrojen bağı
IV. London kuvvetleri

Karşılaştırılabilir büyüklükteki tanecikler arasında oluşan yukarıdaki etkileşim türleri hangi seçenekte <u>en zayıf olandan en kuvvetli olana</u> doğru sıralanmıştır?

A) I, II, III, IV B) IV, II, I, III
C) I, III, II, IV D) III, I, II, IV
E) IV, I, II, III

9. I. $C(k) + \frac{1}{2}O_2(g) \longrightarrow CO(g)$
II. $:N{\equiv}N:(g) + ısı \longrightarrow 2\,\cdot\ddot{N}\cdot(g)$
III. $H_2O(k) + ısı \longrightarrow H_2O(s)$

Yukarıdaki denklemlerden hangileri kimyasal bir olayı ifade eder?

A) Yalnız I B) I ve II C) I ve III
D) II ve III E) I, II ve III

10. Polar moleküller ve iyonik bileşikler polar çözücülerde iyi çözünür.

Buna göre,
I. NH_3
II. NaCl
III. BF_3

bileşiklerinden hangileri, polar bir çözücü olan H_2O da <u>çözünmez</u>? *($_1H$, $_5B$, $_7N$, $_9F$, $_{11}Na$, $_{17}Cl$)*

A) Yalnız I B) Yalnız II C) Yalnız III
D) I ve III E) II ve III

karekök

11. I. HCl
II. C_2H_5OH
III. CCl_4

Yukarıdaki sıvılar hangi seçenekte sudaki çözünürlüklerine göre doğru karşılaştırılmıştır?

A) I > II > III B) I > III > II C) II > I > III
D) II > III > I E) III > I > II

12. **Aşağıdaki maddelerden hangisinin erime noktasının <u>en düşük</u> olması beklenir?**
($_1H$, $_7N$, $_8O$, $_{11}Na$, $_{13}Al$, $_{17}Cl$, $_{19}K$)

A) NaCl B) KNO_3 C) Al
D) H_2O E) Cl_2

1	A	2	C	3	D	4	C	5	B	6	C	7	E	8	B	9	B	10	C	11	C	12	E

1. **Aşağıda verilen iyonik yapılı bileşiklerin hangisinin sahip olduğu anyon karşısında verilen Lewis yapısı ile ifade edilir?** *($_8O$, $_{16}S$, $_{17}Cl$, $_{19}K$, $_{35}Br$)*

	Bileşik	Anyonun Lewis Yapısı
A)	NaCl	$[\cdot\ddot{\underset{\cdot\cdot}{Cl}}:]^-$
B)	KH	$[:\ddot{\underset{\cdot\cdot}{K}}:]^-$
C)	MgS	$[:\ddot{\underset{\cdot\cdot}{S}}:]^-$
D)	$AlBr_3$	$[:\ddot{\underset{\cdot\cdot}{Br}}:]^-$
E)	CaO	$[:\dot{\underset{\cdot}{O}}:]^-$

2. I. NaCl
II. NaI
III. NaBr

Yukarıdaki bileşiklerin erime noktaları hangi seçenekte doğru karşılaştırılmıştır? *($_{17}Cl$, $_{35}Br$, $_{53}I$)*

A) I > II > III B) I > III > II C) II > I > III
D) II > III > I E) III > II > I

3. İyon yükü büyük ve iyon yarıçapı küçük olan bazı iyonik bileşikler "suda çözünmez" olarak nitelendirilir.

Yukarıdaki tanıma göre, aşağıdaki iyonik bileşiklerden hangisi suda <u>çözünmez</u>?
($_8O$, $_{11}Na$, $_{12}Mg$, $_{17}Cl$, $_{19}K$, $_{35}Br$, $_{53}I$)

A) NaCl B) MgO C) KBr
D) KI E) MgI_2

4. **Aşağıda verilen bileşiklerden hangisinin sulu çözeltisi elektrik akımını <u>iletmez</u>?**

A) NaCl B) KNO_3 C) C_2H_5OH
D) $MgCl_2$ E) $Al_2(SO_4)_3$

5. I. CH_4, CCl_4
II. H_2O, H_2S
III. NaCl, NaF

Yukarıdaki madde çiftlerinden hangilerinde ilk sırada verilen maddenin kaynama noktası daha yüksektir? *($_1H$, $_6C$, $_8O$, $_9F$, $_{11}Na$, $_{16}S$, $_{17}Cl$)*

A) Yalnız I B) Yalnız II C) Yalnız III
D) I ve III E) II ve III

6. I. $_{19}K$
II. $_{12}Mg$
III. $_{11}Na$

Yukarıdaki metallerin aynı ortamdaki erime noktaları hangi seçenekte doğru sıralanmıştır?

A) I > II > III B) I > III > II C) II > I > III
D) II > III > I E) III > II > I

7.

	Madde	Etkileşim türü
I.	Lehim	Metalik bağ
II.	Kireç taşı	İyonik bağ
III.	Su	Hidrojen bağı

Yukarıdaki maddelerden hangilerinin tanecikleri arasındaki etkileşim türü doğru verilmiştir?

A) Yalnız II B) I ve II C) I ve III
D) II ve III E) I, II ve III

karekök

8. **Aşağıdaki moleküllerden hangisinin kovalent karakteri en yüksektir?** ($_1H$, $_6C$, $_8O$, $_{11}Na$, $_{17}Cl$)

A) NaCl B) HCl C) H_2O

D) Cl_2 E) CO

9. I. ClF_7

II. $AlCl_3$

III. KCl

Yukarıdaki bileşikler hangi seçenekte az polardan (kovalent) çok polara (iyonik) doğru sıralanmıştır? ($_9F$, $_{13}Al$, $_{17}Cl$, $_{19}K$)

A) I, II, III B) I, III, II C) II, I, III

D) II, III, I E) III, II, I

10. **Aşağıda verilen elementlerden hangisinin $_6C$ atomu ile yapmış olduğu kovalent bağda elektronlar C tarafından daha fazla çekilir?**

A) $_9F$ B) $_1H$ C) $_8O$ D) $_7N$ E) $_{17}Cl$

11. **Aşağıda verilen bileşiklerden hangisi geçici dipol karakterlere sahip moleküllerden oluşur?** ($_1H$, $_6C$, $_7N$, $_8O$, $_{11}Na$, $_{16}S$, $_{17}Cl$)

A) NaCl B) NH_3 C) HCl

D) CH_4 E) H_2S

karekök

12. I. Buzun erimesi

II. Alkolün suda çözünmesi

III. Suyun elektrolizi

Yukarıdaki olaylardan hangileri gerçekleşirken güçlü etkileşimlerin kırılması ya da oluşması beklenir?

A) Yalnız I B) Yalnız II C) Yalnız III

D) I ve III E) II ve II

13. **Aşağıdaki maddelerden hangisinin suda çözünmesi beklenmez?**

A) CH_2-OH
 |
CH_2-OH

B) $HO-CH_2-CH_3$

C) $CH_3-(CH_2)_2-CH_3$

D) $CH_3-\overset{\overset{O}{\|}}{C}-H$

E) $CH_3-CH_2-NH_2$

14. X: 2 8 6

Y: 2 7

Katman elektron dağılımları yukarıdaki gibi olan X ve Y elementleri ile ilgili;

I. Doğada monoatomik (tek atomlu) yapıda bulunurlar.

II. Aralarında kovalent bağlı XY_2 bileşiğini oluşturabilirler.

III. İyonik bileşik oluştururken oktet kuralına uyarlar.

yargılarından hangileri yanlıştır?

A) Yalnız I B) Yalnız II C) Yalnız III

D) I ve III E) I, II ve III

1	D	2	B	3	B	4	C	5	B	6	D	7	E	8	D	9	A	10	B	11	D	12	C	13	C	14	A

4. BÖLÜM

MADDENİN HÂLLERİ

1. Gazların genel özellikleri ile ilgili,

I. Bulundukları kabın şeklini ve hacmini alırlar.

II. Birbirleri ve kap çeperleri ile çarpışmaları esnektir.

III. Sabit sıcaklıkta birbirleri ile çarpışmaları sonucu gazların ortalama kinetik enerjisi değişir.

yargılarından hangileri doğrudur?

A) Yalnız I B) I ve II C) I ve III D) II ve III E) I, II ve III

2.

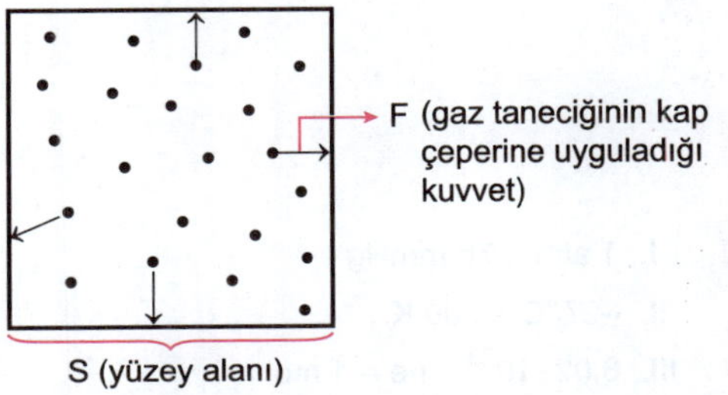

Yukarıda verilen resim ile ilgili,

I. Gaz taneciklerinin kapalı bir kap içinde yaptıkları hareketi anlatmaktadır.

II. Kuvvetin yüzey alanına oranı gaz basıncını verir.

III. Gaz tanecikleri kabın içinde homojen olarak dağılır.

yargılarından hangileri doğrudur?

A) Yalnız I B) I ve II C) I ve III D) II ve III E) I, II ve III

3. I. Gaz moleküllerinin birim yüzeye uyguladığı kuvvettir.

II. Barometre ile ölçülür.

III. Taneciklerin birim zamanda birim yüzeye çarpma sayıları ile orantılıdır.

Kapalı kaplardaki gazların basıncı ile ilgili yukarıdaki ifadelerden hangileri doğrudur?

A) Yalnız I B) Yalnız II C) Yalnız III D) I ve III E) II ve III

4.

	Özellik	Birim
I.	Basınç	mmHg
II.	Sıcaklık	Kelvin
III.	Miktar	Mol Sayısı

Gazlara ait yukarıdaki özelliklerden hangilerinin birimi doğru verilmiştir?

A) Yalnız I B) Yalnız II C) I ve III D) II ve III E) I, II ve III

5. Gaz hacmi ile ilgili;

I. Bulundukları kabın hacmidir.

II. Her bir gaz taneciğinin özhacmi toplam hacim yanında ihmal edilecek kadar küçüktür.

III. Hacim birimi olarak litre (L) kullanılır.

yargılarından hangileri doğrudur?

A) Yalnız I B) I ve II C) I ve III D) II ve III E) I, II ve III

6. –273°C değerini başlangıç noktası olarak kabul eden sıcaklık ölçeği ile ilgili;

I. Kelvin ölçeğidir.

II. Negatif değerler alabilir.

III. Santigrat ölçeğinden 273 çıkarılarak hesaplanır.

yargılarından hangileri doğrudur?

A) Yalnız I B) Yalnız II C) Yalnız III D) I ve II E) I, II ve III

karekök

7. **Maddenin gaz hâli ile ilgili aşağıdaki ifadelerden hangisi yanlıştır?**

A) Maddenin en düzensiz hâlidir.
B) Tanecikler arası boşluk çok fazladır.
C) Sıkıştırılabilir akışkanlardır.
D) Tüm gaz karışımları homojendir.
E) Tanecikleri sadece titreşim hareketi yapar.

8. **Açık hava basıncı ile ilgili;**

I. Etrafımızı saran havanın oluşturduğu basınçtır.
II. Deniz seviyesinden yükseklere çıkıldıkça artar.
III. Deniz seviyesindeki açık hava basıncı 1 atm'dir.

yargılarından hangileri doğrudur?

A) Yalnız I B) I ve II C) I ve III D) II ve III E) I, II ve III

9. I. Gaz hacmi daima içinde bulunduğu kabın doldurduğu kısmının hacmine eşittir.
II. Bir gazın hacmi, kaba başka bir gaz eklenmesi ile azalır.
III. Hacim birimleri arasındaki ilişki,
$1\ dm^3 = 1\ L = 1000\ cm^3 = 1000\ mL$
şeklindedir.

Yukarıdaki yargıların hangileri yanlıştır?

A) Yalnız I B) Yalnız II C) Yalnız III D) I ve II E) II ve III

karekök

10. **Kapalı bir kaptaki gazın kabın çeperlerine uyguladığı basınç gaza ait;**

I. sıcaklık,
II. mol sayısı,
III. kabin hacmi

özelliklerinden hangilerinden etkilenir?

A) Yalnız I B) Yalnız II C) Yalnız III D) I ve II E) I, II ve III

11. I. 1 atm = 76 mmHg
II. –27 °C = 300 K
III. $6{,}02 \cdot 10^{23}$ tane = 1 mol

Gazların özelliklerini belirleyen yukarıdaki birim dönüşümlerinden hangileri hatalıdır?

A) Yalnız I B) Yalnız II C) I ve III D) II ve III E) I, II ve III

12. **Sabit hacimli kapalı bir kaptaki gazın sıcaklığı düşürülürse;**

I. basınç,
II. gaz taneciklerinin çarpışma hızı,
III. gaz hacmi

niceliklerinden hangisi azalır?

A) Yalnız I B) Yalnız II C) I ve II D) II ve III E) I, II ve III

1	B	2	E	3	D	4	E	5	E	6	A	7	E	8	C	9	B	10	E	11	A	12	C

1. **Aşağıdaki sıvılardan hangisinin viskozitesinin en yüksek olması beklenir?** *($_1H$, $_6C$, $_8O$, $_{16}S$, $_{17}Cl$)*

A) H_2O B) CCl_4 C) H_2S

D) C_2H_5OH E) $C_3H_5(OH)_3$

2. I. Oda sıcaklığında masanın üstündeki bal
II. Buzdolabındaki bal
III. Oda sıcaklığında masanın üstündeki saf su

Yukarıdaki sıvılar hangi seçenekte viskozitelerine göre doğru karşılaştırılmıştır?

A) I > II > III B) I > III > II
C) II > I > III D) II > III > I
E) III > I > III

3. **Suya damlatılan mürekkebin su içinde dağılması;**
I. su molekülleri arasında boşluklar olduğu,
II. mürekkep taneciklerinin öteleme hareketi yaptığı,
III. mürekkep moleküllerinin belirli bir kinetik enerjiye sahip olduğu

olgularından hangilerini kanıtlar?

A) Yalnız I B) Yalnız II C) I ve II
D) I ve III E) I, II ve III

4. I. Yazın bazı yollarda asfaltın yumuşaması
II. Oda sıcaklığındaki balın, buzdolabındaki bala göre ekmeğe daha kolay sürülmesi
III. Kapağı açılmış gazlı içeceklerin sıcak ortamda daha çabuk asitliğini kaybetmesi

Yukarıdaki günlük yaşam deneyimlerinden hangileri viskoziteye sıcaklığın etkisine örnek oluşturur?

A) Yalnız I B) Yalnız II C) Yalnız III
D) I ve II E) II ve III

karekök

5. I. Bazı böceklerin su üstünde batmadan durması
II. Balın, aynı sıcaklıktaki zeytinyağına göre daha zor akması
III. Çamaşırların rüzgarlı havada daha hızlı kuruması

Yukarıdaki durumlardan hangileri viskozite ile <u>ilişkilendirilemez</u>?

A) Yalnız I B) Yalnız II C) I ve III
D) II ve III E) I, II ve III

6. I. Moleküller arası çekim kuvveti
II. Sıcaklık
III. Uçuculuk

Sıvılara ait yukarıdaki özelliklerden hangileri artarsa sıvıların viskozitesi <u>azalır</u>?

A) Yalnız I B) Yalnız II C) I ve II
D) II ve III E) I, II ve III

7. 

Aynı ortamda bulunan yukarıdaki X sıvısı örneklerinin başlangıç sıcaklıkları eşittir.

Buna göre;

I. Kaynamaya başlama sıcaklıkları eşittir.

II. Özdeş ısıtıcılarla ısıtıldıklarında kaynamaya başlama süreleri arasında 2 > 1 > 3 ilişkisi olur.

III. Kaynamaya başlama sıcaklığına ulaşıncaya kadar aldıkları toplam ısı miktarlarına göre, 3 > 1 > 2 şeklinde sıralanırlar.

yargılarından hangileri yanlıştır?

A) Yalnız III B) I ve II C) I ve III D) II ve III E) I, II ve III

8. **Viskozite ile ilgili;**

I. Sıvıların akmaya karşı gösterdikleri dirençtir.

II. Sıcaklık arttıkça sıvıların viskozitesi artar.

III. Moleküller arası çekim gücü arttıkça viskozite artar.

yargılarından hangileri yanlıştır?

A) Yalnız I B) Yalnız II C) I ve II D) I ve III E) I, II ve III

9. Gliserin $[H\ddot{O}CH_2\ CH(\ddot{O}H)\ CH_2\ddot{O}H]$ ve su $[H\ddot{O}H]$ moleküllerinin 20 °C sıcaklıktaki viskoziteleri sırasıyla 1,42 Pa · s ve $1 \cdot 10^{-3}$ Pa · s'dir.

Gliserinin viskozitesinin suyun viskozitesinden yüksek olması,

I. Gliserindeki hidrojen bağı sayısının sudakinden fazla olması

II. Gliserin moleküllerinin su moleküllerine göre daha doğrusal olması

III. Gliserindeki dipol - dipol ve London kuvvetlerinin suyunkinden daha etkin olması

durumlarından hangileri ile ilişkilendirilebilir?

A) Yalnız I B) Yalnız II C) Yalnız III D) I ve III E) I, II ve III

10. **Sıvıların akışkanlığı ile ilgili;**

I. Sıcaklık arttıkça artar.

II. Viskozitesi büyük olan sıvıların akışkanlığı düşüktür.

III. Molekülleri küçük ve küresel olan sıvıların akışkanlığı düşüktür.

yargılarından hangileri yanlıştır?

A) Yalnız I B) Yalnız II C) Yalnız III D) I ve III E) I, II ve III

11. 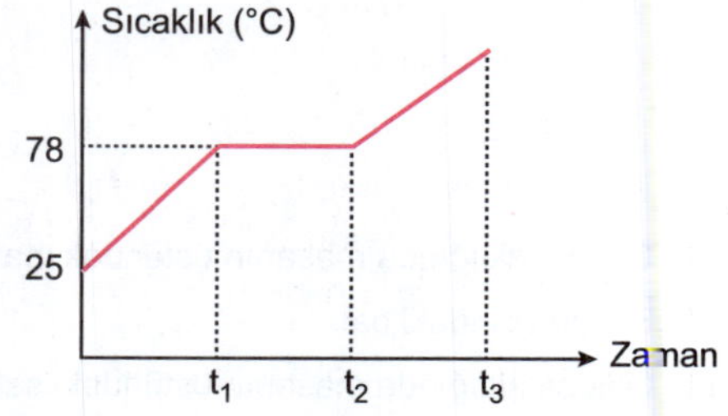

Yukarıdaki grafik saf bir sıvının ısıtılmasına aittir.

Buna göre, aşağıdakilerden hangisi yanlıştır?

A) 0 - t_1 zaman aralığında sıvının buhar basıncı artmıştır.

B) Sıvının buhar basıncı 78 °C'de bulunduğu ortamın basıncına eşit olmuştur.

C) t_1 - t_2 zaman diliminde sıvının potansiyel enerjisi artmıştır.

D) Sıvıya 0 - t_2 aralığında verilen ısı X'in kaynaması için kullanılmıştır.

E) t_2 - t_3 aralığında X, sıkıştırılabilir akışkandır.

12. I. Sıcak ekmeğe sürülen balın akışkanlığının artması

II. Yolların asfaltlanması sırasında ziftin ısıtılması

III. Ketçapın ısıtılarak şişelere doldurulması

Yukarıdakilerden hangileri sıcaklık arttıkça viskozitenin azalmasına örnek verilebilir?

A) Yalnız I B) Yalnız II C) Yalnız III D) I ve II E) I, II ve III

karekök

1	E	2	C	3	E	4	D	5	C	6	D	7	A	8	B	9	D	10	C	11	D	12	E

1. **Aşağıdakilerden hangisinde maddenin plazma hâline rastlanmaz?**

A) Yanan mum
B) Güneş
C) Gezegenler
D) Şimşek
E) Floresan lamba

2. I. Isıtma
II. Gerilim uygulama
III. Basınç uygulama

Yukarıdakilerden hangileri, katı hâldeki bir maddenin enerjisini arttırarak plazma hâline dönüşmesinin yöntemleri arasında gösterilebilir?

A) Yalnız I
B) I ve II
C) I ve III
D) II ve III
E) I, II ve III

3. 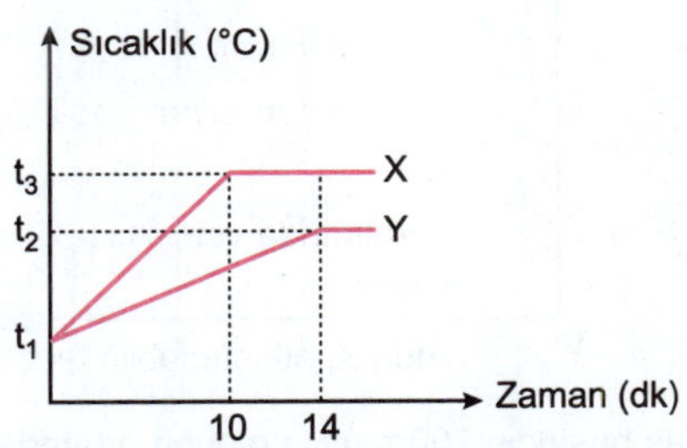

t_1 °C sıcaklıkta bulunan saf X ve Y sıvılarının özdeş ısıtıcılarla ısıtılmalarına ait sıcaklık-zaman grafiği yukarıda verilmiştir.

Buna göre;

I. Aynı sıcaklıkta Y nin buhar basıncı X'inkinden büyüktür.
II. Y nin ısı sığası, X'inkinden küçüktür.
III. 10. ve 14. dakikalar arasında X'in potansiyel, Y'nin kinetik enerjisi artar.

yargılarından hangileri doğrudur?

A) Yalnız I
B) Yalnız II
C) Yalnız III
D) I ve III
E) I, II ve III

4. **Doygunluk noktasına ulaşan hava kütlesi ile ilgili;**

I. Su buharı içermez.
II. Bağıl nem % 100'dür.
III. Sıcaklık düşükse yağış başlar.

yargılarından hangileri doğrudur?

A) Yalnız I
B) Yalnız II
C) Yalnız III
D) II ve III
E) I, II ve III

5. **Aşağıdakilerden hangisi sıvıların buharlaşma hızına etki eden faktörler arasında gösterilemez?**

A) Sıcaklık
B) Yüzey alanı
C) Ortamdaki havanın bağıl nemi
D) Sıvı miktarı
E) Sıvıdan gaz geçirme

6. I. Kuru havada çamaşırın nemli havaya göre daha çabuk kuruması
II. Nem oranının yüksek olduğu ortamda hissedilen sıcaklığın gerçek sıcaklıktan daha yüksek olması
III. Deney tüpündeki suyun beher glastaki sudan daha çabuk buharlaşması

Yukarıdaki durumlardan hangileri bağıl nemin buharlaşmaya etkisine örnek oluşturur?

A) Yalnız I
B) Yalnız II
C) I ve II
D) I ve III
E) I, II ve III

7. I. Ağrı Dağı'nda açık tencerede
II. Deniz seviyesinde açık tencerede
III. Deniz seviyesinde düdüklü tencerede

Yukarıdaki koşul ve ortamlarda suyun kaynama sıcaklıkları hangi seçenekte doğru karşılaştırılmıştır?

A) I > II > III
B) I > III > II
C) II > I > III
D) III > I > II
E) III > II > I

8. 60 °C sıcaklık ve 1 atmosfer basınçta X, Y ve Z sıvılarının buhar basınçları sırasıyla 760, 630 ve 510 mmHg'dir.

Buna göre, bu sıvılarla ilgili;

I. X sıvısının normal kaynama noktası 60 °C'dir.

II. Z sıvısının moleküller arası çekim kuvveti en büyüktür.

III. 60 °C sıcaklık ve 1 atmosfer basınç koşullarında Y ve Z gaz hâlindedir.

yargılarından hangileri doğrudur?

A) Yalnız I B) Yalnız II C) I ve II D) I ve III E) I, II ve III

9. Gaz hâlindeki bir X maddesinin sıcaklığı donma sıcaklığının altına kadar düşürülüyor.

Buna göre, X ile ilgili;

I. Toplam enerjisi azalır.

II. Düzensizliği artar.

III. İki defa hâl değiştirir.

yargılarından hangileri <u>yanlıştır</u>?

A) Yalnız I B) Yalnız II C) Yalnız III D) I ve II E) I, II ve III

10. Saf bir sıvının sıcaklığı artırılırsa;

I. yüzey gerilimi,

II. buhar basıncı,

III. viskozite

niceliklerinden hangileri <u>azalır</u>?

A) Yalnız I B) Yalnız II C) I ve III D) II ve III E) I, II ve III

11.

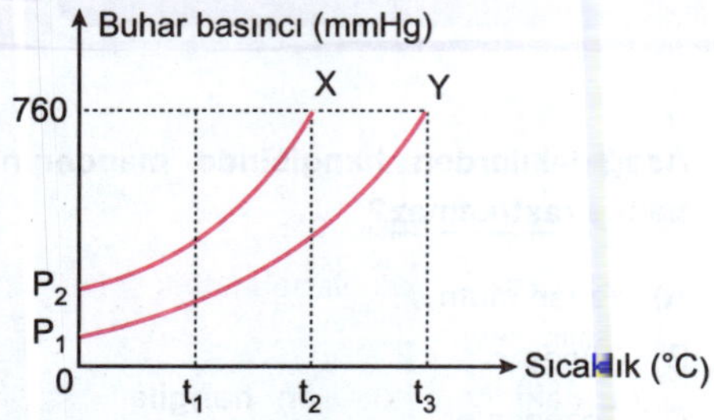

Deniz seviyesinde bulunan X ve Y sıvılarına ait buhar basıncı - sıcaklık grafiği yukarıda verilmiştir.

Buna göre;

I. t_1 °C'ta X'in buhar basıncı, Y'ninkinden büyüktür.

II. 760 mmHg dış basınçta Y'nin kaynama noktası t_3 °C, X'in kaynama noktası ise t_2 °C'dir.

III. 0 °C'ta X ve Y sıvılarının buhar basınçları eşittir.

yargılarından hangileri <u>yanlıştır</u>?

A) Yalnız I B) Yalnız II C) Yalnız III D) I ve II E) II ve III

karekök

12.

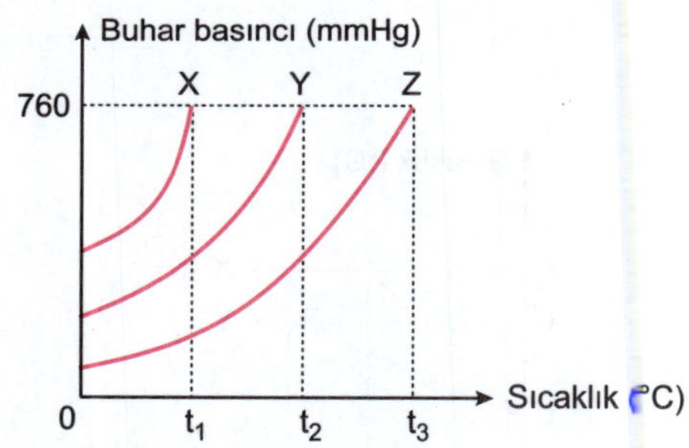

Dış basıncın 760 mmHg olduğu ortamda bulunan X, Y ve Z sıvılarının buhar basınçlarının sıcaklıkla değişimi yukarıdaki grafikte verilmiştir.

Buna göre; X, Y ve Z sıvıları ile ilgili;

I. Kaynama noktalarına göre Z > Y > X şeklinde sıralanırlar.

II. Y nin kaynamaya başladığı sıcaklıkta X gaz, Z ise sıvı hâldedir.

III. Uçuculukları arasında X > Y > Z ilişkisi vardır.

yargılarından hangileri doğrudur?

A) Yalnız I B) I ve II C) I ve III D) II ve III E) I, II ve III

1	C	2	B	3	D	4	D	5	D	6	C	7	E	8	C	9	B	10	C	11	C	12	E

KAVRAMA TESTİ - 4

1. I. Sert yapılıdırlar.

II. Sıkıştırılamazlar.

III. Tanecikleri belirli bir geometrik şekle göre istiflenmiştir.

Yukarıdaki özelliklerden hangileri amorf katılar için yanlış, kristal katılar için doğrudur?

A) Yalnız I B) Yalnız II C) Yalnız III

D) I ve II E) I, II ve III

2. Aşağıdaki katılardan hangisi amorf katılara örnek verilemez?

A) Cam B) Mum C) Şeker

D) Plastik E) Tereyağı

3. Aşağıdaki kristal katılardan hangisi yanlış sınıflandırılmıştır? *($_1H$, $_6C$, $_8O$, $_{11}Na$, $_{17}Cl$, $_{26}Fe$, $_{53}I$)*

	Kristal katı	Sınıfı
A)	$C_{12}H_{22}O_{11}$	Moleküler kristal
B)	NaCl	İyonik kristal
C)	C(elmas)	Kovalent kristal
D)	I_2	Kovalent kristal
E)	Fe	Metalik kristal

4. Moleküler kristallerle ilgili;

I. Kristal birimleri kovalent bağlarla birbirine bağlanmıştır.

II. Aynı koşullarda erime noktaları iyonik kristallerinkinden düşüktür.

III. Sert ve kırılgan yapılıdırlar.

yargılarından hangileri doğrudur?

A) Yalnız I B) Yalnız II C) Yalnız III

D) II ve III E) I, II ve III

5. Aşağıdaki katılardan hangisinin kristal türü diğerlerinden farklıdır? *($_1H$, $_5B$, $_6C$, $_8O$, $_{14}Si$)*

A) Elmas B) Grafit C) Bor

D) Kuvars E) Buz

6.

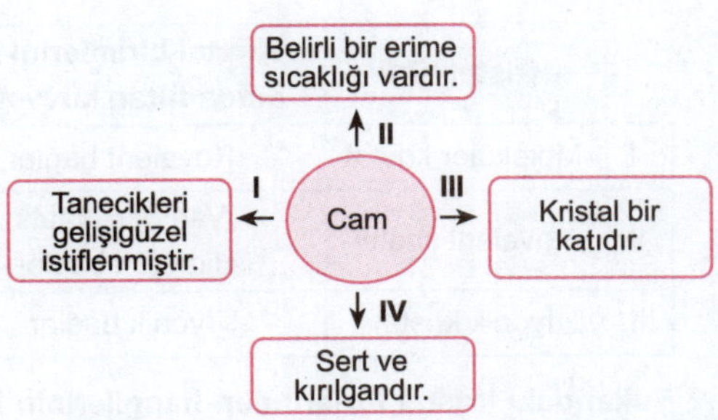

Yukarıdaki şemada camla ilgili numaralandırılmış bilgilerden hangileri yanlıştır?

A) I ve II B) II ve III C) II ve IV

D) III ve IV E) II, III ve IV

7. Amorf katılarla ilgili aşağıdaki yargılardan hangisi <u>yanlıştır</u>?

A) Sert olma dışındaki özellikleri bakımından sıvılara benzerler.

B) Belirli bir erime noktaları vardır.

C) Belirli bir sıcaklık aralığında gitgide yumuşayarak akışkanlık kazanırlar.

D) Atom ya da molekülleri gelişigüzel istiflenmiştir.

E) Camsı geçiş sıcaklığına sahiptirler.

8.

	Kristal türü	Örnekler
I.	Metalik	Fe, Cu, Zn
II.	İyonik	NaCl, MgO
III.	Kovalent	CO_2, H_2O
IV.	Moleküler	Grafit, Bor

Yukarıdaki kristal türlerinden hangilerinin örneklendirilmesinde <u>hata</u> yapılmıştır?

A) I ve II B) I ve III C) II ve III D) II ve IV E) III ve IV

9.

	Kristal türü	Kristal birimlerini bir arada tutan kuvvetler
I.	Moleküler kristal	Kovalent bağlar
II.	Kovalent kristal	Van der Waals Hidrojen bağları
III.	İyonik kristal	İyonik bağlar

Yukarıdaki kristal türlerinden hangilerinin kristal birimleri arasında karşısında verilen etkileşimler bulunur?

A) Yalnız I B) Yalnız II C) Yalnız III D) I ve II E) I, II ve III

10. Aşağıdaki maddelerden hangisi kristal bir katı <u>değildir</u>?

A) Altın B) Elmas C) $CO_2(k)$ D) Kuvars E) Teflon

11. I. Na(k)

II. $CO_2(k)$

III. C (grafit)

IV. NaCl(k)

V. Plastik

Yukarıda farklı katı türlerinden örnekler verilmiştir.

Hangi ikisinin yeri değiştirilirse sıralama; metalik, amorf, kovalent, iyonik ve moleküler katılar şeklinde olur?

A) I ve II B) I ve III C) II ve III D) II ve V E) III ve IV

12. SiO_2 ve CO_2 katı maddeleri ile ilgili,

I. SiO_2 amorf, CO_2 ise moleküler katıdır.

II. Her ikisinde de bulunan atomların tamamı amfotaldir.

III. Her ikisi de kristal katıdır.

yargılarından hangileri <u>yanlıştır</u>?

A) Yalnız I B) I ve II C) I ve III D) II ve III E) I, II ve III

karekök

1	C	2	C	3	D	4	B	5	E	6	B	7	B	8	E	9	C	10	E	11	D	12	E

1.

	Maddenin Hali	Taneciklerin hareket türü
I.	Katı	Titreşim
II.	Sıvı	Titreşim ve öteleme
III.	Gaz	Brown hareketi

Yukarıda belirtilen hâllerde bulunan maddelerden hangilerinin tanecikleri karşısında belirtilen türde hareket yapar?

A) Yalnız I B) Yalnız II C) Yalnız III D) I ve III E) I, II ve III

2. **Maddenin plazma hâli ile ilgili aşağıdakilerden hangisi yanlıştır?**

A) Nötral yapıdadır.
B) Birbiriyle etkileşim içinde olan iyon, elektron ve nötr atom gibi parçacıklar topluluğudur.
C) Elektriği iletir.
D) Sadece yüksek sıcaklıklarda oluşabilen maddenin hâlidir.
E) Eşit sayıda pozitif ve negatif yüklü parçacıklar içerir.

3. I. Viskozite
II. Buhar basıncı
III. Akışkanlık

Sıvılara ait yukarıdaki özelliklerden hangileri sıcaklık arttıkça azalır?

A) Yalnız I B) Yalnız II C) Yalnız III D) I ve III E) I, II ve III

4. **Sıvı ve gazlarla ilgili aşağıdaki yargılardan hangisi yanlıştır?**

A) Sıvı molekülleri arasındaki boşluk gaz molekülleri arasındaki boşluktan daha azdır.
B) Sıvılar sıkılaştırılamayan, gazlar ise sıkıştırılabilen akışkanlardır.
C) Sıvı molekülleri arasındaki çekim kuvvetleri gazlara göre daha fazladır.
D) Bir maddenin sıvı hâlinin molar hacmi aynı koşullarda gaz hâlininkinden fazladır.
E) Sıcaklık düşürüldükçe gaz moleküllerinin kinetik enerjileri azalır ve sıvılaşma gerçekleşir.

5. **Bağıl nem ile ilgili;**

I. Havanın taşıyabileceği maksimum su buharı miktarını belirtir.
II. Bağıl nem arttıkça hissedilen sıcaklık genellikle artar.
III. Sıcaklık arttıkça bağıl nem artar.

yargılarından hangileri doğrudur?

A) Yalnız I B) Yalnız II C) I ve III D) II ve III E) I, II ve III

6. **Aşağıdaki katılardan hangisinin belirli bir erime noktası yoktur?**

A) Magnezyum B) Grafit C) Kuru buz D) Çinko E) Bakalit

7. Bir miktar buz oda sıcaklığında eriyerek tamamen sıvılaşıyor.

Buna göre;

I. hidrojen bağı sayısı,
II. hacim,
III. molekül sayısı

niceliklerinden hangileri buzun erimesi sürecinde azalmıştır?

A) Yalnız I B) Yalnız II C) Yalnız III D) I ve II E) I, II ve III

karekök

8. • +4 °C sıcaklıkta suyun hacmi en küçük değerini alır.

• Donma sırasında suyun hacmi artar.

Buna göre;

I. Derin dondurucuya konulan su dolu şişenin çatlaması

II. Kışın göl ve denizlerin yüzeyden itibaren donması

III. Buzlu suda buz parçacıklarının yüzeyde toplanması

sonuçlarından hangileri, yukarıda belirtilen suyun özel durumu ile açıklanabilir?

A) Yalnız I B) Yalnız II C) Yalnız III

D) II ve III E) I, II ve III

9. **Deniz seviyesinden farklı yüksekliklerde kaynamakta olan iki farklı saf su örneği için;**

I. buhar basıncı,

II. kaynamaya başlama sıcaklığı,

III. kinetik enerji

niceliklerinden hangileri farklıdır?

A) Yalnız I B) Yalnız II C) Yalnız III

D) II ve III E) I, II ve III

10. ☐ Katılar amorf ve kristal olmak üzere ikiye ayrılır.

☐ Sıvıların yüzey gerilimi sıcaklık arttıkça artar.

☐ Gazların ortalama kinetik enerjisi sadece sıcaklığa bağlıdır.

Yukarıda verilen bilgilerin doğru (D) ya da yanlış (Y) olarak sınıflandırılmış hâli sırası ile aşağıdakilerden hangisinde doğru verilmiştir?

A)	B)	C)	D)	E)
D	D	Y	D	Y
Y	D	Y	D	D
D	D	D	Y	Y

11. **Sabit basınçlı bir ortamda kaynamakta olan arı bir sıvıya ait;**

I. sıcaklık,

II. buhar basıncı,

III. potansiyel enerji

niceliklerinden hangileri değişmez?

A) Yalnız I B) I ve II C) I ve III

D) II ve III E) I, II ve III

12. • Suyun topraktan ağacın yapraklarına çıkması ....I.......... ile açıklanır.

• $\underset{\text{OH}}{CH_2}-\underset{\text{OH}}{CH_2}$ (glikol) sıvısının ....II.......... değeri C_2H_5OH (etil alkol) sıvısınınkinden yüksektir.

• Suyun buhar basıncının aynı sıcaklıktaki su buharının kısmi basıncına oranı ....III.......... verir.

Yukarıda I, II ve III ile ifade edilen boşluklara gelmesi gereken terimler aşağıdakilerden hangisinde doğru verilmiştir?

	I	II	III
A)	kılcallık	viskozite	hissedilen sıcaklık
B)	yüzey gerilimi	viskozite	bağıl nem
C)	kılcallık	viskozite	bağıl nem
D)	kılcallık	akışkanlık	hissedilen sıcaklık
E)	yüzey gerilimi	akışkanlık	bağıl nem

13. I. Molekül şekillerinin doğrusal ya da küresel olması

II. Sıcaklık

III. Moleküller arası çekim kuvvetleri

Yukarıdakilerden hangileri sıvıların viskozitesini etkiler?

A) Yalnız I B) Yalnız II C) Yalnız III

D) I ve II E) I, II ve III

1.

Yukarıda verilen resim katının birim hücresini göstermektedir.

Buna göre, katı ile ilgili,

I. Bir metal elementine ait olabilir.

II. İyonik yapılıdır.

III. Dövülerek şekil verilebilir.

yargılarından hangileri doğrudur?

A) Yalnız II B) Yalnız III C) I ve II D) I ve III E) II ve III

2. I. Sıvı

II. Gaz

III. Katı

Yukarıdaki hâllerden hangilerinde bulunan madde akışkandır?

A) Yalnız I B) Yalnız II C) Yalnız III D) I ve II E) I, II ve III

3. I. Molekül boyutu

II. Molekül doğrusallığı

III. Sıcaklık

IV. Moleküller arası çekim kuvveti

Bir sıvıya ait yukarıdaki nitelik ya da niceliklerden hangileri artarsa sıvının viskozitesi <u>azalır</u>?

A) Yalnız II B) Yalnız III C) II ve III D) III ve IV E) I, III ve IV

4.

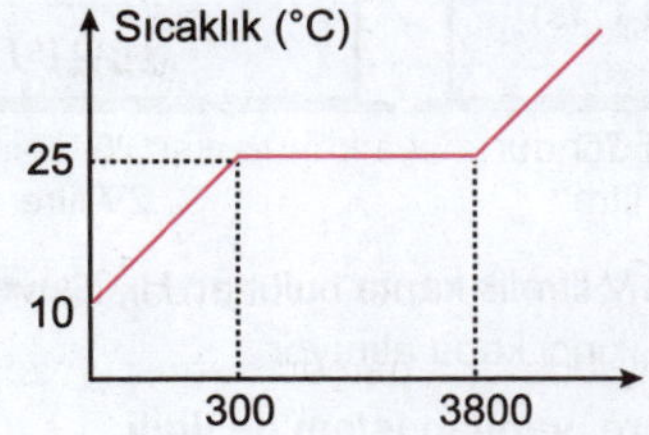

Yukarıda verilen grafik 10 gram X katısının ısıtılmasına ait sıcaklık - ısı grafiğidir.

Buna göre,

I. X'in erime noktası 25 °C'dir.

II. X'e verilen 300 J'lik enerji X'i daha düzensiz hâle getirmiştir.

III. X'e 3800 J'den fazla enerji verilirse X sıvı hâle geçer.

yargılarından hangileri kesinlikle doğrudur?

A) Yalnız II B) Yalnız III C) I ve II D) II ve III E) I, II ve III

karekök

5.

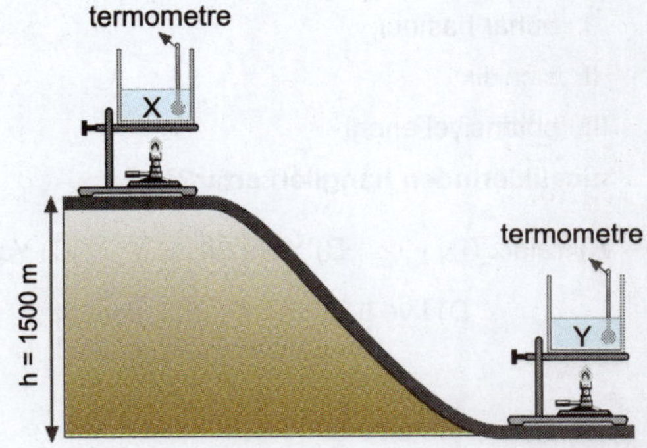

Bulundukları ortamda kaynamakta olan saf X ve Y sıvılarının sıcaklıklarının aynı olduğu saptanıyor.

Buna göre, aşağıdaki yargılardan hangisi <u>yanlıştır</u>?

A) Aynı koşullarda Y sıvısı, X sıvısından daha uçucudur.

B) Aynı ortamda bulunan X ve Y'den, Y daha düşük sıcaklıkta kaynar.

C) Aynı ortamda kaynayan X ve Y'nin buhar basınçları eşittir.

D) Aynı sıcaklıktaki X'in buhar basıncı, Y'nin buhar basıncından büyüktür.

E) X ve Y bulundukları ortamda kaynarken sıcaklıkları değişmez.

6.

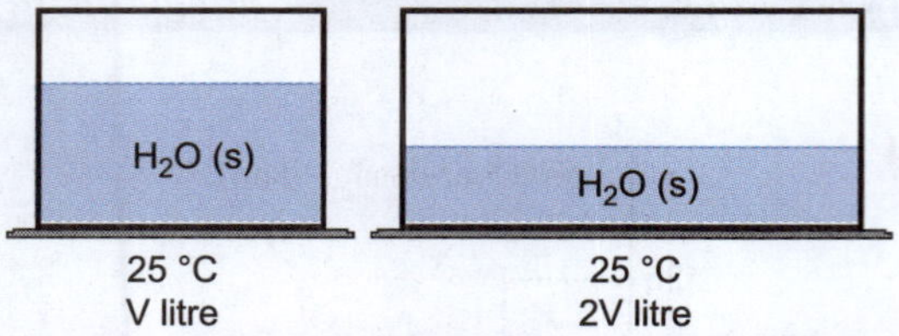

Yukarıda V litrelik kapta bulunan H_2O sıvısı hacmi 2V litre olan ikinci kaba alınıyor.

Buna göre, yapılan işlem ile ilgili,

I. Suyun buhar basıncı yarıya düşer.
II. Gaz moleküllerinin sayısı artar.
III. Sıvı moleküllerinin sayısı azalır.

yargılarından hangileri doğrudur?

A) Yalnız II B) I ve II C) I ve III D) II ve III E) I, II ve III

7. **Sabit basınçlı bir ortamda kaynamakta olan saf bir sıvıya ait;**

I. buhar basıncı,
II. sıcaklık,
III. potansiyel enerji

niceliklerinden hangileri artar?

A) Yalnız I B) Yalnız II C) Yalnız III D) I ve II E) I, II ve III

8. **Aşağıda verilen ifadelerden hangisi <u>yanlıştır</u>?**

A) Havadan azot ve oksijen elde edilirken ilk önce hava örneği tamamen sıvılaştırılır, daha sonra ayrımsal damıtma uygulanır.
B) LPG, sıvılaştırılmış petrol gazıdır.
C) LNG, sıvılaştırılmış nitrojen (azot) gazıdır.
D) Gazların sıvılaştırılması, gazların taşınmasını kolaylaştırır.
E) Kuru havanın hacimce büyük bir kısmını azot gazı oluşturur.

9.

Sıvı	Sıcaklık (°C)	Buhar basıncı (mmHg)
X	30	25
Y	30	35
Z	50	25

X, Y ve Z saf sıvılarının bazı sıcaklıklardaki buhar basınçları yukarıdaki tabloda verilmiştir.

Buna göre; X, Y ve Z sıvıları ile ilgili;

I. Aynı ortamdaki kaynama noktalarına göre X > Y > Z şeklinde sıralanırlar.
II. Aynı sıcaklıktaki buhar basınçları arasında Y > X > Z ilişkisi vardır.
III. Moleküller arası çekim kuvveti en büyük olan Y'dir.

yargılarından hangileri doğrudur?

A) Yalnız I B) Yalnız II C) Yalnız III D) I ve II E) I, II ve III

karekök

10. **Farklı sıcaklıklardaki buhar basınçları eşit olan arı X ve Y sıvıları ile ilgili;**

I. Aynı maddelerdir.
II. Aynı sıcaklıktaki buhar basınçları farklıdır.
III. Farklı ortamlardaki kaynama noktaları aynı olabilir.

yargılarından hangileri <u>yanlıştır</u>?

A) Yalnız I B) Yalnız II C) Yalnız III D) I ve II E) I, II ve III

11. Arı bir maddenin katı, sıvı ve gaz hâllerinden; sıvı hâlin özkütlesi en büyük, gaz hâlin özkütlesi en küçüktür.

Buna göre, bu madde ile ilgili;

I. Katısı, sıvısında batar.
II. Erime sürecinde tanecikler arası uzaklık azalır.
III. Aynı koşullarda gaz hâlinin özgül hacmi en büyüktür.

yargılarından hangileri doğrudur?

A) Yalnız I B) Yalnız II C) Yalnız III D) II ve III E) I, II ve III

1 A 2 D 3 B 4 C 5 D 6 D 7 C 8 C 9 B 10 A 11 D

1. **Plazma hâlindeki bir madde ile ilgili,**

I. Elektriği iletir.

II. Nötral yapıdadır.

III. Atom, iyon, molekül ve elektron gibi farklı tür tanecikler içerir.

yargılarından hangileri doğrudur?

A) Yalnız I B) Yalnız II C) Yalnız III D) I ve III E) I, II ve III

2.

Sıvı	25°C taki buhar basıncı (mmHg)
Aseton	231
Dietil eter	534
Su	23,8
Cıva	0,0018

Yukarıdaki tabloda bazı sıvıların 25 °C'taki buhar basıncı verilmiştir.

Buna göre;

I. Aseton, dietil eterden daha uçucu bir sıvıdır.

II. Cıva uçucu olmayan, su ise orta uçuculukta bir sıvıdır.

III. Aynı ortamda kaynama noktası en yüksek olan sıvı cıvadır.

yargılarından hangileri yanlıştır?

A) Yalnız I B) Yalnız II C) Yalnız III D) I ve III E) I, II ve III

3. **Isıtılan sıvılarla ilgili;**

I. Viskoziteleri artar.

II. Akışkanlıkları artar.

III. Buhar basınçları azalır.

yargılarından hangileri yanlıştır?

A) Yalnız I B) Yalnız II C) I ve II D) I ve III E) I, II ve III

4.

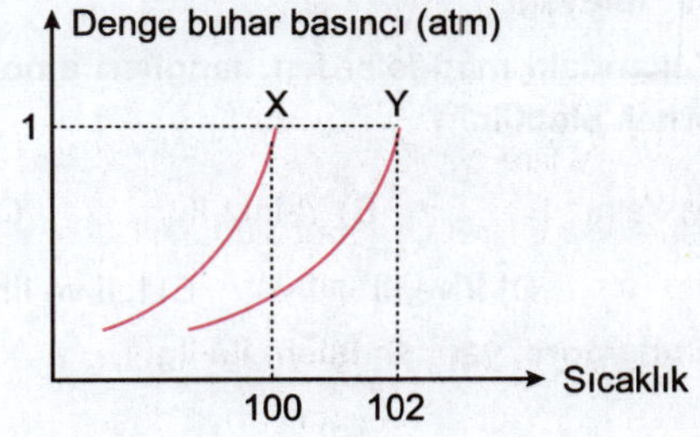

Yukarıda verilen grafikler yeterince ısıtılmış iki sıvıya aittir.

Buna göre,

I. X sıvısı sudur.

II. Y sıvısı daha uçucudur.

III. Y sıvısı alkollü sudur.

yargılarından hangileri kesinlikle yanlıştır?

A) Yalnız I B) Yalnız III C) I ve II D) I ve III E) II ve III

5.

I. 1 atm = 760 mmHg

II. 152 cmHg = 2 atm

III. 0,3 dm^3 = 300 mL'dir.

IV. 500 cm^3 = 500 mL'dir.

V. –73 K = 200 °C'dir.

Yukarıda verilen birim dönüşümlerinden hangisi yanlıştır?

A) I B) II C) III D) IV E) V

6. **Molekül formülü H_2O olan bileşik ile ilgili;**

I. Donarken hacmi artar.

II. Gaz hâlinde molar hacmi en büyüktür.

III. Katı hâlden sıvı hâle geçerken hem kinetik enerjisi hem de düzensizliği artar.

yargılarından hangileri doğrudur?

A) Yalnız I B) Yalnız II C) Yalnız III D) I ve II E) II ve III

karekök

7. I. Plastik

II. Cam

III. Tereyağı

Yukarıdaki maddelerden hangileri amorf katılara örnek olabilir?

A) Yalnız I B) Yalnız II C) Yalnız III

D) II ve III E) I, II ve III

8.

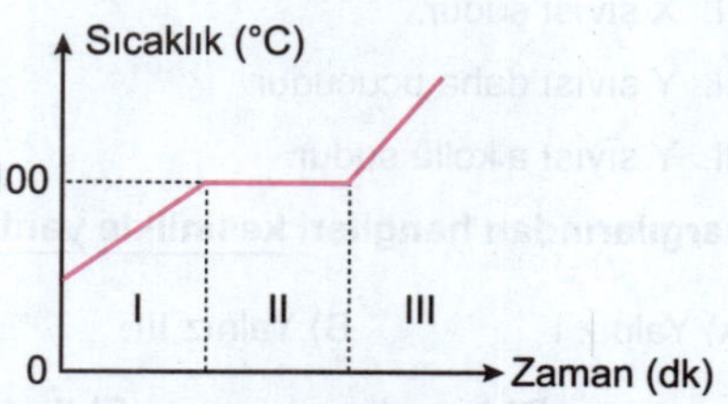

Saf bir X katısının ısınma grafiği yukarıda verilmiştir.

Buna göre, aşağıdaki yargılardan hangisi <u>yanlıştır</u>?

A) I. zaman aralığında X'i oluşturan tanecikler sadece titreşim hareketi yapar.

B) II. zaman aralığında X erimektedir.

C) I ve III. zaman aralığında X'in kinetik enerjisi artmaktadır.

D) II. zaman aralığında X'in potasiyel enerjisi artmaktadır.

E) III. zaman aralığındaki X için genleşme katsayısı ayırt edici değildir.

9. I. Bal

II. Gliserin

III. Su

Yukarıdaki maddelerin aynı sıcaklıktaki viskoziteleri arasındaki ilişki hangi seçenekte doğru verilmiştir?

A) I > II > III B) I > III > II C) II > I > III

D) II > III > I E) III > II > I

10.

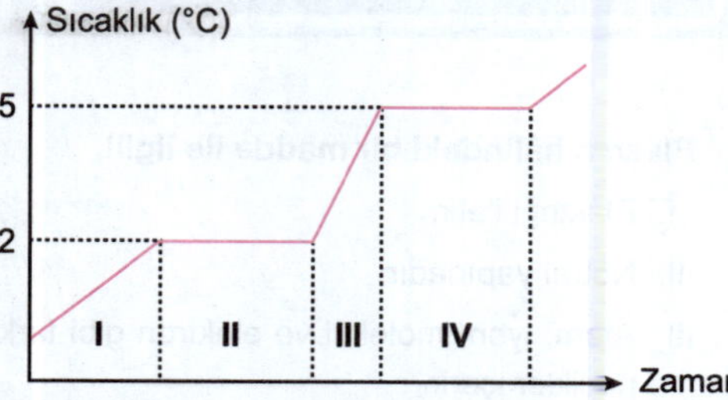

Yukarıda verilen grafik saf bir katıya aittir.

Buna göre,

I. Birinci bölgede madde homojen görünümlüdür.

II. Üçüncü bölgede buhar basıncı sabittir.

III. Birinci ve üçüncü bölgelerde potansiyel enerji artarken diğer bölgelerde kinetik enerji artar.

yargılarından hangileri doğrudur?

A) Yalnız I B) I ve II C) I ve III

D) II ve III E) I, II ve III

11.

I. $H_3C - \underset{CH_3}{\overset{CH_3}{C}} - CH_3$ (25 °C) ; $H_3C - (CH_2)_3 - CH_3$ (25 °C)

II. Bal (25°C) ; Bal (50°C)

III. CH_3CH_2OH (25 °C) ; $\overset{OH}{CH_2} - \overset{OH}{CH} - \overset{OH}{CH_2}$ (25 °C)

Yukarıda bazı madde çiftleri ve bulundukları sıcaklıklar verilmiştir.

Buna göre, hangilerinde ilk sırada verilen maddenin akışkanlığı <u>daha yüksektir</u>?

A) Yalnız I B) Yalnız II C) Yalnız III

D) I ve III E) I, II ve III

1	E	2	A	3	D	4	E	5	E	6	D	7	E	8	E	9	A	10	A	11	D

5. BÖLÜM

KİMYANIN TEMEL KANUNLARI VE KİMYASAL HESAPLAMALAR

1.

Yukarıdaki düzenekte bulunan karışım ısıtılmadan önce tartıldığında 88 gram gelmiştir. Tüpte bulunan karışım ısıtıldığında, demir ve kükürt tozları artansız olarak etkileşerek farklı renkte yeni bir madde oluşturmuştur. Son durumda oluşan maddenin kütlesi ölçüldüğünde 88 gram olduğu görülmüştür.

Buna göre, yapılan deney ile aşağıda verilen kimya kanunlarından hangisi kanıtlanmıştır?

A) Sabit oranlar yasası
B) Katlı oranlar yasası
C) Sabit hacim oranları kanunu
D) Kütlenin korunumu kanunu
E) Avogadro kanunu

2. **1789 yılında yanma olayının, havanın oksijeni ile birleşmenin sonucu oluştuğunu gösteren ve yanma ile kapalı kaplarda gerçekleşen kimyasal olayların sonucunda kütlenin değişmediğini kanıtlayan bilim insanı aşağıdakilerden hangisidir?**

A) Antoine Lavoisier
B) John Dalton
C) Joseph Gay - Lussac
D) Joseph Proust
E) Amadeo Avogadro

3. Kütlenin korunumu kanunu, "kimyasal bir değişimde başlangıçtaki maddelerin kütleleri toplamının, değişimden sonraki kütle toplamına eşit olduğunu" öngörür.

Buna göre;

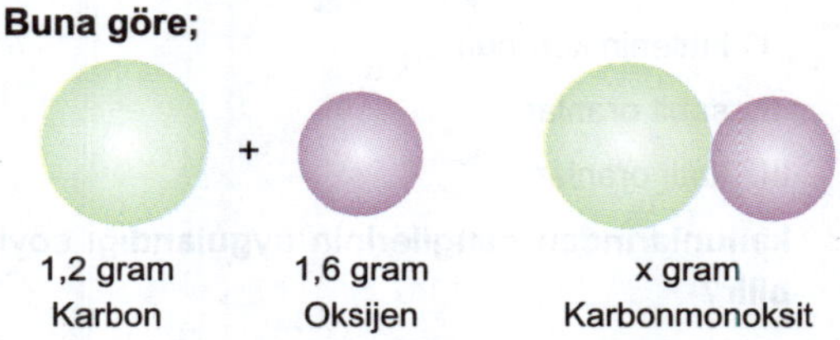

değişimindeki x aşağıdakilerden hangisidir?

A) 2 B) 2,5 C) 2,8 D) 4 E) 4,4

karekök

4.

$CaCO_3$	+	2HCl	$\longrightarrow$	$CaCl_2$	+	CO_2	+	H_2O
5 g		3,6 g		5,5 g		m g		0,9 g

tepkimesinde harcanan ve oluşan maddelerin kütleleri altlarına yazılmıştır.

Buna göre, açığa çıkan CO_2 gazı kaç gramdır?

A) 2,0 B) 2,2 C) 2,6 D) 3,4 E) 3,8

5.

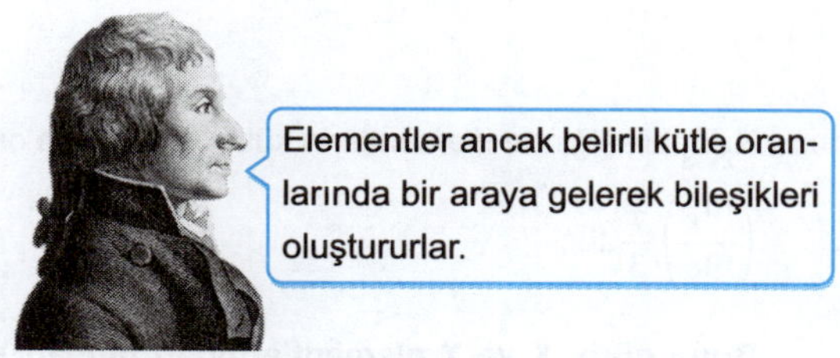

Yukarıda verilen açıklamayı yapan bilim insanı aşağıdakilerden hangisidir?

A) Lavoisier
B) Berzelius
C) Proust
D) Gay - Lussac
E) Avogadro

6. H_2O bileşiğinde $\frac{m_H}{m_O}$ kütlece birleşme oranı $\frac{1}{8}$ dir.

Buna göre; 3,6 gram suda kaç gram oksijen elementi bulunur?

A) 3,2 B) 3,0 C) 2,4 D) 1,2 E) 0,4

7. **Demir(III)oksit (Fe_2O_3) bileşiğinde bulunan demir (Fe) elementinin kütlesinin, oksijen (O) elementi kütlesine oranı aşağıdakilerden hangisinde doğru verilmiştir?** *(Fe: 56, O: 16)*

A) $\frac{7}{2}$ B) $\frac{2}{7}$ C) $\frac{21}{4}$ D) $\frac{4}{21}$ E) $\frac{7}{3}$

8.

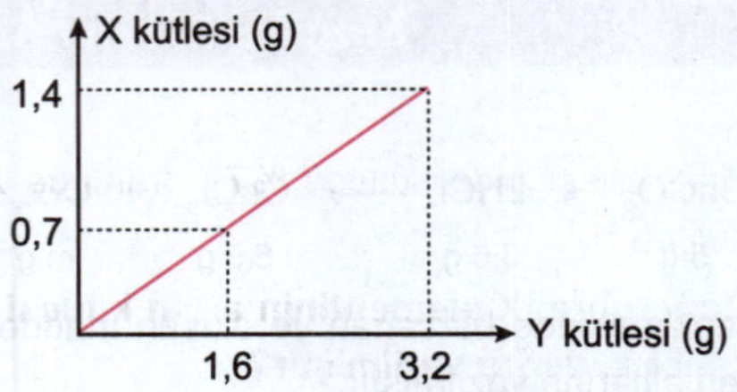

X_nY_m bileşiğini oluşturan X ve Y elementlerinin kütleleri yukarıdaki grafikte verilmiştir.

Buna göre; 2,1 gram X ile yeteri kadar Y elementinin birleşmesi sonucu kaç gram X_nY_m bileşiği oluşur?

A) 2,3 B) 3,3 C) 4,6 D) 6,9 E) 9,2

9. X_2Y_3 bileşiğinde elementlerin kütlece birleşme oranı $\left(\frac{m_X}{m_Y}\right) \frac{7}{3}$ tür.

Buna göre, X ve Y elementlerinden oluşan X_3Y_4 bileşiğinde kütlece birleşme oranı $\left(\frac{m_X}{m_Y}\right)$ aşağıdakilerden hangisidir?

A) 3 B) $\frac{3}{7}$ C) $\frac{3}{4}$ D) $\frac{8}{21}$ E) $\frac{21}{8}$

10. SO_3 bileşiğinde S ve O elementlerinin kütlece birleşme oranı $\left(\frac{m_S}{m_O}\right) \frac{2}{3}$ tür.

Buna göre 2,4'er gram S ve O elementlerinin tam verimle etkileşmesi sonucu oluşan SO_3 kütlesi ile artan madde türü ve kütlesi aşağıdakilerden hangisinde doğru verilmiştir?

	Oluşan SO_3 kütlesi	Artan madde türü kütlesi
A)	4 gram	0,8 gram S
B)	4 gram	0,8 gram O
C)	3,2 gram	1,6 gram S
D)	3,2 gram	1,6 gram O
E)	4,8 gram	0,8 gram S

11. Hidrojen ve oksijen atomlarının etkileşimi sonucunda su molekülleri oluşmaktadır. Bu etkileşim ile ilgili yapılan 3 deney verileri tablodaki gibidir.

Deney no	m_H (g)	m_O (g)	m_{Su} (g)
1	....	32	36
2	2	....	18
3	6	48	54

Buna göre, aşağıda verilen yargılardan hangisi <u>yanlıştır</u>? *(H: 1, O: 16)*

A) Hidrojen ve oksijen elementinin kütlece birleşme oranı $\frac{1}{8}$ dir.

B) 2. deneyde kullanılan oksijen miktarı 16 gramdır.

C) Bir H_2O molekülündeki hidrojen atomları sayısının oksijen atomları sayısına oranı $\frac{1}{2}$ dir.

D) 1. deneyde kullanılan hidrojen miktarı 4 gramdır.

E) Tablodaki veriler kullanılarak kütlenin korunumu ve sabit oranlar kanunu kanıtlanabilir.

12. Farklı miktarlarda magnezyum şeritlerinin yakılması ve bu değişim sırasında meydana gelen kütle artışları tabloda gösterilmiştir.

Magnezyumun başlangıç kütlesi	Yanma sonucu oluşan madde kütlesi	Magnezyumda meydana gelen kütle artışı	Magnezyum kütlesinin kütle artışına oranı
2,4 gram	4 gram	1,6 gram	$\frac{2,4}{1,6} = \frac{3}{2}$
3,6 gram	6 gram	2,4 gram	$\frac{3,6}{2,4} = \frac{3}{2}$
4,8 gram	8 gram	3,2 gram	$\frac{4,8}{3,2} = \frac{3}{2}$

Yukarıdaki veriler yardımıyla;

I. kütlenin korunumu,

II. sabit oranlar,

III. katlı oranlar

kanunlarından hangilerinin uygulandığı söylenebilir?

A) Yalnız I B) Yalnız II C) I ve II D) I ve III E) II ve III

karekök

1	D	2	A	3	C	4	B	5	C	6	A	7	E	8	D	9	E	10	A	11	C	12	C

1. 

İki farklı element birden fazla bileşik oluşturuyorsa, elementlerden birinin sabit miktarına karşılık diğer elementin değişken miktarları arasında küçük ve basit bir oran vardır.

Yukarıda katlı oranlar kanununun tanımını yapan bilim insanı kimdir?

A) Lavoisier B) Dalton C) Proust

D) Gay - Lussac E) Avogadro

2.

Karbon kütlesi (g)	Oksijen kütlesi (g)	Bileşik formülü
6	8	CO
6	16	CO_2

Yukarıdaki tabloda iki farklı elementin kütleleri ve bu elementlerin tamamının harcanmasıyla oluşan bileşik formülleri verilmiştir.

Bu veriler kullanılarak;

I. Kütlenin korunumu,

II. sabit oranlar,

III. katlı oranlar

kanunlarından hangileri kanıtlanabilir?

A) Yalnız I B) Yalnız III C) I ve III

D) II ve III E) I, II ve III

3. CO_2 bileşiğinde $\frac{m_C}{m_O}$ kütlece birleşme oranı $\frac{3}{8}$ dir.

Buna göre;

I. 4,4 gram CO_2 bileşiğinde 3,2 g O elementi bulunur.

II. $\frac{C}{O}$ atom kütleleri oranı $\frac{3}{4}$ tür.

III. Eşit kütlede C ve O etkileşerek CO_2 oluşturduğunda bir miktar O artar.

yargılarından hangileri yanlıştır?

A) Yalnız I B) Yalnız II C) Yalnız III

D) I ve II E) II ve III

4. X_2O_3 bileşiğinde kütlece %70 oranında X elementi bulunur.

Buna göre, X elementinin atom kütlesi hangi seçenekte doğru verilmiştir? (O: 16)

A) 40 B) 48 C) 56 D) 64 E) 72

5. I. N_2O

II. NO_2

III. N_2O_5

Yukarıdaki bileşikler hangi seçenekte kütlece azot yüzdelerine göre doğru karşılaştırılmıştır?

A) I > II > III B) I > III > II C) II > I > III

D) II > III > I E) III > I > II

karekök

6. 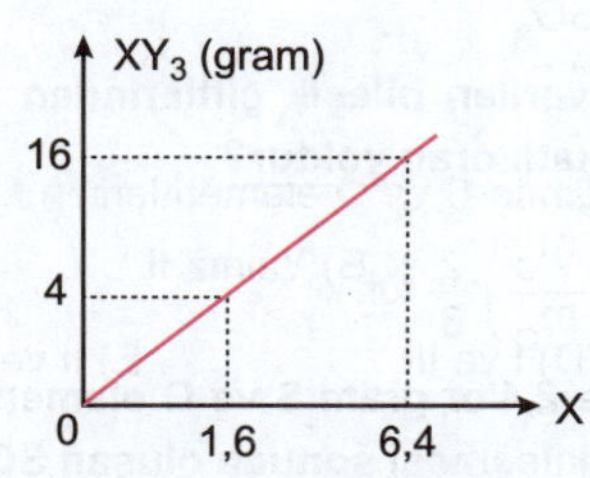

XY_3 bileşiğinde bileşik kütlesinin X kütlesine göre değişimi grafikteki gibidir.

Buna göre;

I. XY_3 bileşiğinde $\frac{m_X}{m_Y}$ kütlece birleşme oranı $\frac{5}{2}$ dir.

II. 40 gram XY_3 bileşiğinde 24 gram Y bulunur.

III. $\frac{X}{Y}$ atom kütleleri oranı 2'dir.

yargılarından hangileri yanlıştır?

A) Yalnız I B) Yalnız II C) Yalnız III

D) I ve II E) II ve III

7.

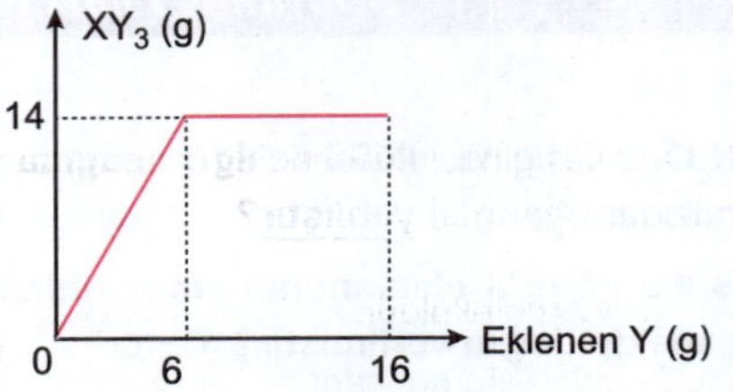

Kapalı bir kaptaki bir miktar X elementine azar azar Y elementinin eklenmesiyle oluşan XY_3 bileşiğinin kütlesinin eklenen Y miktarına göre değişimi grafikte verilmiştir.

Buna göre;

I. Başlangıçta kapta 8 gram X vardır.

II. XY_3 bileşiğinde kütlece birleşme oranı $\frac{m_X}{m_Y} = \frac{3}{4}$ tür.

III. Tepkime sonrası kapta 10 gram Y bulunur.

yargılarından hangileri doğrudur?

A) Yalnız I B) Yalnız II C) I ve III D) II ve III E) I, II ve III

8. I. NO_2 - N_2O_4

II. H_2SO_4 - H_2SO_3

III. SO_2 - SO_3

Yukarıda verilen bileşik çiftlerinden hangilerinin arasında katlı oran <u>yoktur</u>?

A) Yalnız I B) Yalnız II C) I ve II D) I ve III E) II ve III

9. **FeO ve Fe_2O_3 bileşikleri arasında aynı miktar demir ile birleşen oksijen elementlerinin kütleleri arasındaki katlı oran $\left(\frac{FeO}{Fe_2O_3}\right)$ aşağıdakilerden hangisidir?**

A) $\frac{1}{3}$ B) 3 C) $\frac{2}{3}$ D) $\frac{3}{2}$ E) 1

10.

Bileşik No	m_X (gram)	m_Y (gram)
1	16	16
2	8	12

X ve Y elementlerinden oluşan iki farklı bileşikteki X ve Y kütleleri yukarıdaki tabloda verilmiştir.

1. bileşiğin formülü XY_2 olduğuna göre, 2. bileşiğin formülü aşağıdakilerden hangisidir?

A) XY B) XY_3 C) X_3Y D) X_2Y_4 E) X_2Y_5

11.

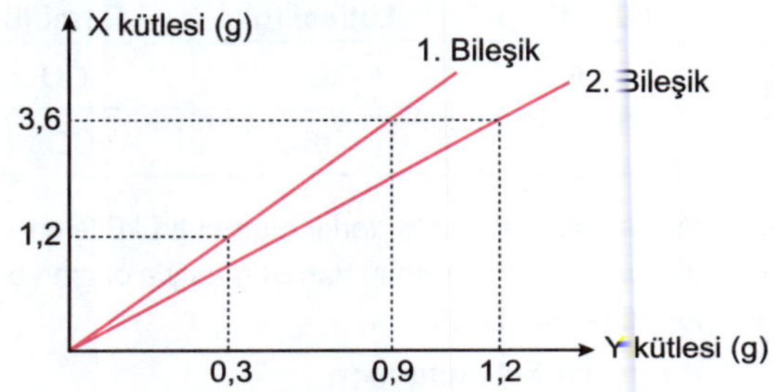

X ve Y elementlerinden oluşan iki farklı bileşikte elementlerin birleşen kütleleri yukarıdaki grafikte verilmiştir.

1. bileşiğin formülü XY_2 olduğuna göre, 2. bileşiğin formülü aşağıdakilerden hangisidir?

A) XY_3 B) X_3Y C) X_3Y_8 D) X_3Y_2 E) X_2Y_6

12. X_2Y bileşiğinde kütlece %60 oranında X elementi bulunur.

Buna göre 24'er gram X ve Y'den <u>en fazla</u> kaç g XY_3 bileşiği elde edilir?

A) 30 B) 36 C) 42 D) 44 E) 48

karekök

1	B	2	D	3	C	4	C	5	A	6	A	7	C	8	C	9	C	10	B	11	C	12	A

1. **1 molekül H_2SO_4 ile ilgili;**

I. 2 tane H atomu içerir.

II. 4 tane O atomu içerir.

III. Toplam 7 tane atom içerir.

yargılarından hangileri doğrudur?

A) Yalnız I B) Yalnız II C) I ve II D) I ve III E) I, II ve III

2. **6 tane H atomu içeren C_2H_5OH molekülü ile ilgili;**

I. 1 tane moleküldür.

II. 2 tane C atomu içerir.

III. 10 tane atom içeren CH_4 ile eşit sayıda moleküle sahiptir.

yargılarından hangileri doğrudur?

A) Yalnız I B) Yalnız II C) I ve II D) I ve III E) I, II ve III

3. Mol kavramı, sayılamayacak kadar küçük olan tanecikleri, sayılabilir hâle getirmek için kullanılır.

1 mol C_2H_6 molekülü ile ilgili;

I. 2 mol C atomu içerir.

II. $6{,}02 \cdot 10^{23}$ tane moleküldür.

III. Toplam 8N tane atom bulundurur.

yargılarından hangileri doğrudur?

(Avogadro sayısı (N)): $6{,}02 \cdot 10^{23}$)

A) Yalnız I B) Yalnız II C) I ve II D) II ve III E) I, II ve III

4. **N tane C_2H_2 molekülü ile ilgili aşağıda verilen yargılardan hangisi yanlıştır?** *(N: Avogadro sayısı)*

A) 1 mol moleküldür.

B) 2 mol C atomu içerir.

C) 2 mol CO molekülündeki kadar atom içerir.

D) N tane atom içeren CO molekülü ile eşit mole sahiptir.

E) Toplam 4N tane atom içerir.

5. **Molekül sayıları eşit olan N_2O ve CO örneklerinin;**

I. Mol sayısı

II. İçerdiği toplam atom sayısı

III. İçerdiği mol atom sayısı

niceliklerinden hangileri aynı değere sahiptir?

A) Yalnız I B) Yalnız II C) Yalnız III D) I ve II E) I ve III

6. I. 1 molekül H_2 molekülü

II. N tane atom içeren CO molekülü

III. 1 mol O atomu

Yukarıda verilen madde örneklerinin mol sayıları aşağıdakilerden hangisinde doğru sıralanmıştır?

(N: Avogadro sayısı)

A) I > II > III B) II > I > III C) III > II >I D) I = III > II E) II = III > I

karekök

7. **Bağıl atom kütlesi ile ilgili;**

I. 1 tane C - 12 atomunun kütlesinin $\frac{1}{12}$ sidir.

II. Bir element atomunun ^{12}C atomunun kaç katı ağırlıkta olduğunu belirten sayıdır.

III. Birimi akb'dir.

yargılarından hangileri doğrudur?

A) Yalnız I B) I ve II C) I ve III D) II ve III E) I, II ve III

8.

	Madde	Kütlesi
I.	1 tane H_2	2 akb
II.	1 mol O_2	32 akb
III.	1 mol CH_4	32N akb

Yukarıdaki madde örneklerinden hangilerinin kütlesi <u>yanlış</u> verilmiştir?
(H: 1, C: 12, O: 16 ve N Avogadro sayısıdır.)

A) Yalnız II B) I ve II C) I ve III D) II ve III E) I, II ve III

9. **1 tane H_2O molekülü ile ilgili aşağıda verilen yargılardan hangisi yanlıştır?** *(H: 1, O: 16)*

A) $\frac{1}{N}$ moldür.

B) 3 mol atom içerir.

C) Kütlesi 18 akb'dir.

D) 1 tane C_2H_2deki hidrojen kütlesi kadar hidrojen içerir.

E) 16 akb oksijen atomu içerir.

10. **32 gram CH_4 molekülü ile ilgili;**

I. 2 mol moleküldür.

II. Toplam 5 tane atom içerir.

III. 0,5 mol SO_2 ile aynı kütlededir.

yargılarından hangileri doğrudur?
(H: 1, C: 12, O: 16, S: 32)

A) Yalnız I B) Yalnız II C) I ve II D) I ve III E) I, II ve III

11. I. 3 mol atom içeren O_2

II. 44 gram CO_2

III. 2 akb H_2

Yukarıdaki madde örneklerinin mol sayıları hangi seçenekte doğru sıralanmıştır? *(H: 1, C: 12, O: 16)*

A) I > II > III B) I > III > II C) II > I >III D) II > III > I E) III > II > I

12. X ve Y atomlarının bağıl atom kütleleri sırasıyla 12 ve 1 akb'dir.

Buna göre, aşağıda verilen yargılardan hangisi <u>yanlıştır</u>? *(N: 14, O: 16 ve N Avogadro sayısıdır.)*

A) Y'nin mol kütlesi 1 gramdır.

B) 1 tane X_2Y_2 molekülü 26 gramdır.

C) 1 tane X_3Y_8 ile 1 tane N_2O bileşiği aynı kütleye sahiptir.

D) 3 gram X_2Y_6 bileşiğinde toplam 0,8N tane atom vardır.

E) X_2Y_6 bileşiğindeki sabit kütle oranı $\frac{m_X}{m_Y}$ 4'tür.

13.

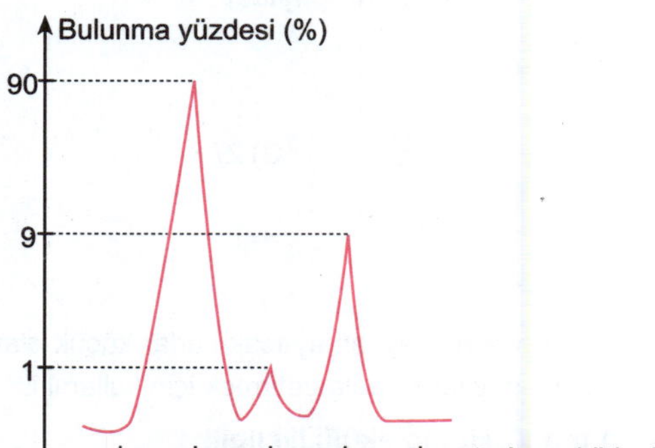

Kütle spektrometresi ile yapılan deneyler sonucunda neon elementinin doğada bulunan izotoplarının bolluk yüzdeleri yukarıdaki grafikte verilmiştir.

Buna göre, neonun ortalama atom ağırlığı aşağıdakilerden hangisidir?

A) 20,19 B) 20,5 C) 20,7 D) 21 E) 21,17

1	E	2	C	3	E	4	D	5	A	6	C	7	E	8	D	9	B	10	D	11	A	12	B	13	A

1. **Molekül sayıları eşit olan N_2O ve C_3H_8 örneklerinin;**

I. mol sayısı,

II. kütle,

III. toplam atom sayısı

niceliklerinden hangileri aynıdır?
(H: 1, C: 12, N: 14, O: 16)

A) Yalnız I B) Yalnız II C) I ve II D) II ve III E) I, II ve III

2. 

Bakkal Fatih amca yukarıda verilen şekeri 200 gramlık poşetlere paylaştırmak için en az kaç poşet almalıdır? *(O: 16, C: 12, H: 1 ve şekerin formülü $C_6H_{12}O_6$ alınacaktır.)*

A) 54 B) 36 C) 27 D) 18 E) 9

3. **Gerçek kütlesi $5 \cdot 10^{-23}$ gram olan X ile ilgili;**

I. Bileşiktir.

II. Mol kütlesi 30 gramdır.

III. Moleküler yapılıdır.

niceliklerinden hangileri kesinlikle doğrudur?
($N: 6 \cdot 10^{23}$)

A) Yalnız I B) Yalnız II C) I ve II D) I ve III E) II ve III

4. $\frac{44}{6,02 \cdot 10^{23}}$ **gram C_3H_8 ile ilgili;**

I. 1 tane moleküldür.

II. Kütlesi 44 akb'dir.

III. 16 gram CH_4 ile eşit sayıda molekül içerir.

yargılarından hangileri doğrudur?
(H: 1, C: 12, $N: 6,02 \cdot 10^{23}$)

A) Yalnız II B) I ve II C) I ve III D) II ve III E) I, II ve III

5. **H_2SO_4 ile ilgili aşağıda verilen niceliklerden hangisi $\frac{98}{N}$ değerine eşittir?**
(H: 1, O: 16, S: 32, N: Avogadro sayısı)

A) 1 tane H_2SO_4 molekülünün bağıl atom kütlesi

B) H_2SO_4 molekülünün gerçek kütlesi

C) 1 tane H_2SO_4 molekülündeki atom sayısı

D) H_2SO_4 ün 1 molünün gram cinsinden kütlesi

E) 1 gram H_2SO_4 teki toplam molekül sayısı

6. Sağlıklı bir insanda ortalama $1,5 \cdot 10^7$ tane saç teli bulunmaktadır.

Buna göre, yaklaşık 40 milyon nüfusa sahip bir ülkede kaç mol saç teli vardır?
(Avogadro sayısı: $6 \cdot 10^{23}$)

A) 10^{-11} B) 10^{-10} C) 10^{-9} D) 10^{-8} E) 10^{-7}

karekök

7. CH_4 ve C_2H_2 karışımının 0,5 molü 10 gramdır.

Buna göre,

I. Karışımın molce % 30'u CH_4 tür.

II. Kütlece % 52 oranında C_2H_2 içerir.

III. Toplam 1,6 gram H atomu içerir.

yargılarından hangileri doğrudur? *(H: 1, C: 12)*

A) Yalnız III B) I ve II C) I ve III D) II ve III E) I, II ve III

8. N_2O ve NO_2 moleküllerinin içerdiği N atomları sayısı birbirine eşittir.

Buna göre;

I. N_2O'nun molekül sayısı NO_2 nin molekül sayısının 2 katıdır.

II. N_2O'nun kütlesi NO_2 nin kütlesinin dörtte biri kadardır.

III. Mol sayıları arasındaki oran $\left(\frac{N_2O}{NO_2}\right) \frac{1}{2}$ dir.

yargılarından hangileri yanlıştır? *(N: 14, O: 16)*

A) Yalnız I B) Yalnız III C) I ve II D) II ve III E) I, II ve III

9. SO_3 ve C_3H_4 karışımını oluşturan bileşenlerin kütleleri eşittir.

Buna göre, karışım ile ilgili;

I. S ve O atomları sayısının toplamı C ve H atomları sayısının toplamına eşittir.

II. SO_3 molekül sayısının C_3H_4 molekül sayısına oranı 2'dir.

III. Karışımda toplam 3 mol molekül vardır.

yargılarından hangileri kesinlikle yanlıştır? *(H: 1, C: 12, O: 16, S: 32)*

A) Yalnız I B) I ve II C) I ve III D) II ve III E) I, II ve III

karekök

10. 0,1 mol $Na_2X_2O_4$ bileşiği 13,4 gramdır.

X atomunun nötron sayısı 6 olduğuna göre çekirdek yükü kaçtır? *(O: 16, Na: 23)*

A) 10 B) 9 C) 8 D) 7 E) 6

11. **Aşağıda verilen niceliklerden hangisinin değeri $6{,}02 \cdot 10^{23}$ e eşittir?**

(H: 1, O: 16, Avogadro sayısı: $6{,}02 \cdot 10^{23}$)

A) Oksijen atomunun mol kütlesinin gerçek kütlesine oranı

B) Toplam 5 tane atom içeren CH_4 molekül sayısı

C) 32 gram O_2 molekülündeki toplam atom sayısı

D) 1 mol H_2 molekülünün akb cinsinden kütlesi

E) Hidrojen molekülünün gerçek kütlesi

12. I. 1 atom - gram

II. 1 iyon - gram

III. 1 formül - gram

Yukarıda verilen niceliklerden hangileri 1 mol Na^+ yı ifade etmek için kullanılabilir?

A) Yalnız I B) Yalnız II C) I ve II D) II ve III E) I, II ve III

1	C	2	D	3	B	4	B	5	B	6	C	7	D	8	C	9	B	10	E	11	A	12	B

1. 1 tane $^{40}_{20}Ca$ atomu ile ilgili;

I. Gerçek atom kütlesi 40 akb'dir.

II. 20 nötronu vardır.

III. 20 protonu vardır.

yargılarından hangileri doğrudur?

A) Yalnız I B) Yalnız II C) I ve II D) I ve III E) I, II ve III

2. **1 mol H_2SO_4 bileşiği ile ilgili aşağıdakilerden hangisi yanlıştır?** *(H: 1, O: 16, S: 32)*

A) 98 gramdır.

B) 2 mol H atomu içerir.

C) Toplam 7 mol atom içerir.

D) 32 gram S atomu içerir.

E) Kütlesi 98 akb'dir.

3. I. 1 mol O atomu içeren CO_2 gazı

II. 3 mol H atomu içeren C_3H_6 gazı

III. 2 mol N atomu içeren N_2O gazı

Yukarıda verilen gaz örneklerinin kütleleri hangi seçenekte doğru sıralanmıştır?
(H: 1, C: 12, N: 14, O: 16)

A) I > II > III B) II > I > III C) III > I > II D) I > II = III E) I = II = III

4. I. 1 tane hidrojen molekülü

II. 1 mol hidrojen gazı

III. 1 mol hidrojen atomu

Yukarıdaki maddelerin kütleleri hangi seçenekte doğru sıralanmıştır? *(H: 1)*

A) I > II > III B) III > II > I C) II > III > I D) II > I > III E) I > III > II

5. **Toplam 5 mol atom içeren CH_4 molekülü için;**

I. N tane moleküldür.

II. 4N tane H atomu içerir.

III. 16 gramdır.

yargılarından hangileri doğrudur?
(H: 1, C: 12, N: Avogadro sayısı)

A) Yalnız I B) Yalnız III C) I ve II D) I ve III E) I, II ve III

6. **2 mol S_8 molekülü ile ilgili;**

I. 2N tane moleküldür.

II. 16N tane atom içerir.

III. 16 mol atom içerir.

yargılarından hangileri doğrudur?

A) Yalnız I B) Yalnız II C) I ve II D) I ve III E) I, II ve III

karekök

7. **31 gram P atomu içeren H_3PO_4 bileşiği ile ilgili aşağıda verilenlerden hangisi yanlıştır?**
(H: 1, O: 16, P: 31, Avogadro sayısı: N)

A) 1 moldür.
B) 3 gram H atomu içerir.
C) 64 gram O atomu içerir.
D) Toplam 8N tane atom içerir.
E) Kütlesi $\frac{98}{N}$ g'dir.

8. **10,8 gram N_2O_5 molekülü ile ilgili;**

I. Toplam 0,7 mol atom içerir.
II. 1,4 gram N atomu içerir.
III. 8 g O atomu içerir.

yargılarından hangileri doğrudur?
(N: 14, O: 16, Avogadro sayısı: N)

A) Yalnız I B) Yalnız II C) I ve II D) I ve III E) I, II ve III

9. **Aşağıdakilerden hangisi Avogadro sayısı kadar atom içermez?** *(H: 1, C: 12, O: 16, Cl: 35,5, S: 32, Ca: 40, Avogadro sayısı: $6{,}02 \cdot 10^{23}$)*

A) 3,2 gram CH_4 molekülü
B) 16 gram oksijen molekülü
C) $6{,}02 \cdot 10^{23}$ tane hidrojen molekülü
D) 32 gram S atomu
E) 37 gram $CaCl_2$ bileşiği

10. **320 akb kütleye sahip Fe_2O_3 bileşiği ile ilgili;**

I. 2 moldür.
II. 5N tane atom içerir.
III. $\frac{320}{N}$ gramdır.

ifadelerinden hangileri doğrudur?
(O: 16, Fe: 56, N: Avogadro sayısı)

A) Yalnız I B) Yalnız III C) I ve II D) II ve III E) I, II ve III

karekök

11. **3N tane atom içeren C_2H_4 molekülü ile ilgili aşağıda verilenlerden hangisi yanlıştır?**
(H: 1, C: 12, N: Avogadro sayısı)

A) 0,5 moldür.
B) 12 gram C atomu içerir.
C) 28 gramdır.
D) Kütlesi 14N akb'dir.
E) 2N tane H atomu içerir.

12. **$^{37}_{17}X$ ve $^{35}_{17}Y$ atomları ile ilgili;**

I. Aynı elemente ait atomlardır.
II. Mol kütleleri aynıdır.
III. Çekirdek yükleri farklıdır.

yargılarından hangileri doğrudur?

A) Yalnız I B) Yalnız III C) I ve II D) I ve III E) I, II ve III

1	E	2	E	3	C	4	C	5	E	6	E	7	E	8	D	9	C	10	B	11	C	12	A

1. **Toplam N tane atom içeren $Fe_2O_3(k)$ bileşiği için;**

I. 1 moldür.

II. Kütlesi 32 gramdır.

III. NK'da 4,48 L hacim kaplar.

yargılarından hangileri doğrudur? *(Fe: 56, O: 16, N: Avogadro sayısı)*

A) Yalnız I B) Yalnız II C) I ve II D) II ve III E) I, II ve III

2. Ortalama atom ağırlığı 35,5 olan Cl elementinin doğada iki farklı izotopu vardır.

^{35}Cl izotopunun doğada bulunma yüzdesi 75 olduğuna göre, diğer izotopun mol kütlesi kaçtır?

A) 36 B) 37 C) 38 D) 39 E) 40

3. I. C_2H_2

II. C_2H_4

III. C_3H_8

Yukarıdaki maddeler eşit sayıda H atomu içermektedir.

Bu maddelerin kütleleri aşağıdakilerden hangisinde doğru sıralanmıştır? *(H: 1, C: 12)*

A) I > II > I B) III > I > II C) II > I > III D) II > III > I E) I > II > III

4. **4,8 g C içeren C_2H_6 gazı ile ilgili;**

I. 0,2 moldür.

II. 1,2N tane H atomu içerir.

III. Kütlesi 6 akb'dir.

yargılarından hangileri doğrudur? *(C: 12, H: 1, N: Avogadro sayısı)*

A) Yalnız I B) Yalnız II C) I ve II D) II ve III E) I, II ve III

5. **Aşağıdakilerden hangisi 32 gram oksijen gazını ifade etmez?** *(O: 16, N: Avogadro sayısı)*

A) 1 iyon - gram O_2 molekülü

B) 1 molekül - gram O_2 molekülü

C) 2 mol atom içeren O_2 gazı

D) 1 mol O_2 gazı

E) N tane O_2 molekülü

6. **5,8 gram NaCl sıvısı için;**

I. 0,1 iyon - gram Na^+ iyonu içerir.

II. 0,1 formül - gramdır.

III. 0,1 moldür.

yargılarından hangileri doğrudur? *(Na: 23, Cl: 35)*

A) Yalnız I B) Yalnız II C) I ve II D) I ve III E) I, II ve III

karekök

7.

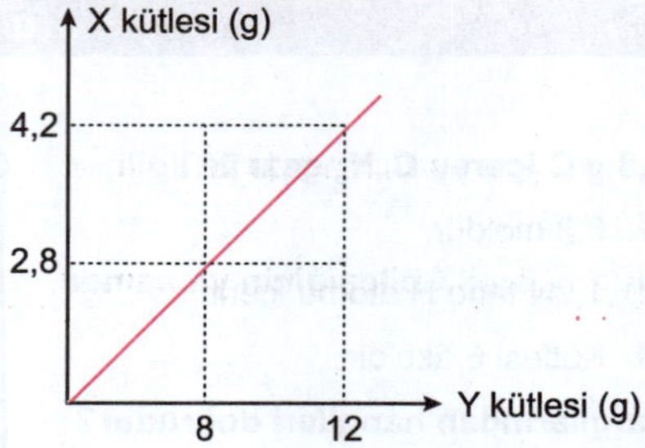

X_2Y_5 bileşiğinde X ve Y kütlelerinin değişimi yukarıdaki grafikte verilmiştir.

Y'nin atom kütlesi 16 olduğuna göre, X'in atom kütlesi aşağıdakilerden hangisidir?

A) 12 B) 14 C) 20 D) 28 E) 32

8. 3,2 gram O atomu içeren 0,1 mol XO_n bileşiğinin kütlesi 4,4 gramdır.

Buna göre, X'in atom kütlesi ve bileşik formülündeki n değeri hangi seçenekte doğru verilmiştir?
(O: 16)

	X'in atom kütlesi	n
A)	12	2
B)	12	1
C)	14	2
D)	24	1
E)	24	2

9. 0,2 mol C_3H_4 gazı ile ilgili;

I. Kütlesi 8 gramdır.

II. NK'da 4,48 L hacim kaplar.

III. Toplam 1,4N tane atom içerir.

yargılarından hangileri doğrudur?
(C: 12, H: 1, N: Avogadro sayısı)

A) Yalnız I B) Yalnız II C) I ve II D) I ve III E) I, II ve III

10. 1 tane molekülünün kütlesi $6 \cdot 10^{-23}$ gram olan XCl bileşiği ile ilgili;

I. Mol ağırlığı 36 gramdır.

II. X'in mol kütlesi 1 gramdır.

III. 1 molünde 2 tane atom bulunur.

yargılarından hangileri doğrudur?
(Cl: 35, Avogadro sayısı: $6 \cdot 10^{23}$)

A) Yalnız I B) Yalnız II C) Yalnız III D) I ve II E) I, II ve III

karekök

11. $XSO_4 \cdot 5H_2O$ kristal bileşiğinin kütlece %36'sı su olduğuna göre, bileşik yapısında bulunan X atomunun mol kütlesi kaçtır? *(H: 1, O: 16, S: 32)*

A) 20 B) 24 C) 40 D) 56 E) 64

12. 32,8 gram $CaCl_2 \cdot nH_2O$ yeteri kadar ısıtıldığında kütlesi 10,8 gram azaldığına göre, bileşik yapısındaki n kaçtır? *(H: 1, O: 16, Cl: 35, Ca: 40)*

A) 2 B) 3 C) 4 D) 5 E) 6

1	B	2	B	3	E	4	C	5	A	6	E	7	B	8	A	9	E	10	D	11	E	12	B

1. I. Tutuşma sıcaklığı
II. Yanıcı madde
III. Oksijen

Yanma olayının gerçekleşmesi için yukarıdakilerden hangilerine gereksinim vardır?

A) Yalnız I B) Yalnız II C) Yalnız III
D) I ve II E) I, II ve III

2.

	Madde	Kullanım alanı
I.	CO_2	Yangın söndürücülerde
II.	H_2	Uçan balonların doldurulmasında
III.	CH_4	Yakıt olarak
IV.	O_2	Yakıcı gaz olarak

Yukarıdaki maddelerden hangilerinn kullanım alanı yanlış verilmiştir?

A) Yalnız II B) I ve II C) II ve IV
D) I, II ve IV E) II, III ve IV

3. **Aşağıdakilerden hangisi yanma tepkimesi değildir?**

A) $4Fe + 3O_2 \longrightarrow 2Fe_2O_3$
B) $CH_4 + 2O_2 \longrightarrow CO_2 + 2H_2O$
C) $2NO + O_2 \longrightarrow 2NO_2$
D) $2H_2O \longrightarrow 2H_2 + O_2$
E) $C_6H_{12}O_6 + 6O_2 \longrightarrow 6CO_2 + 6H_2O$

4. X bileşiğinin yakılmasıyla $CO_2(g)$ ve $H_2O(s)$ maddeleri oluşuyor.

Buna göre; X bileşiğinin yapısında;

I. C
II. O
III. H

elementlerinden hangilerinin bulunduğu kesin değildir?

A) Yalnız I B) Yalnız II C) Yalnız III
D) I ve III E) I, II ve III

5. **Aşağıdaki tepkimelerden hangisi yanma tepkimesi olduğu hâlde ekzotermik değildir?**

A) $C_3H_8 + 5O_2 \longrightarrow 3CO_2 + 4H_2O$
B) $2CO + O_2 \longrightarrow 2CO_2$
C) $N_2 + 2O_2 \longrightarrow 2NO_2$
D) $KClO_3 \longrightarrow KCl + 3/2O_2$
E) $4Fe + 3O_2 \longrightarrow 2Fe_2O_3$

6. **Aşağıdakilerden hangisi yanıcı bir maddedir?**
($_6C$, $_7N$, $_8O$, $_{16}S$)

A) Au B) CO_2 C) SO_3
D) N_2O_5 E) SO_2

7. **Bir kimyasal tepkimede;**

I. molekül sayısı,
II. atom sayısı,
III. toplam kütle

niceliklerinden hangisi her zaman korunur?

A) Yalnız I B) Yalnız II C) I ve II
D) II ve III E) I, II ve III

karekök

8. $C_3H_4 + O_2 \longrightarrow CO_2 + H_2O$

tepkimesi en küçük tamsayılarla denkleştirildiğinde O_2 molekülünün katsayısı kaç olur?

A) 6 B) 5 C) 4 D) 3 E) 2

9. $3Mg(OH)_2 + 2X \longrightarrow Mg_3(PO_4)_2 + 6H_2O$

Yukarıdaki denkleşmiş tepkimede X ile gösterilen bileşik aşağıdakilerden hangisidir?

A) P_2O_5 B) H_3PO_3 C) PH_3 D) H_3PO_4 E) $H_2PO_4^-$

10. $Ag^+(aq) + NO_3^-(aq) + Na^+(aq) + Cl^-(aq) \longrightarrow AgCl(k) + Na^+(aq) + NO_3^-(aq)$

Yukarıda iyon denklemi verilen tepkime ile ilgili;

I. Çökelme tepkimesidir.

II. Net iyon denklemi,

$Ag^+(aq) + Cl^-(aq) \longrightarrow AgCl(k)$

şeklindedir.

III. $NaNO_3$ katısı suda çözünmez.

yargılarından hangileri yanlıştır?

A) Yalnız I B) Yalnız II C) Yalnız III D) II ve III E) I, II ve III

11. Aşağıdaki tepkimelerden hangisi yanlış sınıflandırılmıştır?

	Tepkime	Türü
A)	$C(k) + O_2(g) \rightarrow CO_2(g)$	Yanma
B)	$3H_2(g) + N_2(g) \rightarrow 2NH_3(g)$	Sentez
C)	$H_2O(s) \rightarrow H_2(g) + 1/2O_2(g)$	Analiz
D)	$AgNO_3(aq) + KI(aq) \rightarrow AgI(k) + KNO_3(aq)$	Çökelme
E)	$NaOH(aq) + HCl(aq) \rightarrow NaCl(aq) + H_2O(s)$	Çözünme

12. $Ca(k) + 1/2O_2(g) \longrightarrow CaO(k)$

tepkimesi;

I. sentez,

II. yanma,

III. çökelme

tepkime sınıflarından hangilerine örnek oluşturur?

A) Yalnız I B) Yalnız II C) I ve II D) II ve III E) I, II ve III

13. $K_2SO_4(aq) + FeBr_3(aq) \longrightarrow Fe_2(SO_4)_3(k) + KBr(aq)$

tepkimesi ile ilgili aşağıdaki yargılardan hangisi yanlıştır?

A) Çökelme tepkimesidir.

B) En küçük tam sayılarla denkleştirildiğinde K_2SO_4 ün katsayısı 3 olur.

C) Denkleşmiş iyon denklemi;

$6K^+(aq) + 3SO_4^{2-}(aq) + 2Fe^{3+}(aq) + 6Br^-(aq) \rightarrow Fe_2(SO_4)_3(k) + 6K^+(aq) + 6Br^-(aq)$

şeklindedir.

D) Net iyon denklemi;

$2Fe^{3+}(aq) + 3SO_4^{2-}(aq) \rightarrow Fe_2(SO_4)_3(k)$

şeklindedir.

E) Oluşan karışım elektrik akımını iletmez.

karekök

1	E	2	A	3	D	4	B	5	C	6	E	7	D	8	C	9	D	10	C	11	E	12	C	13	E

1. **Asitlerle ilgili aşağıdaki yargılardan hangisi yanlıştır?**

A) Tatları ekşidir.
B) Sulu çözeltilerinde H^+ iyon sayısını artırırlar.
C) Sulu çözeltileri elektriği iletir.
D) Sulu çözeltilerinin pH değerleri 7'den büyüktür.
E) Baz çözeltileri ile nötrleşme tepkimesi verirler.

2. **Bazlarla ilgili aşağıdaki yargılardan hangisi yanlıştır?**

A) Tatları acıdır.
B) Sulu çözeltilerinde OH^- iyon sayısını artırırlar.
C) Mavi turnusol kağıdını kırmızıya çevirirler.
D) Amfoter metaller dışındaki metallerle etkileşmezler.
E) Deriye kayganlık hissi verirler.

3. I. $4Fe(k) + 3O_2(g) \longrightarrow 2Fe_2O_3(k)$
II. $MgCO_3(k) \xrightarrow{ısı} MgO(k) + CO_2(g)$
III. $NaCl(suda) + AgNO_3(suda) \longrightarrow AgCl(k) + NaNO_3(suda)$

Yukarıdaki tepkimeler hangi seçenekte doğru sınıflandırılmıştır?

	I	II	III
A)	Yanma	Analiz	Çökelme
B)	Sentez	Analiz	Nötrleşme
C)	Yanma	Sentez	Çökelme
D)	Analiz	Sentez	Nötrleşme
E)	Çökelme	Nötrleşme	Analiz

4. $CaCO_3 + ısı \longrightarrow X + CO_2$
$X + 3C \longrightarrow Y + CO$
$Y + 2H_2O \longrightarrow Z + Ca(OH)_2$

Yukarıdaki ardışık tepkimelerde X, Y ve Z ile gösterilen bileşikler hangi seçenekte doğru verilmiştir?

	X	Y	Z
A)	CO	CaO	C_2H_2
B)	CaO	CaC_2	C_2H_2
C)	CaO	CaC_2	C_2H_4
D)	$Ca(OH)_2$	CaO	C_2H_4
E)	CaO_2	CaC_2	C_2H_2

5. **Aşağıdaki maddelerden hangisinin adı yanlış verilmiştir?**

	Madde	Adı
A)	H_2SO_4	Sülfürik asit
B)	CH_3COOH	Asetik asit
C)	$Ca(OH)_2$	Kalsiyum hidroksit
D)	HNO_3	Hidroklorik asit
E)	KOH	Potasyum hidroksit

6. $KClO_3(k) \xrightarrow{ısı} KCl(k) + O_2(g)$

tepkimesi ile ilgili;

I. Analiz (ayrışma) tepkimesidir.
II. En küçük tamsayılarla denkleştirilirse katsayılar toplamı 7 olur.
III. Katı kütlesi zamanla azalır.

yargılarından hangileri doğrudur?

A) Yalnız I B) Yalnız II C) I ve II
D) II ve III E) I, II ve III

karekök

7. $C_2H_5OH(s) + O_2(g) \longrightarrow CO_2(g) + H_2O(g)$

tepkimesi ile ilgili;

I. Yanma tepkimesidir.

II. En küçük tamsayılarla denkleştirilirse O_2 molekülünün katsayıs 4 olur.

III. Molekül sayısı korunur.

yargılarından hangileri doğrudur?

A) Yalnız I B) Yalnız II C) Yalnız III D) I ve II E) II ve III

8. **Aşağıdaki madde çiftlerinden hangisinin sulu çözeltilerinin karıştırılması ile nötrleşme tepkimesi <u>gerçekleşmez</u>?**

A) HCl ve NaOH B) $Ca(OH)_2$ ve NH_3 C) CH_3COOH ve KOH D) H_2SO_4 ve NH_3 E) H_3PO_4 ve $Ca(OH)_2$

9. I. $NaOH(aq) + HCl(aq) \longrightarrow NaCl(aq) + H_2O(s)$

II. $CH_3COOH(aq) + KOH(aq) \longrightarrow CH_3COOK(aq) + H_2O(s)$

III. $NH_3(g) + HCl(g) \longrightarrow NH_4Cl(k)$

Yukarıdaki tepkimelerden hangileri nötrleşme tepkimesidir?

A) Yalnız I B) Yalnız II C) I ve II D) II ve III E) I, II ve III

10. $KOH(aq) + HBr(aq) \longrightarrow KBr(aq) + H_2O(s)$

tepkimesi ile ilgili;

I. Nötrleşme tepkimesidir.

II. İyon denklemi,

$K^+(aq) + OH^-(aq) + H^+(aq) + Br^-(aq) \longrightarrow K^+(aq) + Br^-(aq) + H_2O(s)$

şeklindedir.

III. Net iyon denklemi,

$H^+(aq) + OH^-(aq) \longrightarrow H_2O(s)$

şeklindedir.

yargılarından hangileri doğrudur?

A) Yalnız I B) Yalnız II C) Yalnız III D) II ve III E) I, II ve III

11. **1. tepkime:** $Ag^+(aq) + I^-(aq) \longrightarrow AgI(k)$

2. tepkime: $H^+(aq) + OH^-(aq) \longrightarrow H_2O(s)$

3. tepkime: $Na_2SO_4(k) \longrightarrow 2Na^+(aq) + SO_4^{2-}(aq)$

Yukarıda net iyon denklemi verilen tepkimelerle ilgili;

I. Her üç tepkime de sulu ortamda gerçekleşir.

II. 1. tepkime çökelme, 2. tepkime nötrleşme, 3. tepkime ise çözünme tepkimesidir.

III. 3. tepkime sonucu oluşan çözelti elektriği iletir.

yargılarından hangileri doğrudur?

A) Yalnız I B) Yalnız II C) I ve II D) II ve III E) I, II ve III

12.

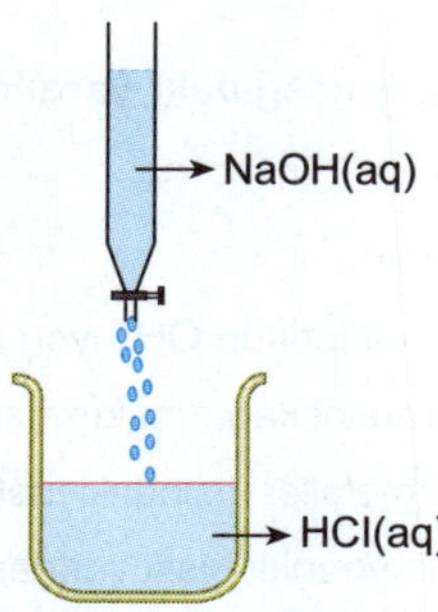

Yukarıdaki düzenekte bromtimol mavisi indikatörü içeren HCl çözeltisine büret musluğu açılarak yavaş yavaş NaOH çözeltisi damlatılıyor.

Büretten 50 mL NaOH çözeltisi damlatıldığında beherdeki çözeltide mavileşme gözleniyor.

Buna göre, aşağıdakilerden hangisi <u>yanlıştır</u>?

(Bromtimol mavisi asidik ortamda sarı, bazik ortamda mavi renk alır.)

A) Beherdeki çözeltinin başlangıçtaki rengi sarıdır.

B) HCl ve NaOH çözeltileri arasında oluşan tepkimenin net iyon denklemi;

$HCl(aq) + NaOH(aq) \rightarrow NaCl(aq) + H_2O(s)$

şeklindedir.

C) Beherde nötrleşme tepkimesi gerçekleşir.

D) Başlangıçta beherdeki çözeltinin pH değeri 7'den küçüktür.

E) Son çözeltiye büretten NaOH çözeltisi eklenmeye devam edilirse, oluşan çözeltideki OH^- iyon sayısı H^+ iyon sayısından fazla olur.

1	D	2	C	3	A	4	B	5	D	6	E	7	A	8	B	9	C	10	E	11	E	12	B

1. 11,4 gram X içeren $K_2X_2O_7$ bileşiğinin kütlesi 30,4 gramdır.

Buna göre, X'in atom ağırlığı aşağıdakilerden hangisidir? *(K: 39, O: 16)*

A) 59 B) 58 C) 57 D) 56 E) 55

2. $Al(k) + HCl(suda) \longrightarrow AlCl_3(suda) + H_2(g)$

tepkimesine göre 5,4 gram Al metali yeterince HCl çözeltisi ile etkileştiğinde açığa çıkan H_2 gazı NK'da kaç L hacim kaplar?

(Al: 27, Denklem denkleştirilmemiştir.)

A) 2,24 B) 3,36 C) 4,48

D) 6,72 E) 8,96

3. 25 gramlık $CuSO_4 \cdot nH_2O$ bileşiği yeteri kadar ısıtıldığında kütlesi 9 gram azalmaktadır.

Buna göre, bileşikteki n değeri aşağıdakilerden hangisidir? *(Cu: 64, S: 32, O: 16, H: 1)*

A) 6 B) 5 C) 4 D) 3 E) 2

4. 7,8 gram K elementinin yeterince HCl ile;

$K(k) + HCl(suda) \longrightarrow KCl(suda) + 1/2\ H_2(g)$

tepkimesi sonucu kaç mol H_2 gazı elde edilir?

(K: 39)

A) 1 B) 0,5 C) 0,25 D) 0,2 E) 0,1

5. Ağzı açık bir kapta;

$CaCO_3(k) + ısı \longrightarrow CaO(k) + CO_2(g)$

tepkimesi 100 gram $CaCO_3$ katısı ile tam verimle gerçekleşmektedir.

Buna göre, tepkime ile ilgili;

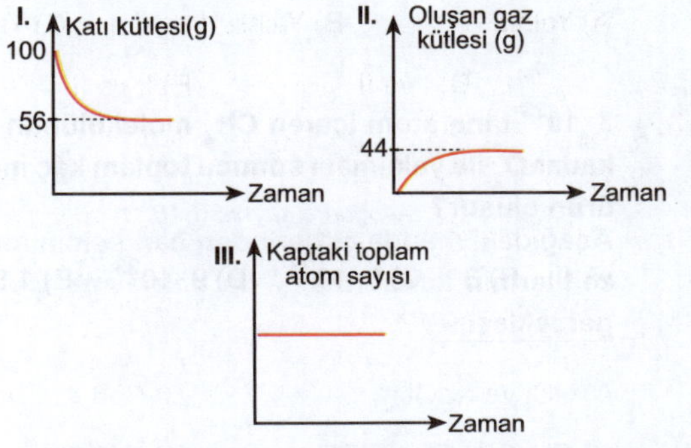

grafiklerinden hangileri doğrudur?

(Ca: 40, O: 16, C: 12)

A) Yalnız I B) Yalnız II C) I ve II

D) I ve III E) I, II ve III

6.

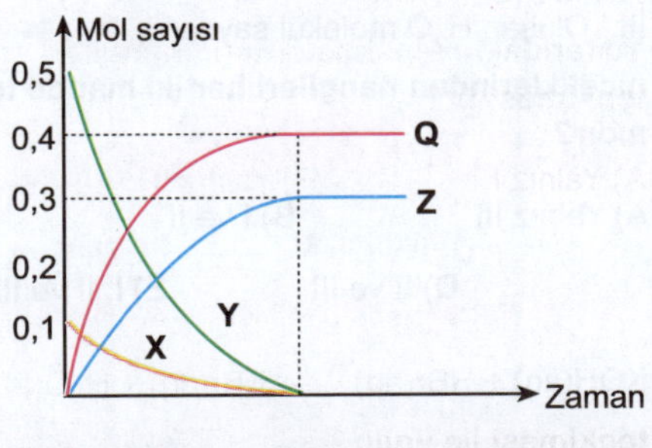

X ve Y maddelerinin kimyasal etkileşimi sırasında; reaktif ve ürünlerin mol sayıları yukarıdaki gibi değişmektedir.

Buna göre,

I. Denkleşmiş tepkime denklemi,

$X + 5Y \longrightarrow 3Z + 4Q$

şeklindedir.

II. Tepkime tam verimle gerçekleşmiştir.

III. Molekül sayısı korunmuştur.

yargılarından hangileri doğrudur?

A) Yalnız I B) Yalnız II C) I ve II

D) I ve III E) I, II ve III

karekök

7. **NK'da 6,72 L CO_2 gazının açığa çıkması için kaç gram propan (C_3H_8) gazı yeterince oksijenle yakılmalıdır?** *(C: 12, H: 1)*

A) 4,4 B) 6,6 C) 8,8 D) 13,2 E) 15,4

8. **$3 \cdot 10^{23}$ tane atom içeren CH_4 molekülünün yeteri kadar O_2 ile yakılması sonucu toplam kaç molekül ürün oluşur?** *(Avogadro sayısı: $6 \cdot 10^{23}$)*

A) 1 B) 3 C) $6 \cdot 10^{23}$ D) $9 \cdot 10^{23}$ E) $1,8 \cdot 10^{23}$

9. Eşit mollerde C_4H_8 ve C_5H_8 yeteri kadar O_2 ile yakılmaktadır.

Buna göre;

I. Kullanılan O_2 mol sayıları

II. Açığa çıkan CO_2 kütleleri

III. Oluşan H_2O molekül sayıları

niceliklerinden hangileri her iki madde için de aynıdır?

A) Yalnız III B) I ve II C) I ve III D) II ve III E) I, II ve III

10. 3,6 gram X'in yeterince Fe_2O_3 katısıyla;

$$3X + 2Fe_2O_3 \longrightarrow 4Fe + 3XO_2$$

tepkimesi sonucu 13,2 gram XO_2 oluşmaktadır.

Buna göre, X in gerçek atom ağırlığı aşağıdakilerden hangisidir? *(Fe: 56, O: 16, Avogadro sayısı $6 \cdot 10^{23}$ alınacaktır.)*

A) $6 \cdot 10^{23}$ B) $2 \cdot 10^{23}$ C) $12 \cdot 10^{-23}$ D) $6 \cdot 10^{-23}$ E) $2 \cdot 10^{-23}$

karekök

11. Basit formülü CH_2O olan organik bir molekülün gerçek kütlesi 10^{-22} gramdır.

Buna göre, organik bileşiğin molekül formülü aşağıdakilerden hangisidir?

(H: 1, C: 12, O: 16 ve Avogadro sayısı $6 \cdot 10^{23}$ alınacaktır.)

A) $C_2H_4O_2$ B) $C_3H_6O_3$ C) $C_4H_8(OH)_4$ D) $C_4H_9(OH)_3$ E) $C_6H_{12}O_6$

12. CH_4 ve C_3H_8 gazlarında oluşan 0,3 mollük karışım yeterince oksijen gazı ile yakıldığında NK'da 11,2 L CO_2 gazı açı çıkıyor.

Buna göre, başlangıç karışımında kaç gram CH_4 gazı vardır? *(C: 12, H: 1)*

A) 1,6 B) 3,2 C) 4,4 D) 4,8 E) 6,4

13.

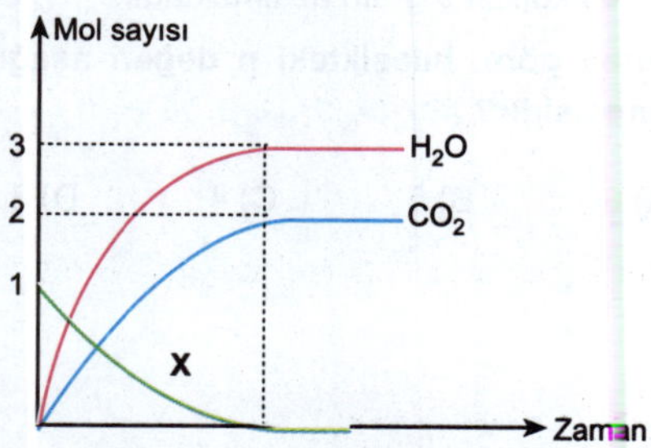

Organik bir X bileşiğinin 46 gramı yeterince oksijenle yakıldığında X'in ve ürünlerin mol sayıları yukarıdaki grafikte verildiği gibi değişmektedir.

Buna göre, X ile ifade edilen bileşiğin formülü aşağıdakilerden hangisidir? *(H: 1, C: 12, O: 16)*

A) C_2H_6 B) C_2H_5OH C) $C_2H_4(OH)_2$ D) C_2H_5COOH E) $C_6H_{12}O_6$

1. CH_4 ve C_2H_6 karışımının 0,5 molünün yeterince O_2 ile yakılması sonucu 0,8 mol CO_2 gazı oluşmaktadır.

Buna göre, karışımda bulunan CH_4 gazının molce yüzdesi nedir?

A) 20 B) 30 C) 40 D) 50 E) 60

2. NK'da 11,2 L hacim kaplayan He ve CO gaz karışımını yakmak için 0,2 mol O_2 gazına ihtiyaç vardır.

Buna göre, başlangıç karışımında kaç g He gazı vardır? *(He: 4, C: 12, O: 16)*

A) 1,2 B) 1,0 C) 0,8 D) 0,6 E) 0,4

3.

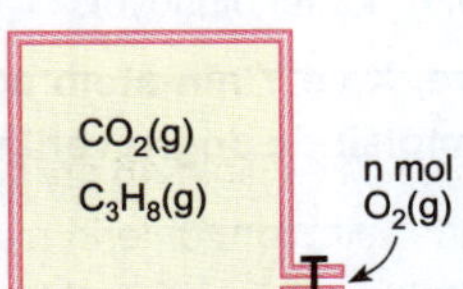

Yukarıda bulunan sabit hacimli sisteme n mol O_2 gazı gönderiliyor. Karışım O_2 ile tam verimle yakıldıktan sonra ortamda 0,7 mol CO_2 gazı olduğu saptanıyor.

Başlangıç karışımı kütlece %20 oranında C_3H_8 içerdiğine göre, n değeri kaçtır? *(H: 1, C: 12, O: 16)*

A) 0,5 B) 0,4 C) 0,3 D) 0,2 E) 0,1

4.

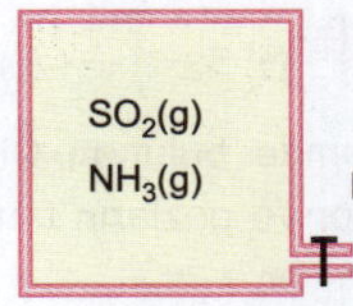

Şekil - I

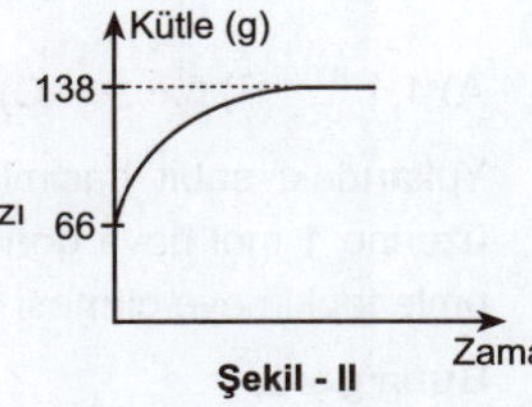

Şekil - II

Şekil - I'deki karışıma bir miktar HCl(g) gönderildiğinde karışımın kütlesindeki değişim Şekil - II'deki gibi olmaktadır.

HCl gazının NH_3 gazı ile artansız tepkimeye girdiği bilindiğine göre, başlangıçtaki karışımın molce yüzde kaçı SO_2 dir? *(H: 1, N: 14, O: 16, S: 32, Cl: 35)*

A) 20 B) 30 C) 40 D) 50 E) 60

5. Eşit mollerde N_2 ve H_2 kullanılarak gerçekleştirilen tam verimli;

$$N_2(g) + 3H_2(g) \longrightarrow 2NH_3(g)$$

tepkimesi sonucunda 0,2 mol NH_3 gazı oluşmaktadır.

Buna göre;

I. Başlangıç karışımı 0,6 moldür.

II. H_2 sınırlayıcı bileşendir.

III. Tepkimede 0,2 mol N_2 artar.

yargılarından hangileri doğrudur?

A) Yalnız I B) I ve II C) I ve III D) II ve III E) I, II ve III

6. 3,6 gram C(k) ve 12,8 gram $O_2(g)$ tam verimle tepkimeye girerek $CO_2(g)$ oluşturuyor.

Buna göre, tepkimede hangi maddeden kaç gram artar? *(C: 12, O: 16)*

A) 1,2 gram C(k) B) 1,2 gram $O_2(g)$ C) 3,2 gram C(k) D) 3,2 gram $O_2(g)$ E) 4,8 gram $O_2(g)$

7.

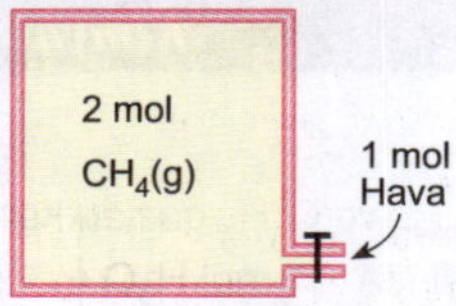

Yukarıdaki sabit hacimli sistemde bulunan $CH_4(g)$ üzerine 1 mol hava gönderiliyor ve gazların tam verimle tepkimeye girmesi sağlanıyor.

Buna göre;

I. Tepkime sonunda kapta sadece CO_2, H_2O ve CH_4 molekülleri bulunur.

II. Tepkime sonucu 0,1 mol CO_2 gazı oluşmaktadır.

III. O_2 gazı tepkimenin sınırlayıcı bileşenidir.

yargılarından hangileri doğrudur?

(Havanın hacimce % 20'si O_2 dir.)

A) Yalnız I B) I ve II C) I ve III D) II ve III E) I, II ve III

8. Eşit kütlelerde H_2 ve F_2 ile gerçekleşen;

$$H_2(g) + F_2(g) \longrightarrow 2HF(g)$$

tepkimesi sonucunda 3,6 gram H_2 artmaktadır.

Buna göre;

I. Tepkime % 100 verimle gerçekleşmiştir.

II. Tepkime sırasında 0,1 mol F_2 kullanılmıştır.

III. 8 gram HF(g) oluşmuştur.

yargılarından hangileri doğrudur? *(H: 1, F: 19)*

A) Yalnız I B) I ve II C) I ve III D) II ve III E) I, II ve III

9. 10 gramlık $CaCO_3$ katısının ısıtılması sonucu;

$$CaCO_3(k) \longrightarrow CaO(k) + CO_2(g)$$

tepkimesi gerçekleşmektedir.

Tepkime sonucu 4,2 gram CaO(k) oluştuğuna göre, tepkime yüzde kaç verimle gerçekleşmiştir? *(C: 12, O: 16, Ca: 40)*

A) 20 B) 25 C) 50 D) 75 E) 80

karekök

10. I. $Al_4C_3(k) + 6H_2O(s) \longrightarrow 4Al(OH)_3(k) + 3CH_4(g)$

II. $CH_4(g) + 2O_2(g) \longrightarrow CO_2(g) + 2H_2O(g)$

4 mol Al_4C_3 katısıyla başlatılan tepkime sonucu 3 mol H_2O elde edilmiştir.

II. tepkimenin verimi % 25 olduğuna göre I. tepkimenin verimi % kaçtır?

A) 10 B) 20 C) 30 D) 40 E) 50

11. Ca ve Zn metallerinden oluşan 25 gramlık karışım, HCl çözeltisi ile;

$$Ca(k) + 2HCl(suda) \longrightarrow CaCl_2(suda) + H_2(g)$$

$$Zn(k) + 2HCl(suda) \longrightarrow ZnCl_2(suda) + H_2(g)$$

denklemlerine göre tepkimeye girdiğinde 1 gram H_2 gazı açığa çıkmaktadır.

Buna göre karışımdaki Ca metalinin kütlece yüzdesi kaçtır? *(Ca: 40, Zn: 65, H: 1)*

A) 12 B) 24 C) 36 D) 48 E) 52

12. 20 gram X_3Y_2 katısı 21,6 gram H_2O ile;

$$X_3Y_2(k) + 6H_2O(s) \longrightarrow 3X(OH)_2(suda) + 2YH_3(g)$$

denklemine göre artansız tepkimeye girdiğinde 34,8 gram $X(OH)_2$ katısı oluşuyor.

Buna göre, X ve Y'nin atom ağırlıkları aşağıdakilerden hangisinde doğru verilmiştir? *(H: 1, O: 16)*

	X	Y
A)	24	14
B)	40	14
C)	56	12
D)	14	52
E)	24	40

1	C	2	E	3	A	4	A	5	E	6	D	7	D	8	B	9	D	10	E	11	D	12	A

1. 0,2 mol CH_4 ve n mol O_2 gazlarından oluşan karışımın kütlesi 12,8 gramdır.

Buna göre, n değeri aşağıdakilerden hangisidir?

(H: 1, C: 12, O: 16)

A) 0,1 B) 0,2 C) 0,3 D) 0,4 E) 0,5

2. CH_4 ve C_2H_6 gaz karışımının 0,5 molü 12,2 gramdır.

Karışımdaki CH_4 gazının molce yüzdesi kaçtır?

(H: 1, C: 12)

A) 20 B) 30 C) 40 D) 50 E) 60

3. SO_2, SO_3 ve CO_2 gaz karışımında bulunan her bir gazın mol sayıları birbirine eşittir.

Karışım yeteri kadar O_2 ile yakıldığında kapta 0,2 mol SO_3 gazı bulunduğuna göre, başlangıçtaki karışımda toplam kaç tane O atomu vardır?

(N: Avogadro sayısı)

A) 0,3N B) 0,4N C) 0,5N D) 0,6N E) 0,7N

4. 0,6 mol C_2H_6 ve C_3H_8 gazları karışımı yeteri kadar O_2 ile yakıldığında 2,1 mol H_2O molekülü oluşmaktadır.

Buna göre, karışımda bulunan C_2H_6 kaç gramdır?

(H: 1, C: 12)

A) 6 B) 7 C) 8 D) 9 E) 10

5. NK'da 5,6 L hacim kaplayan XO_2 gazının kütlesi 16 gramdır.

Buna göre, X elementinin mol kütlesi kaç gramdır? *(O: 16)*

A) 12 B) 14 C) 24 D) 32 E) 64

6. 12,8 gram XO_2 bileşiği 0,2 moldür.

Buna göre, aşağıdakilerden hangisi yanlıştır?

(O: 16, N: Avogadro sayısı)

A) Bileşiğin kütlece % 50'si X'tir.
B) 1 tane X atomu 32 akb'dir.
C) 0,2 mol O ile 3,2 gram X birleşir.
D) 1 mol XO_2de 3N tane atom bulunur.
E) XO_2 bileşiğinin mol kütlesi 128 g'dir.

7. CaCO katısı yeterince ısıtıldığında;

$$CaCO_3(k) \xrightarrow{ısı} CaO(k) + CO_2(g)$$

tepkimesine göre ayrılmaktadır.

0,5 mol $CaCO_3$ katısı ağzı açık bir kapta ısıtılırsa kütlesi kaç gram azalır? *(C: 12, O: 16, Ca: 40)*

A) 56 B) 44 C) 28 D) 22 E) 14

8. **2 mol H_2O sıvısının elektrolizi sırasında açığa çıkan O_2 gazı kaç gram CH_4 gazı ile tepkime verebilir?** *(H: 1, C: 12, O: 16)*

A) 8 B) 16 C) 24 D) 32 E) 48

9. Eşit kütlelerde N_2 ve H_2 gazları tam verimle tepkimeye girdiğinde 3,4 gram NH_3 gazı oluşmaktadır.

Buna göre, hangi maddeden kaç gram artar? *(H: 1, N: 14)*

A) 2,2 gram H_2 B) 2,8 gram N_2

C) 2,8 gram H_2 D) 2,2 gram N_2

E) 1,1 gram H_2

10.

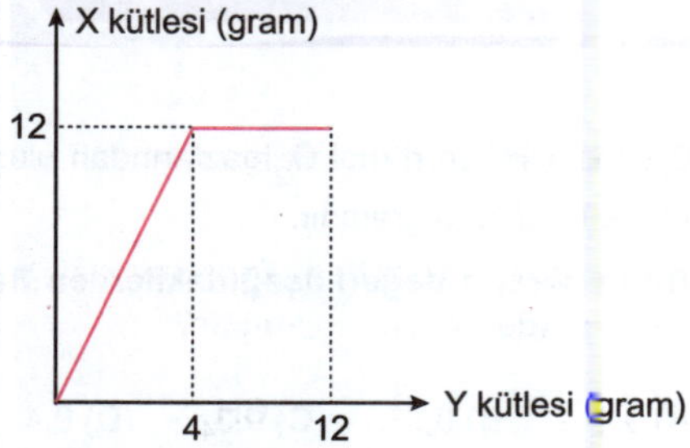

XY_4 bileşiğini oluşturan X ve Y maddelerinin kütlelerinin değişimi yukarıdaki grafikte verilmiştir.

Buna göre, aşağıdaki yargılardan hangisi yanlıştır?

A) Tepkime tam verimle gerçekleşmiştir.

B) Tepkimeden önce 24 gram X ve Y karışımı vardır.

C) Y'nin 8 gramı artmıştır.

D) 16 gram bileşik oluşmuştur.

E) Y sınırlayıcı bileşendir.

karekök

11. Basit formülü CH_2 olan bir organik bileşiğin mol kütlesi 42 gramdır.

Buna göre, bu bileşiğin 1 molünde toplam kaç mol atom vardır? *(H: 1, C: 12)*

A) 10 B) 9 C) 8 D) 7 E) 6

12.

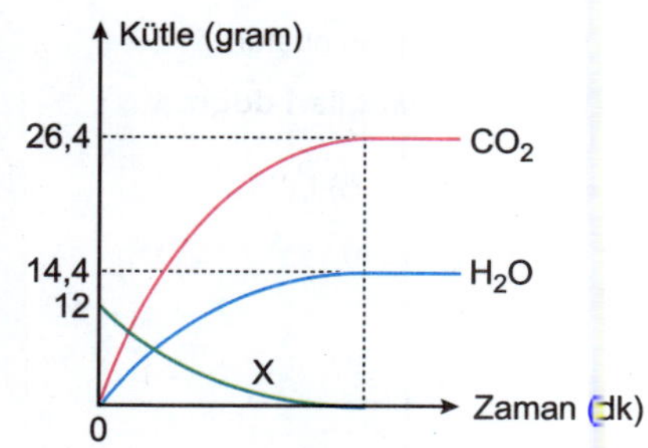

Organik bir X bileşiğinin yeterince O_2 ile yakılması sırasında tepkimeye giren ve sonucunda oluşan maddelerin kütlelerinin zamanla değişimi grafikteki gibidir.

Buna göre, X bileşiğinin formülü aşağıdakilerden hangisidir? *(H: 1, C: 12, O: 16)*

A) C_2H_6 B) C_3H_8 C) C_2H_5OH

D) C_3H_7OH E) $C_3H_8O_2$

1	C	2	C	3	E	4	D	5	D	6	E	7	D	8	A	9	A	10	E	11	B	12	D

1. C ve H içerdiği bilinen bir bileşiğin kütlece % 75'i karbondur.

Buna göre, bileşiğin formülü aşağıdakilerden hangisinde doğru verilmiştir?

A) C_6H_6 B) CH_4 C) C_3H_8 D) C_2H_6 E) C_2H_2

2. Sabit hacimli kapta gerçekleşen;

$X_2(g) + 2Y_2(g) \longrightarrow 2XY_2(g)$

tepkimesinde yer alan maddelerin kütlelerinin zamanla değişimi grafikteki gibidir.

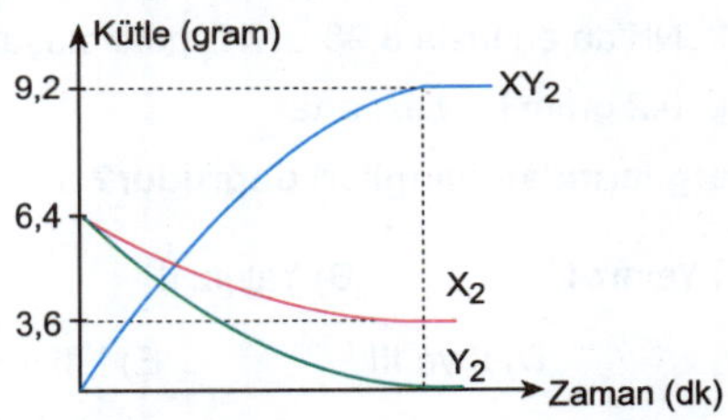

Buna göre;

I. Y'nin atom ağırlığı 16 gramdır.

II. Başlangıçta X_2 ve Y_2den 6,4'er gram alınmıştır.

III. Tepkime tam verimle gerçekleşmiştir.

IV. 0,2 mol XY_2 oluşmuştur.

yargılarından hangileri doğrudur? *(X: 14)*

A) I ve II B) I, II ve III C) I, II veIV D) II, III ve IV E) I, II, III ve IV

3. **$_{12}Mg$ ve $_{13}Al$ metallerinin 1'er mollerinin yeteri kadar HCl ile tepkimesi sonucu açığa çıkan toplam H_2 mol sayısı aşağıdakilerden hangisidir?**

A) 0,5 B) 1 C) 1,5 D) 2 E) 2,5

karekök

4. $CaCO(k) \longrightarrow CaO(k) + CO_2(g)$

tepkimesine göre 20 g $CaCO_3$ katısı ısıtıldığında açığa çıkan CO_2 gazının NK'da 3,36 L hacim kapladığı saptanıyor.

Buna göre;

I. Tepkime % 75 verimle gerçekleşmiştir.

II. Teorik verim 0,2 moldür.

III. Gerçek verim 0,1 moldür.

yargılarından hangileri doğrudur? *($CaCO_3$: 100)*

A) Yalnız I B) Yalnız II C) I ve II D) II ve III E) I, II ve III

5. Bir tepkimenin teorik veriminin 0,5 mol, yüzde veriminin ise 60 olduğu biliniyor.

Buna göre, tepkimenin gerçek verimi kaç moldür?

A) 0,2 B) 0,3 C) 0,4 D) 0,5 E) 0,6

6. C, H ve O'den oluşan bir bileşiğin 9 gramı analiz edildiğinde; 3,6 g C ve 0,6 g H bulunduğu saptanmıştır.

Bileşiğin mol kütlesi 180 g/mol olduğuna göre;

I. Bileşiğin basit formülü

II. Bileşiğin gerçek (molekül) formülü

hangi seçenekte doğru verilmiştir?

	I	II
A)	CH_3O	$C_2H_6O_2$
B)	CH_3O	$C_4H_{12}O_4$
C)	CH_2O	$C_6H_{12}O_6$
D)	CH_2O	$C_{12}H_{22}O_{11}$
E)	CH_2O	$C_5H_{10}O_5$

7. Organik bir bileşiğin 0,2 molü, 0,6 mol oksijen gazıyla artansız olarak yakıldığında NK'da 8,96 L CO_2 gazı ve 10,8 gram H_2O sıvısı oluşuyor.

Buna göre, organik bileşik aşağıdakilerden hangisi olabilir? *(C: 12, H: 1, O: 16)*

A) C_2H_6 B) C_2H_5OH C) C_3H_8

D) $C_2H_4(OH)_2$ E) $C_6H_{12}O_6$

8. $X_2SO_4 \cdot 10H_2O$ bileşiğinin 32,2 gramı ağzı açık bir kapta yeteri kadar ısıtıldığında kütlesi;

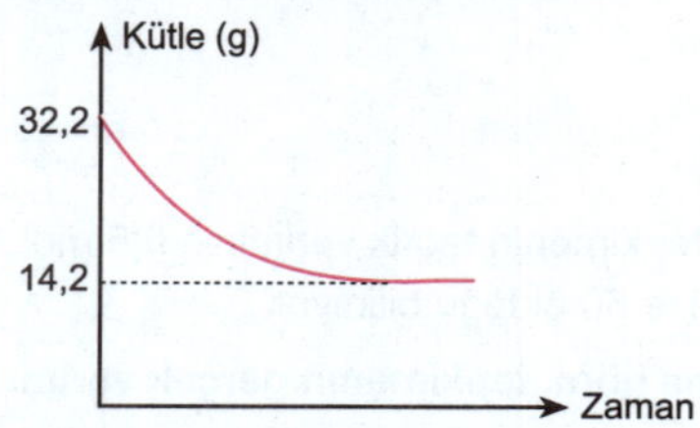

grafiğindeki gibi değişmektedir.

Buna göre; X ile ilgili,

I. Doğada izotopu yoktur.

II. Mol kütlesi 23 gramdır.

III. Bağıl atom kütlesi 23 akb'dir.

yargılarından hangileri <u>kesinlikle</u> doğrudur? *(H: 1, O: 16, S: 32)*

A) Yalnız I B) I ve II C) I veIII

D) II ve III E) I, II ve III

9. He ve CH_4 gaz karışımının molce % 20'si CH_4 tür.

Buna göre, karışımın kütlece yüzde kaçı He'dur? *(He: 4, C: 12, H: 1)*

A) 80 B) 70 C) 60 D) 50 E) 40

10.

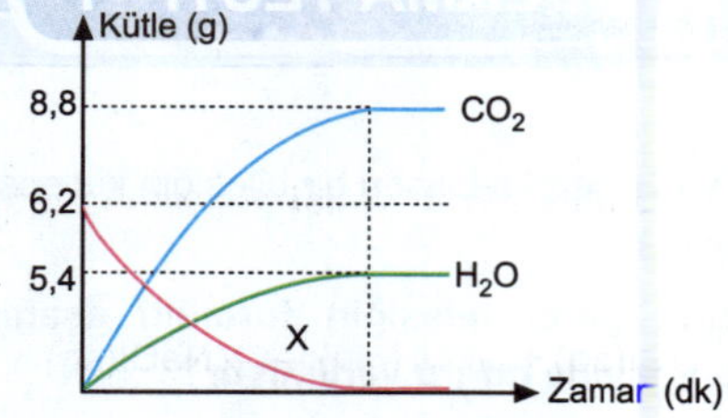

Organik bir X bileşiğinin yeterince O_2 ile yakılması sonucu oluşan H_2O ve CO_2 kütleleri yukarıdaki gibidir.

Buna göre, X bileşiği aşağıdakilerden hangisi olabilir? *(H: 1, C: 12, O: 16)*

A) C_2H_6O B) $C_2H_6O_2$ C) $C_3H_8O_3$

D) C_3H_8 E) $C_6H_{12}O_6$

11. 5,6 gram N_2 gazı ile 1,6 gram H_2 gazı tam verimle etkileşerek yalnızca NH_3 gazı oluşturuyor.

Buna göre;

I. Sınırlayıcı bileşen N_2 gazıdır.

II. NK'da en fazla 8,96 L NH_3 gazı oluşur.

III. 0,2 gram H_2 gazı artar.

yargılarından hangileri doğrudur? *(N: 14, H: 1)*

A) Yalnız I B) Yalnız II C) I ve II

D) II ve III E) I, II ve III

12. 0,2 mol CH_4 ve 0,3 mol O_2 nin kapalı bir kaptaki tam verimli tepkimesi ile ilgili;

I. O_2 sınırlayıcı bileşendir.

II. Toplam molekül sayısı korunur.

III. Artansız gerçekleşebilmesi için ortama 3,2 gram O_2 eklenmelidir.

yargılarından hangileri doğrudur? *(H: 1, C: 12, O: 16)*

A) Yalnız I B) I ve II C) I ve III

D) II ve III E) I, II ve III

13. Eşit kütlede Cu ve O_2 tam verimle etkileştiğinde 7,2 g Cu_2O bileşiği elde ediliyor.

Buna göre, başlangıçta alınan Cu ve O_2 elementlerinin toplam kütlesi kaç gramdır? *(Cu: 64, O: 16)*

A) 0,8 B) 6,4 C) 7,2 D) 12,8 E) 14,4

karekök

1	2	3	4	5	6	7	8	9	10	11	12	13
B	E	E	C	B	C	B	D	D	B	C	E	D

1. Aşağıdakilerden hangisi nötrleşme tepkimesi değildir?

A) $HCl(aq) + NaOH(aq) \longrightarrow NaCl(aq) + H_2O(s)$

B) $2HCl(aq) + Ca(OH)_2(aq) \rightarrow CaCl_2(aq) + 2H_2O(s)$

C) $2NH_3(g) + H_2SO_4(g) \longrightarrow (NH_4)_2SO_4(k)$

D) $KOH(suda) + HBr(suda) \longrightarrow KBr(suda) + H_2O(s)$

E) $Sr(OH)_2(aq) + H_2SO_4(aq) \rightarrow SrSO_4(aq) + 2H_2O(s)$

2. Bir kimyasal tepkimenin ürün oluşumu ile sonlanabilmesi için,

I. Açığa enerji çıkması

II. Girenlerin yeterli enerjiye sahip olmaları

III. Atomlar arası bağların kopması

IV. Yeni kimyasal bağların oluşması

özelliklerinden hangileri gerekli değildir?

A) Yalnız I B) Yalnız II C) I ve III D) II ve IV E) II, III ve IV

3. X_2Y bileşiğinde $\frac{m_X}{m_Y}$ kütle oranı $\frac{1}{3}$ ise 3,6'şar gram X ve Y'den en fazla kaç gram XY_3 elde edilir?

A) 7,2 B) 5,6 C) 4,8 D) 4,2 E) 3,8

4. X ve Y elementleri arasında XY_3 ve X_aY_b formüllerine sahip iki farklı bileşik oluşuyor. XY_3 bileşiğinde X'in bileşik kütlesine oranı $\frac{2}{5}$, X_aY_b bileşiğinde Y nin bileşik kütlesine oranı $\frac{2}{3}$ tür.

Buna göre 2. bileşiğin formülü (X_aY_b) nedir?

A) XY B) X_2Y C) XY_2 D) X_3Y E) XY_4

5. X ile Y elementleri arasında iki farklı bileşik oluşuyor. I. bileşikte 4 gram X ve 7 gram Y, II. bileşikte 8 gram X ve 28 gram Y birleşiyor.

I. bileşiğin formülü X_2Y ise II. bileşiğin formülü nedir?

A) XY B) XY_2 C) XY_3 D) X_2Y_3 E) X_3Y_4

6. XY_4 bileşiğinin kütlece % 25'i Y'dir.

Buna göre, X_3Y_4 bileşiği için;

I. X kütlesinin Y kütlesine oranı $\frac{3}{4}$ tür.

II. Kütlece % 90 oranında X içerir.

III. Aynı miktar X ile birleşen XY_4 bileşiğindeki Y kütlesinin, X_3Y_4 bileşiğindeki Y kütlesine oranı $\frac{1}{3}$ tür.

yargılarından hangileri yanlıştır?

A) Yalnız I B) Yalnız II C) Yalnız III D) I ve II E) I ve III

karekök

7. X ve Y elementlerinden XY_2 ve X_nY_3 bileşikleri oluşuyor.

Eşit kütlede Y elementi kullanılarak oluşturulan bileşiklerden; XY_2 bileşiğindeki X kütlesinin X_nY_3 bileşiğindeki X kütlesine oranı $\frac{3}{4}$ olduğuna göre, n sayısı kaçtır?

A) 5 B) 4 C) 3 D) 2 E) 1

8. C ve H den oluşan iki bileşik ile ilgili aşağıdaki bilgiler veriliyor:

- 1. bileşikte kütlece % 25 H vardır.
- 2. bileşiğin kütlece $\frac{9}{11}$ i C'dir.

Buna göre, 1 ve 2. bileşik formülleri hangi seçenekte doğru verilmiştir? *(C: 12, H: 1)*

	1. bileşik	2. bileşik
A)	CH_4	C_2H_4
B)	C_2H_4	C_3H_8
C)	CH_4	C_3H_8
D)	C_3H_4	C_3H_8
E)	C_2H_4	C_3H_4

9.

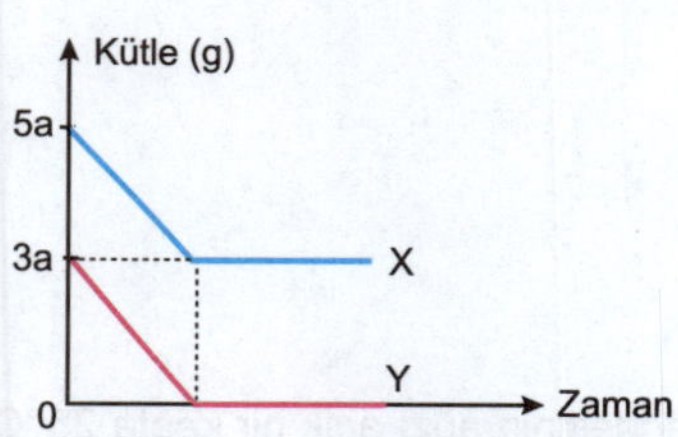

Kapalı bir kaptaki X ve Y elementlerinin etkileşmesi sırasında, X ve Y'nin kütlelerinin değişimi yukarıdaki grafikte verilmiştir.

Buna göre;

I. Tepkime öncesi X ve Y kütleleri toplamı 8a gramdır.

II. Tepkime sonrası oluşan bileşik kütlesi 8a gramdır.

III. Oluşan bileşiğin formülü X_2Y_3 tür.

yargılarından hangileri doğrudur? *(X: 2a, Y: a)*

A) Yalnız I B) Yalnız II C) Yalnız III D) I ve II E) I, II ve III

10. $3Cu + 8HNO_3 \longrightarrow 3Cu(NO_3)_2 + 2NO + 4H_2O$

19,2 g *50,4 g* *56,4 g* *m g* *7,2 g*

Yukarıdaki tepkimede oluşan NO gazının kütlesi (m) kaç gramdır?

A) 4,2 B) 5,5 C) 6 D) 8 E) 8,4

11. **C_2H_6 bileşiği için;**

I. Molekülleri 8 atomludur.

II. 2 tür atom içerir.

III. Bir tane molekülünün kütlesi 30 gramdır.

yargılarından hangileri doğrudur? *(C: 12, H: 1)*

A) Yalnız I B) Yalnız II C) I ve II D) II ve III E) I, II ve III

karekök

12. **48 gram CH_4 gazı için;**

I. 12 gram hidrojen içerir.

II. 5N tane atom içerir.

III. 3 moldür.

yargılarından hangileri doğrudur?
(C: 12, H: 1, N: Avogadro sayısı)

A) Yalnız I B) Yalnız II C) I ve II D) I ve III E) I, II ve III

1	C	2	A	3	E	4	E	5	A	6	E	7	D	8	C	9	A	10	C	11	C	12	D

1. **Çökelme ve nötrleşme tepkimeleri için;**

I. Zıt yüklü iyonlar arasında gerçekleşir.

II. Elektron alış verişi yoktur.

III. Sulu ortamda gerçekleşir.

özelliklerinden hangileri ortaktır?

A) Yalnız III B) I ve II C) I ve III D) II ve III E) I, II ve III

2. **Aşağıdakilerden hangisi kimyasal reaksiyon çeşitlerinden biri değildir?**

A) Analiz B) Sentez C) Erime D) Nötralleşme E) Yanma

3. $C(k) + O_2(g) \longrightarrow CO_2(g)$

Yukarıdaki denklem ile ifade edilen etkileşim ile ilgili,

I. Etkileşim sırasında toplam kütle korunur.

II. Güçlü kuvvetlerin kırılıp, atomlar arasında yeni kimyasal bağların oluştuğu bir etkileşimdir.

III. Yanma tepkimesidir.

yargılarından hangileri doğrudur?

A) Yalnız I B) I ve II C) I ve III D) II ve III E) I, II ve III

4. 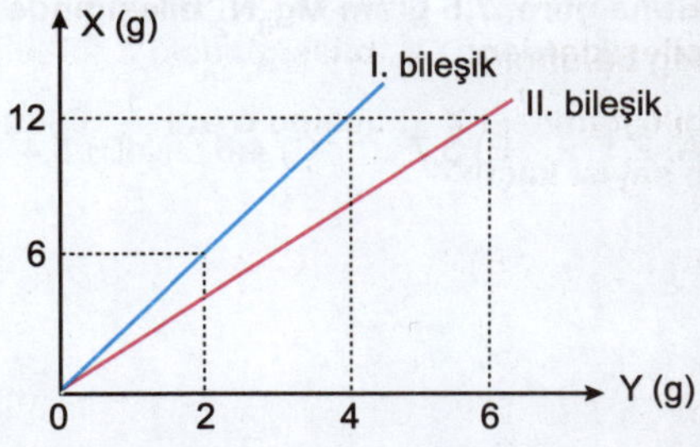

X ve Y elementlerinden oluşan iki farklı bileşikte, X kütlesinin Y kütlesine göre değişimi yukarıdaki grafikte verilmiştir.

Buna göre, I. bileşiğin formülü XY_2 ise II. bileşiğin formülü nedir?

A) XY B) X_2Y C) XY_3 D) X_2Y_3 E) X_3Y_4

5. **A_2B ve A_3B_4 bileşiklerinde aynı miktar A ile birleşen B kütleleri arasındaki katlı oran kaçtır?**

A) $\frac{3}{4}$ B) $\frac{3}{8}$ C) $\frac{2}{3}$ D) $\frac{1}{3}$ E) $\frac{1}{2}$

6. X maddesinin ağzı açık bir kapta 25 °C'ta yandığı bilinmektedir.

Buna göre,

I. X maddesi yanıcıdır.

II. Yanma olayı sonucunda CO_2 gazı ve H_2O sıvısı oluşmaktadır.

III. Yanmanın sürekliliği için O_2 gazına ihtiyaç vardır.

IV. X, 25 °C'ta tutuşma sıcaklığındadır.

yargılarından hangileri kesinlikle doğrudur?

A) Yalnız I B) I ve II C) I, II ve III D) I, III ve IV E) I, II, III ve IV

karekök

7. Mg_3N_2 bileşiğinde $\frac{m_{Mg}}{m_N}$ kütlece birleşme oranı $\frac{18}{7}$ dir.

Buna göre, 7,5 gram Mg_3N_2 bileşiğinde kaç gram Mg bulunur?

A) 2,1 B) 3,7 C) 4,6 D) 5,4 E) 6,3

8.

	1 bileşik	2. bileşik
I.	XY	X_2Y
II.	X_2Y_3	XY_2
III.	XY_3	X_2Y

Eşit kütlede X ve yeterince Y kullanılarak oluşturulan yukarıdaki bileşik çiftlerinden hangilerinde 1. bileşik kütlesi, 2. bileşik kütlesinden <u>küçüktür</u>?

A) Yalnız I B) Yalnız II C) Yalnız III D) I ve II E) I ve III

9. 11 gram X ve bir miktar Y elementi tam verimle tepkimeye girerek X_2Y_3 bileşiğini oluşturduğunda, Y elementinin kütlece % 20'sinin tepkimeye girmediği saptanıyor.

Buna göre, tepkimeden önceki X ve Y elementlerinin kütleleri toplamı kaç gramdır? *(X: 55, Y: 16)*

A) 17 B) 48 C) 71 D) 84 E) 94

10.

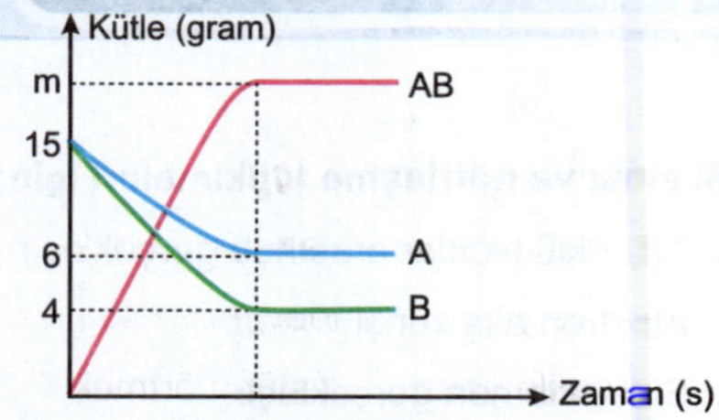

A ve B elementlerinden AB bileşiğinin oluşumu sırasında, reaktif ve ürünlerin kütlelerinin zamanla değişimi yukarıdaki grafikte verilmiştir.

Buna göre;

I. Tepkime tam verimle gerçekleşmiştir.

II. m'nin sayısal değeri 20'dir.

III. AB bileşiğinde kütlece birleşme oranı $\frac{m_A}{m_B} = \frac{3}{2}$ dir.

yargılarından hangileri doğrudur?

A) Yalnız I B) Yalnız II C) Yalnız III D) I ve II E) I, II ve III

11. **Aşağıdakilerden hangisi $6,02 \cdot 10^{23}$ tane atom <u>içermez</u>?** *(S: 32, Ca: 40)*

A) 32 gram S atomu

B) 0,2 mol CH_4 gazı

C) 0,5 mol H_2 gazı

D) Normal koşullarda 11,2 litre oksijen gazı

E) 40 akb Ca atomu

12. $3,01 \cdot 10^{22}$ tane X atomu 0,7 gramdır.

Buna göre; $6,02 \cdot 10^{21}$ tane X_2O_3 molekülü kaç gramdır? *(O: 16)*

A) 0,076 B) 0,062 C) 0,76 D) 7,6 E) 76

1	E	2	C	3	E	4	C	5	B	6	D	7	D	8	B	9	A	10	B	11	E	12	C

1. **Bir yangını söndürmek için,**

I. Yoğunluğu havadan az olan bir gazı püskürtmek

II. Hava ile yanan maddenin ilişkisini kesmek

III. Naylon ile yangının üstünü örtmek

işlemlerinden hangileri uygulanamaz?

A) Yalnız I B) Yalnız III C) I ve II D) I ve III E) II ve III

2. Eşit kütlerde X ve Y kullanılarak 40 gram XY_3 elde edilirken 8 gram X elementi artmaktadır.

Buna göre,

I. XY_3 teki $\frac{m_X}{m_Y} = \frac{2}{3}$ tür.

II. 40 gram XY_3 ün 24 gramı Y'dir.

III. Sınırlayıcı bileşen X'tir.

yargılarından hangileri doğrudur?

A) Yalnız I B) I ve II C) I ve III D) II ve III E) I, II ve III

3. 1 molekül C_8H_{18} yeterli miktarda oksijenle yakılmaktadır.

Buna göre;

I. Yanma sonucu CO_2 ve H_2O molekülleri oluşur.

II. Reaksiyon en küçük tam sayılarla denkleştirildiğinde katsayılar toplamı 61 olur.

III. Reaksiyon sonucunda ısı açığa çıkar.

yargılarından hangileri doğrudur?

A) Yalnız I B) Yalnız II C) Yalnız III D) I ve III E) I, II ve III

4. **Aşağıdakilerden hangisi bir kimyasal tepkime türü değildir?**

A) Yanma B) Nötrleşme C) Analiz D) Süblimleşme E) Çökelme

5.

Pamukkale Travertenleri

KI ve $Pb(NO_3)_2$ çözeltilerinden $PbI_2(k)$ eldesi

Mağara Sarkıtları

Yukarıdaki fotoğraflarda verilenler aynı tür kimyasal tepkimeler sonucunda oluşmaktadır.

Buna göre;

I. Traverten ve sarkıtlar suda çözünmeyen iyonik katılardan oluşur.

II. $Pb(NO_3)_2$ ve KI çözeltilerinin karıştırılmasıyla oluşan sarı çökelek PbI_2 dir.

III. Travertenler sıcak yeraltı sularından çıkan çözünmüş kireç taşlarının çökmesiyle oluşur.

yargılarından hangileri doğrudur?

A) Yalnız I B) Yalnız II C) Yalnız III D) I ve II E) I, II ve III

6. $Na_2S(aq) + 2AgNO_3(aq) \longrightarrow Ag_2S(k) + 2NaNO_3(aq)$

tepkimesinin net iyon denklemi aşağıdakilerden hangisinde doğru verilmiştir?

A) $2Na^+(suda) + S^{2-}(suda) \longrightarrow Na_2S(k)$

B) $Na^+(suda) + NO_3^-(suda) \longrightarrow NaNO_3(suda)$

C) $Na^{2+}(suda) + 2S^-(suda) \longrightarrow NaS_2(k)$

D) $AgNO_3(suda) \longrightarrow Ag^+(suda) + NO_3^-(suda)$

E) $2Ag^+(suda) + S^{2-}(suda) \longrightarrow Ag_2S(k)$

karekök

7.

Katyon	Anyon
NH_4^+, Hg^+, Na^+, K^+	Cl^-, NO_3^-, SO_4^{2-}, OH^-

Yukarıdaki tabloda 4 er tane katyon ve anyon verilmiştir.

Alkali metal ve amonyum tuzlarının suda iyi çözündüğü bilindiğine göre, aşağıdaki iyon çiftlerinden hangisi bir araya getirildiğinde çökelek oluşur?

A) Hg^+ ve Cl^- B) NH_4^+ ve Cl^- C) Na^+ ve SO_4^{2-}

D) Na^+ ve OH^- E) K^+ ve NO_3^-

8. **Laboratuvarlarda gerçekleştirilen çökme reaksiyonları;**

I. yeni maddeler elde edebilme,

II. karışımlardan belirli iyonları ayırabilme,

III. bileşenleri bilinmeyen maddeleri analiz edebilme

amaçlarından hangileri için uygulanmaktadır?

A) Yalnız I B) I ve II C) I ve III

D) II ve III E) I, II ve III

9. I. CO_2 II. SO_2 III. SO_3 IV. N_2O_5

Yukarıda verilen maddelerden hangileri oksijene karşı asaldır

(C: IVA, N: VA, S: VIA grubu elementleridir.)

A) Yalnız I B) II ve III C) I, II ve III

D) I, III ve IV E) I, II, III ve IV

10. **Nötralleşme tepkimeleri ile ilgili,**

I. Asit ve bazların sulu çözeltileri arasında gerçekleşir.

II. Reaktifler arasında iyon değişimi olur.

III. Reaktifler arasında elektron transferi olur.

yargılarından hangileri doğrudur?

A) Yalnız I B) Yalnız II C) I ve II

D) I ve III E) I, II ve III

11.

- $2KClO_3(k) \xrightarrow{ısı} 2KCl(k) + 3O_2(g)$
- $NaOH(aq) + HCl(aq) \longrightarrow NaCl(aq) + H_2O(s)$
- $ısı + N_2(g) + O_2(g) \longrightarrow 2NO(g)$
- $Pb(NO_3)_2(aq) + 2KCl(aq) \rightarrow PbCl_2(k) + 2KNO_3(aq)$

Aşağıdaki tepkime türlerinden hangisi yukarıdaki denklemlerden herhangi biri ile örneklendirilemez?

A) Bozunma B) Yanma

C) Hidroliz D) Nötralleşme

E) Çökelme

karekök

12. **Kimyasal bir etkileşim sırasında aşağıdaki özelliklerden hangisi kesinlikle değişmez?**

A) Sabit sıcaklık ve basınç altındaki toplam gaz hacmi

B) Toplam molekül sayısı

C) Sabit hacimli bir sistemde sabit sıcaklıkta gerçekleşen bir tepkimede toplam gaz basıncı

D) Tepkimede yer alan maddelerin yapısındaki atomların çekirdek yapısı

E) Etkileşime giren maddelerin fizeksel özellikleri

1 D 2 B 3 E 4 D 5 E 6 E 7 A 8 E 9 D 10 C 11 C 12 D

1.

Gaz	Özelliği
X	Havadan yoğun ve yanıcı
Y	Havadan hafif ve yanmaz
Z	Havadan yoğun ve yanmaz

Yukarıdaki tabloda özellikleri verilen gazlarla ilgili;

I. Y ve Z yangın söndürücü olarak kullanılabilir.

II. X, He olabilir.

III. Z, CO_2 olabilir.

yargılarından hangileri doğrudur?

A) Yalnız I B) Yalnız II C) Yalnız III D) II ve III E) I, II ve III

2. **Aşağıda net iyon denklemi verilen tepkimelerden hangisi çözünme tepkimesidir?**

A) $Ba^{2+}(aq) + SO_4^{2-}(aq) \longrightarrow BaSO_4(k)$

B) $Ca(OH)_2(k) \longrightarrow Ca^{2+}(aq) + 2OH^-(aq)$

C) $Ca^{2+}(aq) + 2Cl^-(aq) \longrightarrow CaCl_2(k)$

D) $Mg^{2+}(aq) + 2OH^-(aq) \longrightarrow Mg(OH)_2(k)$

E) $H^+(aq) + OH^-(aq) \longrightarrow H_2O(s)$

3. **Aşağıdaki değişimlerden hangisi gerçekleşirken maddenin kimyasal özelliği değişmez?**

A) Limon suyunun mutfak mermerini aşındırması

B) Sirkenin alüminyum folyoyu çözmesi

C) Kireçli suya üflenince bulanma gözlenmesi

D) Sabunlu suyun elektriği iletmesi

E) Sofra tuzunun suda çözünmesi

4. H_2O bileşiğinde $\frac{m_H}{m_O}$ kütle oranı $\frac{1}{8}$ dir.

Buna göre;

I. 8 gram hidrojen ve yeterince oksijenden en fazla 72 gram su oluşur.

II. 40 ar gram hidrojen ve oksijenden en fazla 60 gram su elde edilir.

III. Eşit kütlede hidrojen ve oksijenin tepkimeye girerek su oluşturması sırasında bir miktar hidrojen artar.

yargılarından hangileri doğrudur?

A) Yalnız I B) Yalnız II C) Yalnız III D) I ve III E) I, II ve III

5.

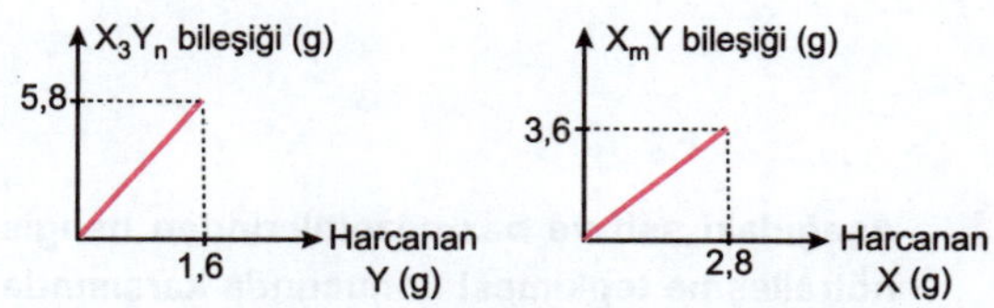

X ve Y elementlerinden oluşan X_3Y_n ve X_mY bileşiklerinin, oluşan kütleleri ile harcanan X veya Y kütlelerinin değişimi grafiklerde verilmiştir.

Buna göre, n ve m sayıları hangi seçenekte verilen değerler olabilir?

	n	m
A)	2	2
B)	2	3
C)	3	2
D)	3	3
E)	4	3

6. X ve Y elementleri arasında X_2Y ve X_2Y_3 formülünde bileşikler oluşuyor. X_2Y bileşiğinin 22 gramında 8 gram Y bulunmaktadır.

Buna göre, X_2Y_3 bileşiğinin 152 gramında kaç gram X bulunur?

A) 28 B) 36 C) 56 D) 72 E) 112

7.

	Alınan X (g)	Alınan Y (g)	Artan madde (g)	Oluşan bileşik
1. deney	6,4	6,4	4,8 g Y	8 g XY
2. deney	3,2	3,2	2,8 g Y	3,6 g X_2Y

X ve Y elementleri ile yapılan 2 farklı deneyde kullanılan, artan ve oluşan maddelere ait bilgiler yukarıdaki tabloda verilmiştir.

Buna göre, bu verilerden yararlanarak;

I. sabit oranlar,

II. katlı oranlar,

III. kütlenin korunumu

yasalarından hangilerinin doğruluğu kanıtlanabilir?

A) Yalnız I B) Yalnız II C) Yalnız III

D) I ve II E) I, II ve III

8. **Aşağıdaki asit ve baz çözeltilerinden hangisinin nötralleşme tepkimesi sonucunda karşısında belirtilen tuz oluşmaz?**

	Asit çözeltisi	Baz çözeltisi	Tuz
A)	HCl	KOH	KCl
B)	H_3PO_4	$Ca(OH)_2$	$Ca_2(PO_4)_3$
C)	CH_3COOH	$Ba(OH)_2$	$(CH_3COO)_2Ba$
D)	H_2SO_4	$Mg(OH)_2$	$MgSO_4$
E)	HNO_3	NH_3	NH_4NO_3

9. **40 L N_2 gazı ve 60 L H_2 gazının tam verimli tepkimesi ile ilgili;**

I. Aynı koşullarda 40 L NH_3 gazı oluşur.

II. 20 L N_2 gazı artar.

III. Sınırlayıcı bileşen N_2 gazıdır.

yargılarından hangileri doğrudur?

A) Yalnız I B) Yalnız II C) I ve II

D) II ve III E) I, II ve III

karekök

10. **1. tepkime:** $N_2(g) + 3H_2(g) \longrightarrow 2NH_3(g)$

2. tepkime: $4NH_3(g) + 5O_2(g) \longrightarrow 4NO(g) + 6H_2O(s)$

3. tepkime: $NH_3(g) + HCl(g) \longrightarrow NH_4Cl(k)$

Yukarıdaki tepkimelerle ilgili hangi yargı yanlıştır?

A) 1. tepkime sentez tepkimesidir.

B) 2. tepkime ısı veren bir tepkimedir.

C) 3. tepkime nötrleşmedir.

D) 2. tepkime yanmadır.

E) 3. tepkime asit - baz tepkimesidir.

11. $nCa(OH)_2(aq) + 2H_3PO_4(aq) \longrightarrow X + 6H_2O(s)$

En küçük tam sayılarla denkleştirilmiş yukarıdaki nötrleşme tepkimesinde n katsayısı ve X bileşiği hangi seçenekte doğru verilmiştir?

	n	X
A)	2	$CaPO_4$
B)	3	$Ca_2(PO_4)_3$
C)	2	$Ca_2(PO_4)_3$
D)	3	$Ca_3(PO_4)_2$
E)	1	$Ca_3(PO_4)_2$

12. I. Yanma

II. Çökelme

III. Nötrleşme

Yukarıdaki tepkimelerden hangileri iyon değişimi ile gerçekleşmez?

A) Yalnız I B) Yalnız II C) Yalnız III

D) II ve III E) I, II ve III

13. I. Isı açığa çıkması

II. Renk değişimi

III. Gaz oluşumu

IV. Çökelek oluşumu

V. Çözeltinin elektrik iletkenliğindeki azalış

Yukarıdakilerden kaç tanesi bir kimyasal tepkimenin gerçekleştiğini kanıtlamak için kullanılabilir?

A) 5 B) 4 C) 3 D) 2 E) 1

1	C	2	B	3	E	4	D	5	A	6	C	7	E	8	B	9	C	10	C	11	D	12	A	13	A

1. I. $H_2(g) + Cl_2(g) \longrightarrow 2HCl(g)$

II. $KNO_3(k) + H_2O(s) \longrightarrow K^+(aq) + NO_3^-(aq)$

III. $I_2(k) \longrightarrow I_2(g)$

IV. $Ag^+(aq) + Br^-(aq) \longrightarrow AgBr(k)$

V. $3O_2(g) \longrightarrow 2O_3(g)$

Yukarıdaki tepkimelerden hangileri kimyasal bir değişimi ifade etmez?

A) Yalnız I B) Yalnız III C) II ve III D) I ve IV E) I, IV ve V

2. **Aşağıdaki madde çiftlerinden hangisi katlı oranlar yasasına uyar?**

A) H_2SO_3 – H_2SO_4

B) Fe_2O_3 – Fe_3O_4

C) CO_2 – CaO_2

D) C_2H_4 – C_3H_6

E) PO_4^{3-} – PO_3^{3-}

3. XY_3 bileşiğinde X'in bileşik kütlesine oranı $\frac{2}{5}$ tir.

Buna göre, 30 ar gram X ve Y den en fazla kaç gram X_2Y bileşiği elde edilir?

A) 60 B) 54,5 C) 37,5 D) 33,5 E) 32

4. **$K_2Cr_2O_7$ ve NaCl tuzlarının suda çözünmesiyle oluşturulan karışımda aşağıdaki iyonlardan hangisine rastlanmaz?**

A) K^+ B) Na^+ C) $Cr_2O_7^{2-}$ D) OH^- E) Cl^+

5.

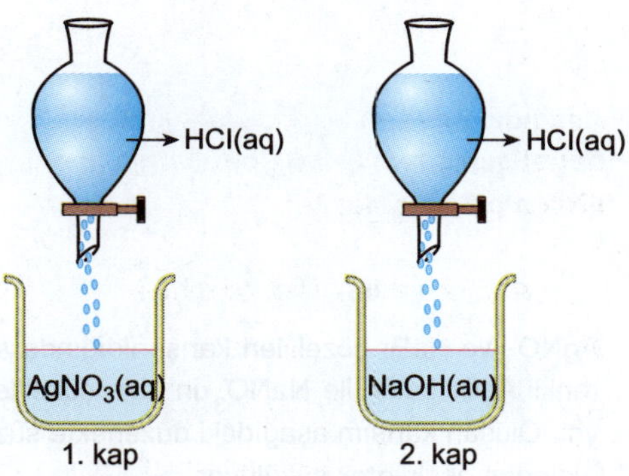

Yukarıdaki kaplara üzerindeki çözeltilerden belirli bir miktar ekleniyor.

Buna göre,

I. 1. kapta çökelme, 2. kapta nötrleşme tepkimesi gerçekleşir.

II. 1. kapta homojen 2. kapta heterojen karışım oluşur.

III. 1. kaptaki tepkimenin net iyon denklemi $Ag^+(aq) + Cl^-(aq) \longrightarrow AgCl(k)$; 2. kaptaki tepkimenin net iyon denklemi, $H^+(aq) + OH^-(aq) \longrightarrow H_2O(s)$ şeklindedir.

yargılarından hangileri yanlıştır?

A) Yalnız I B) Yalnız II C) Yalnız III D) II ve III E) I, II ve III

6. Otomobillerin çalışması sırasında benzinin ana bileşenini oluşturan izooktan (C_8H_{18}),

$$C_8H_{18} + O_2 \longrightarrow CO_2 + H_2O$$

tepkimesine göre yanar.

İzooktanın yanma tepkimesi ile ilgili;

I. Isı veren bir tepkimedir.

II. Yeterince oksijen ve yakıt olması durumunda tepkime başladıktan sonra kendiliğinden devam eder.

III. En küçük tamsayılarla denkleştirilirse O_2nin katsayısı 25 olur.

yargılarından hangileri doğrudur?

A) Yalnız I B) Yalnız II C) I ve II D) II ve III E) I, II ve III

7. $AgNO_3$ ve NaBr çözeltileri karıştırıldığında açık sarı renkli AgBr katısı ile $NaNO_3$ün sulu çözeltisi oluşuyor. Oluşan karışım aşağıdaki düzenekte süzgeç kağıdından geçirilerek süzülüyor.

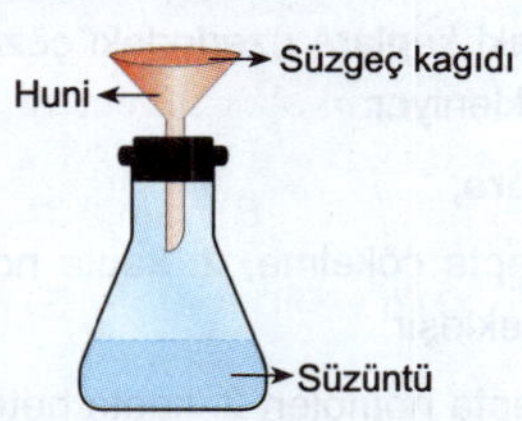

Buna göre, aşağıdakilerden hangisi yanlıştır?

A) $AgNO_3$ ve NaBr çözeltilerinin etkileşmesi ile çökelme tepkimesi gerçekleşmiştir.

B) Gerçekleşen tepkimenin net iyon denklemi;

$Ag^+(aq) + Br^-(aq) \longrightarrow AgBr(k)$

şeklindedir.

C) Süzgeç kağıdında AgBr(k) toplanır.

D) Süzüntüde Na^+ ve NO_3^- iyonları bulunur.

E) Süzme sırasında kimyasal değişim gerçekleşir.

8. Eşit kütlede Ca ve S elementleri tam verimle tepkimeye girerek 14,4 gram CaS bileşiği oluşturuyor.

Buna göre,

I. Başlangıçta toplam 16 gram madde alınmıştır.

II. Ca elementinin kütlece %20'si artmıştır.

III. CaS bileşiğinde $\frac{m_{Ca}}{m_S}$ kütle oranı $\frac{5}{4}$ tür.

yargılarından hangileri yanlıştır? *(Ca: 40, S: 32)*

A) Yalnız I B) Yalnız II C) Yalnız III D) I ve II E) II ve III

karekök

9.

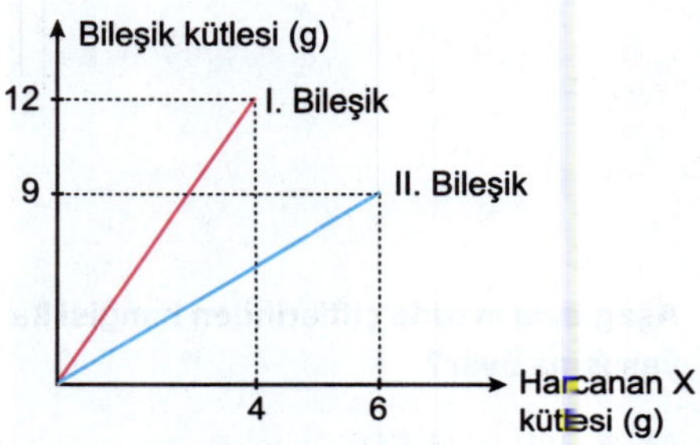

X ve Y'den oluşan iki farklı bileşikte, bileşik kütlesinin harcanan X kütlesine göre değişimi grafikte verilmiştir.

Buna göre, I. bileşiğin formülü XY_4 ise II. bileşiğin formülü nedir?

A) XY B) X_2Y C) XY_2 D) X_3Y E) X_3Y_4

10. $Mg(k) + H_2SO_4(suda) \longrightarrow MgSO_4(suda) + H_2(g)$

tepkimesine göre 4,8 gram Mg yeterince H_2SO_4 çözeltisi ile etkileştiğinde açığa çıkan H_2 gazının NK'da 1,12 L hacim kapladığı saptanıyor.

Buna göre, tepkime yüzde kaç verimle gerçekleşmiştir? *(Mg: 24)*

A) 80 B) 75 C) 60 D) 50 E) 25

1. $Cu + 2H_2SO_4 \longrightarrow CuSO_4 + SO_2 + 2H_2O$

Yukarıdaki tepkime ile ilgili;

I. $CuSO_4$ ve SO_2 bileşiklerinde S elementinin yükseltgenme basamağı aynıdır.

II. Cu indirgen, H_2SO_4 ise yükseltgendir.

III. H_2SO_4 elektron vermiştir.

yargılarından hangileri doğrudur?

A) Yalnız I B) Yalnız II C) Yalnız III D) II ve III E) I, II ve III

2. $Al(OH)_3 + NaOH \longrightarrow Na_3AlO_3 + H_2O$

tepkimesi en küçük tam sayılarla denkleştirildiğinde H_2O bileşiğinin kats ayısı kaç olur?

A) 1 B) 2 C) 3 D) 4 E) 5

3. **Aşağıdaki tepkimelerden hangisinin türü yanlış verilmiştir?**

	Tepkime	Türü
A)	$KOH(suda) + HNO_3(suda) \longrightarrow KNO_3(suda) + H_2O(s)$	Nötrleşme
B)	$Pb^{2+}(aq) + 2NO_3^-(aq) + 2Li^+(aq) + 2F^-(aq) \longrightarrow PbF_2(k) + 2NO_3^-(aq) + 2Li^+(aq)$	Çökelme
C)	$2NH_3(g) \longrightarrow N_2(g) + 3H_2(g)$	Analiz
D)	$Ca(k) + 1/2O_2(g) \longrightarrow CaO(k)$	Sentez
E)	$3O_2(g) \longrightarrow 2O_3(g)$	Yanma

karekök

4. XY_2 bileşiğinde elementlerin kütlece birleşme oranları $\frac{m_X}{m_Y} = \frac{2}{5}$ tir.

Buna göre,

I. Eşit kütlede X ve Y'nin tam verimli olarak XY_2 oluşturmak üzere tepkimeye girmesi sırasında X'in kütlece % 60'ı artar.

II. X'in atom kütlesinin Y'nin atom kütlesine oranı $\frac{4}{5}$ tir.

III. 35 gram XY_2 bileşiğinde 25 gram X vardır.

yargılarından hangileri yanlıştır?

A) Yalnız I B) Yalnız II C) Yalnız III D) I ve II E) I ve III

5. Kurşun (Pb), cıva (Hg) ve gümüş (Ag) metallerinin halojenlerle oluşturduğu bileşikler suda hemen hemen hiç çözünmezken, bu metallerin nitrat tuzları suda iyi çözünür.

Buna göre,

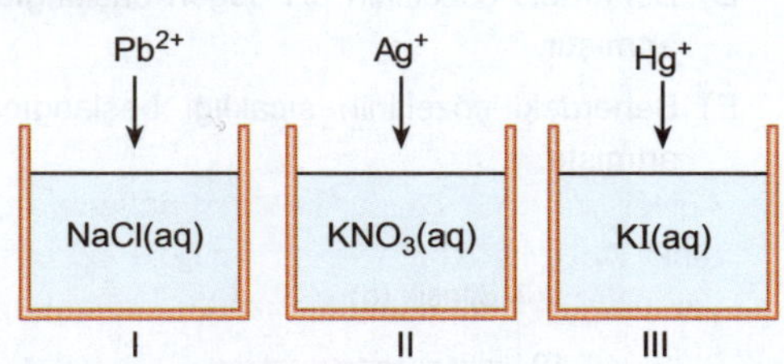

üzerindeki iyonlar eklenen yukarıdaki kaplardan hangilerinde çökelek oluşumu gözlenmez?

A) Yalnız I B) Yalnız II C) Yalnız III D) II ve III E) I, II ve III

6. $X(k) + ısı \longrightarrow Y(k) + Z(g)$

Yukarıdaki kimyasal değişim ile ilgili hangi yargının doğruluğu kesin değildir?

A) Endotermik tepkimedir.

B) X, Y ve Z saf maddedir.

C) X bileşiktir.

D) Y ve Z elementtir.

E) X, Y ve Z'nin kimyasal özellikleri birbirinden farklıdır.

7. $Al(OH)_3 + H_2SO_4 \longrightarrow Al_2(SO_4)_3 + H_2O$

tepkimesi en küçük tam sayılarla denkleştirilirse H_2O nun kat sayısı kaç olur?

A) 10 B) 8 C) 6 D) 4 E) 2

8.

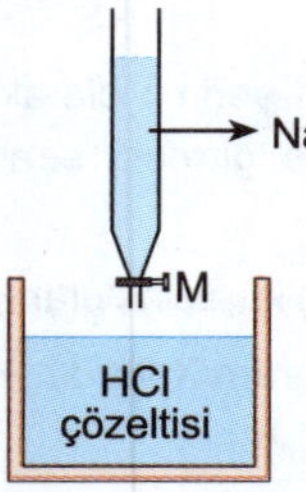

Yandaki sistemde büretin musluğu açılarak NaOH çözeltisi beherdeki HCl çözeltisine aktarılıyor.

Buna göre, aşağıdaki yargılardan hangisi <u>yanlıştır</u>?

A) Nötrleşme tepkimesi gerçekleşir.

B) Gerçekleşen tepkimenin iyon denklemi;
$H^+(aq) + Cl^-(aq) + Na^+(aq) + OH^-(aq) \longrightarrow NaCl(aq) + H_2O(s)$
şeklindedir.

C) Gerçekleşen tepkimenin net iyon denklemi,
$Na^+(aq) + Cl^-(aq) \longrightarrow NaCl(aq)$
şeklindedir.

D) Beherdeki çözeltinin pH değeri başlangıca göre artmıştır.

E) Beherdeki çözeltinin sıcaklığı başlangıca göre artmıştır.

9.

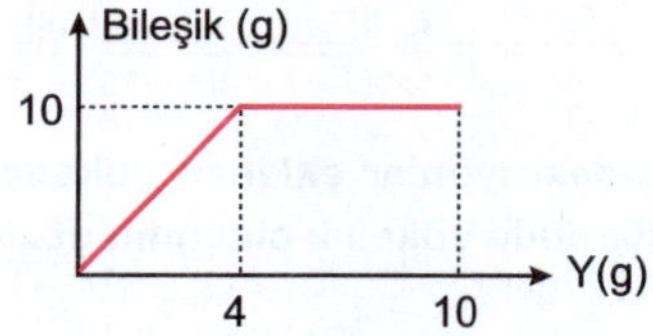

X elementinin bulunduğu kaba azar azar Y eklenerek tam verimle X_2Y bileşiğinin oluşması sağlanıyor. Oluşan bileşik kütlesinin eklenen Y kütlesine göre değişimi grafikte verilmiştir.

Buna göre,

I. X'in tamamı tükenmiştir.

II. Bileşikteki $\frac{X}{Y}$ kütle oranı $\frac{2}{3}$ tür.

III. Artan Y kütlesi, bileşik yapısındaki X kütlesinden fazladır.

yargılarından hangileri doğrudur?

A) Yalnız I B) Yalnız II C) Yalnız III D) I ve II E) I ve III

10. I. $SO_2 - SO_3$

II. $CH_4 - C_3H_4$

III. $NH_3 - N_2H_4$

Yukarıdaki bileşik çiftlerinden hangileri arasındaki katlı oran $\frac{3}{2}$ <u>olamaz</u>?

A) Yalnız I B) Yalnız II C) Yalnız III D) I ve II E) II ve III

11. Fenolftalein asidik ortamda renksiz, bazik ortamda pembe renk alan bir indikatördür. X çözeltisi ve fenolftalein içeren bir behere azar azar Y çözeltisi eklendiğinde beherdeki çözeltinin renginin pembeleştiği gözleniyor.

Buna göre;

I. Beherdeki çözelti başlangıçta renksizdir.

II. X ve Y çözeltileri arasında nötrleşme tepkimesi gerçekleşmiştir.

III. Y çözeltisi asidik özellik gösterir.

yargılarından hangileri doğrudur?

A) Yalnız I B) Yalnız II C) I ve II D) II ve III E) I, II ve III

12. Aşağıdakilerden hangisi kimyasal değişim <u>değildir</u>?

A) Mumun yanması

B) Tuzun suda çözünmesi

C) CO_2 gazının kireç suyunu bulandırması

D) Asitli suyun elektriği iletmesi

E) Kireçtaşının ısıtılmasıyla $CO_2(g)$ ve $CaO(k)$ eldesi

karekök

1	B	2	C	3	E	4	C	5	B	6	D	7	C	8	C	9	A	10	B	11	C	12	B

1. $4Fe(k) + 3O_2(g) \longrightarrow 2Fe_2O_3(k)$

Yukarıdaki değişim;

I. sentez,

II. yanma,

III. çökelme

tepkime türlerinden hangilerine örnek verilebilir?

A) Yalnız I B) Yalnız II C) I ve II

D) II ve III E) I, II ve III

2. I. FeO

II. Fe_2O_3

III. Fe_3O_4

Yukarıda verilen bileşiklerin eşit kütlelerde demir içeren örneklerinin oksijen kütleleri arasındaki ilişki aşağıdakilerden hangisinde doğru verilmiştir?

A) I > II > III B) I > III > II C) II > I > III

D) II > III > I E) III > II > I

3. Aşağıdakilerden hangisi kimyasal değişim <u>değildir</u>?

A) Akümülatörün elektrik üretmesi

B) Yaprağın sararması

C) Bakır telin elektriği iletmesi

D) Magnezyumun elektron vermesi

E) Sodyumun suyla etkileşmesi

4. Bromtimol mavisi indikatörü asit ile sarı, baz ile mavi renk verir.

Buna göre, bir kaç damla bromtimol mavisi damlatılan;

I. sabunlu su,

II. limon suyu,

III. kireçli su

çözeltilerinin renkleri hangi seçenekteki gibi olur?

	I	II	III
A)	Mavi	Sarı	Sarı
B)	Sarı	Mavi	Mavi
C)	Mavi	Mavi	Sarı
D)	Sarı	Mavi	Sarı
E)	Mavi	Sarı	Mavi

karekök

5. I. $C_3H_5(OH)_3 + O_2 \longrightarrow CO_2 + H_2O$

II. $C_3H_8 + O_2 \longrightarrow CO_2 + H_2O$

III. $CH_3COOH + O_2 \longrightarrow CO_2 + H_2O$

Yukarıdaki tepkimeler, organik bileşiklerin katsayıları 1 alınarak denkleştirildiğinde O_2 elementinin katsayıları kaç olur?

	I	II	III
A)	4	5	3
B)	7/2	5	2
C)	4	4	3
D)	7/2	4	2
E)	7/2	5	4

6. 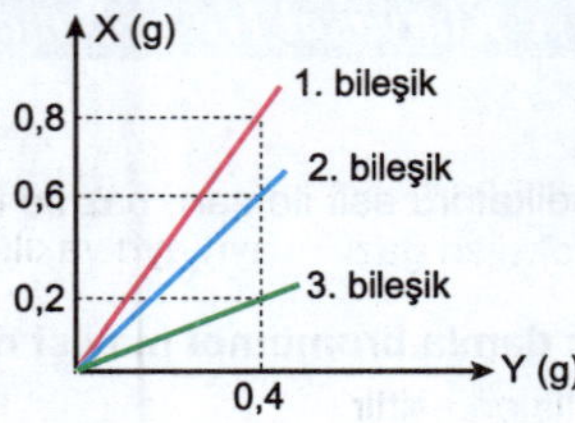

X ve Y elementlerinden oluşan üç bileşik için, X ve Y kütlelerinin değişim grafiği yanda verilmiştir.

Buna göre;

I. Eşit miktarda X içeren bileşiklerden kütlesi en büyük olan 1. bileşiktir.

II. Bileşik formülleri sırasıyla X_2Y, X_3Y_2, XY_2 olabilir.

III. Aynı miktar X ile birleşen 1. bileşikteki Y kütlesinin 3. bileşikteki Y kütlesine oranı $\frac{1}{4}$ tür.

yargılarından hangileri doğrudur?

A) Yalnız I B) Yalnız II C) Yalnız III D) II ve III E) I, II ve III

7. 3,2 gram Cu metali,

$Cu(k) + 1/2O_2(g) \longrightarrow CuO(k)$

tepkimesine göre 3 gram CuO katısı oluşturuyor.

Buna göre;

I. Yanma tepkimesi gerçekleşmiştir.

II. Tepkime % 75 verimle gerçekleşmiştir.

III. Katı kütlesi başlangıca göre azalmıştır.

yargılarından hangileri doğrudur? *(Cu: 64, O: 16)*

A) Yalnız I B) Yalnız II C) I ve II D) II ve III E) I, II ve III

8.

	1. madde	2. madde
I.	CO_2	O_2
II.	NH_3	NaOH
III.	Au	HCl

Yukarıdakilerden hangilerinde 1. madde 2. maddeye karşı asaldır?

A) Yalnız I B) Yalnız II C) Yalnız III D) I ve II E) I, II ve III

9. Aşağıdaki maddelerden hangisinin suda çözünme denklemi hatalı yazılmıştır?

A) $Ca(NO_3)_2(k) + H_2O(s) \longrightarrow Ca^{2+}(aq) + 2NO_3^-(aq)$

B) $NH_4NO_3(k) + H_2O(s) \longrightarrow NH_3(g) + HNO_3(aq)$

C) $PbI_2(k) + H_2O(s) \rightleftharpoons Pb^{2+}(aq) + 2I^-(aq)$

D) $C_6H_{12}O_6(k) \longrightarrow C_6H_{12}O_6(aq)$

E) $NH_3(g) + H_2O(s) \rightleftharpoons NH_4^+(aq) + OH^-(aq)$

10. $H_2(g) + 1/2O_2(g) \longrightarrow H_2O(s)$

tepkimesi ile ilgili,

I. Homojen tepkimedir.

II. Yanma tepkimesidir.

III. 0,5'er mol H_2 ve O_2 gazlarından en fazla 9 gram H_2O elde edilir.

yargılarından hangileri doğrudur? *(H_2O = 18)*

A) Yalnız I B) Yalnız II C) I ve II D) II ve III E) I, II ve III

karekök

11.

	Madde	Özellik
I.	NH_3	Bazik
II.	O_2	Yanıcı
III.	He	Asal

Yukarıdaki maddelerden hangilerinin özelliği yanlış verilmiştir?

A) Yalnız I B) Yalnız II C) Yalnız III D) I ve II E) I, II ve III

12. Kapalı çelik bir kapta tam verimle,

$2NH_3(g) + ısı \longrightarrow N_2(g) + 3H_2(g)$

tepkimesi gerçekleşiyor.

Buna göre;

I. Gaz hacmi zamanla artar.

II. Reaksiyon kabının sıcaklığı azalır.

III. Molekül sayısı artar.

yargılarından hangileri yanlıştır?

A) Yalnız I B) Yalnız II C) Yalnız III D) I ve II E) I, II ve III

1	C	2	D	3	C	4	E	5	B	6	D	7	C	8	E	9	B	10	D	11	B	12	A

1. $4NH_3(g) + 5O_2(g) \longrightarrow 4NO(g) + 6H_2O(g)$

denklemine göre 1 mol NH_3 ün yeterli miktardaki O_2 gazı ile tepkimesinden kaç gram H_2O gazı oluşur? *(H: 1, O: 16)*

A) 9 B) 18 C) 27 D) 36 E) 84

2. $CH_4(g) + 2O_2(g) \longrightarrow CO_2(g) + 2H_2O(s)$

tepkimesine göre, 4 gram CH_4 gazının yeterli miktardaki oksijenle etkileşmesi ile ilgili;

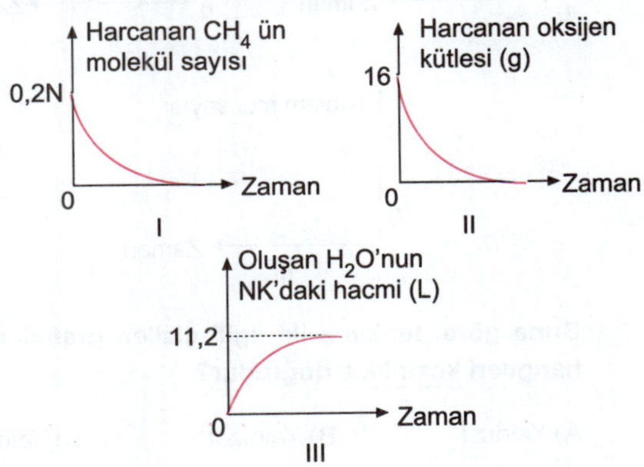

grafiklerinden hangileri doğru verilmiştir?
(C: 12, H: 1, N: Avogadro sayısı)

A) Yalnız I B) Yalnız II C) I ve II D) II ve III E) I, II ve III

3. Fe_2O_3 katısının ayrışma tepkimesi

$2Fe_2O_3(k) \longrightarrow 4Fe(k) + 3O_2(g)$

şeklindedir.

Buna göre, 32 gram Fe_2O_3 katısının parçalanmasıyla açığa çıkan oksijen gazı <u>en fazla</u> kaç gram H_2 gazı ile tepkimeye girer? *(Fe: 56 , O:16 , H: 1)*

A) 0,3 B) 0,6 C) 1,2 D) 3 E) 6

4. Eşit kütlede karbon atomu içeren C_3H_8 ve C_4H_8 gazları yeterli miktardaki oksijen gazı ile ayrı ayrı yakılıyor.

Buna göre;

I. Oluşan H_2O kütleleri eşittir.

II. C_3H_8in yakılmasında kullanılan O_2nin miktarı daha fazladır.

III. Oluşan CO_2 gazlarının NK'da hacimleri eşittir.

yargılarından hangileri doğrudur? *(H: 1, O: 16)*

A) Yalnız I B) Yalnız II C) I ve II D) II ve III E) I, II ve III

karekök

5. Kapalı bir kapta 3 er mol karbonmonoksit ve oksijen gazları tam verimle karbondioksit oluşturmak üzere tepkimeye giriyor.

Buna göre, hangi gazdan kaç gram artar?
(C: 12 , O: 16)

	Artan Gaz	Miktarı (g)
A)	CO	12
B)	CO	36
C)	O_2	12
D)	O_2	24
E)	O_2	48

6. **40 cm^3 N_2 gazı ile 60 cm^3 H_2 gazının tepkimesinden aynı şartlarda en fazla kaç cm^3 NH_3 gazı elde edilir?**

A) 20 B) 30 C) 40 D) 50 E) 60

7. **$12{,}04 \cdot 10^{22}$ tane CH_4 molekülünün 3,2 gram oksijen gazı ile tam verimle gerçekleşen tepkimesi sonucu hangi maddeden kaç mol artar?** *(O: 16)*

A) 0,01 mol CH_4 B) 0,15 mol CH_4
C) 0,175 mol O_2 D) 0,2 mol O_2
E) 1,95 mol CH_4

8. 30 gram Mg_3N_2 katısı 27 gram H_2O sıvısıyla;

$Mg_3N_2(k) + 6H_2O(s) \longrightarrow 3Mg(OH)_2(suda) + 2NH_3(g)$

denklemine göre tepkimeye giriyor.

Buna göre; NK'da en fazla kaç litre NH_3 gazı elde edilir? *(Mg: 24 , N: 14 , H: 1 , O: 16)*

A) 2,8 B) 5,6 C) 11,2 D) 13,44 E) 16,8

9. Eşit kütlelerde alınan SO_2 ve O_2 gazlarının tam verimli tepkimesinden 40 g SO_3 gazı elde ediliyor.

Buna göre, tepkime sonunda kaç mol gaz artmıştır? *(S: 32; O: 16)*

A) 0,1 B) 0,25 C) 0,5 D) 0,75 E) 1,5

10. Eşit kütlelerde Mg katısı ve N_2 gazının kapalı kaptaki tepkimesinden 150 gram Mg_3N_2 katısı oluşmaktadır.
Buna göre, başlangıçtaki karışımın kütlesi kaç gramdır? *(Mg: 24 ; N: 14)*

A) 160 B) 176 C) 180 D) 216 E) 288

11. **28 gram Fe(k) ile 15 gram $O_2(g)$ den en fazla kaç gram $Fe_2O_3(k)$ oluşur?** *(Fe: 56; O: 16)*

A) 36 B) 38 C) 40 D) 42 E) 43

12. Kapalı bir kapta eşit mollerde bulunan NO_2 ve O_2 gazlarından 4 mol N_2O_5 gazı oluştuğu belirleniyor.

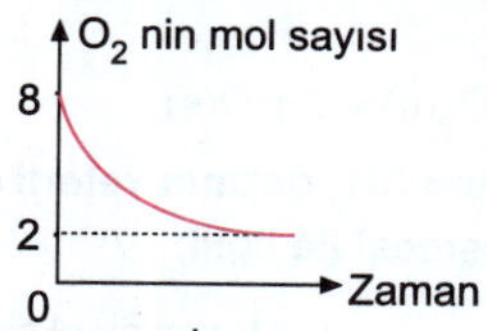

I

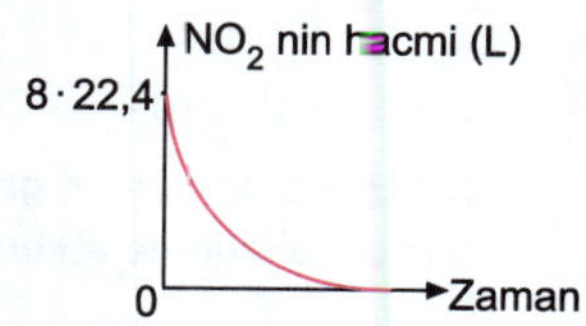

II

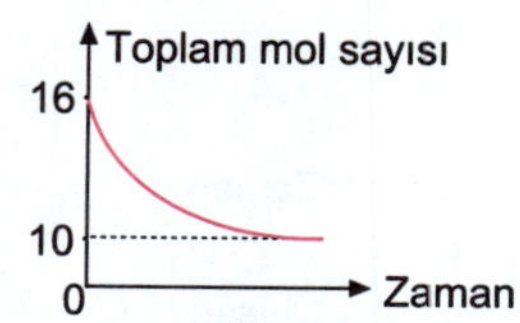

III

Buna göre, tepkime ile ilgili çizilen grafiklerden hangileri kesinlikle doğrudur? *(H : 1; N: 14)*

A) Yalnız I B) Yalnız II C) Yalnız III
D) I ve III E) II ve III

13. Eşit hacimli X_2 ve Y_2 gazları XY_3 oluşturmak üzere tepkimeye girdiklerinde aynı şartlarda 5 L hacim azalması oluyor.

Buna göre, artan gaz ile oluşan XY_3 gazının hacmi aşağıdakilerden hangisinde doğru verilmiştir?

	Artan gaz hacmi (L)	XY_3 hacmi (L)
A)	2,5	2,5
B)	5	5
C)	5	7,5
D)	7,5	7,5
E)	7,5	10

1	C	2	B	3	C	4	D	5	E	6	C	7	B	8	C	9	D	10	D	11	C	12	C	13	B

1. Karbon ve hidrojenden oluşan bir bileşiğin 0,25 molü tamamen yakıldığında 0,75 mol CO_2 ve 18 gram H_2O oluşmaktadır.

Buna göre, bileşiğin formülü aşağıdakilerden hangisidir? *(H: 1, O: 16)*

A) CH_4 B) C_2H_4 C) C_3H_8 D) C_4H_6 E) C_3H_6

2. Gaz fazındaki bir hidrokarbonun oksijen ile yakılmasıyla N.K. da 4,48 litre CO_2 gazı ve 3,6 gram H_2O oluşmaktadır.

Bu hidrokarbonun molekül formülü aşağıdakilerden hangisi olabilir? *(H: 1, O: 16)*

A) C_4H_8 B) $C_5H_{12}O$ C) C_4H_6 D) C_3H_4 E) CH_4

3. Organik bir bileşik ile ilgili;

– 0,3 molü tamamen yakıldığında 1,2 mol CO_2 ve 0,9 mol H_2O oluşuyor.

– Bileşiğin 0,2 molü 17,2 gramdır.

bilgileri veriliyor.

Buna göre, bu maddenin molekül formülü aşağıdakilerden hangisidir? *(H: 1, C: 12)*

A) C_2H_3 B) C_4H_3O C) $C_5H_{10}O$ D) $C_4H_6O_2$ E) C_5H_8O

4. 10,5 gramında 1,5 gram hidrojen içeren bir hidrokarbonun, N.K. da 5,6 litresi 21 gram gelmektedir.

Buna göre, bileşiğin basit ve molekül formülü aşağıdakilerden hangisinde doğru verilmiştir? *(H:1, C: 12)*

	Basit formül	Molekül formül
A)	CH_2	C_2H_8
B)	CH_2	C_5H_{10}
C)	CH_2	C_6H_{12}
D)	C_2H_5	C_4H_{10}
E)	C_3H_7	C_6H_{14}

5.

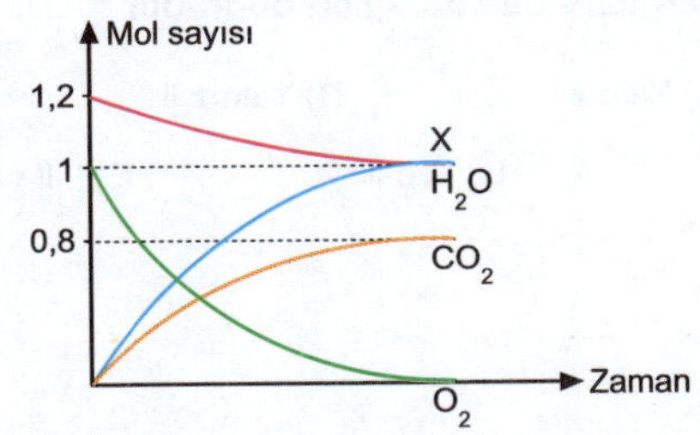

Bir kimyasal tepkimede 1,2 mol X bileşiğinin yakılmasıyla oluşan CO_2 ve H_2O'nun mol sayılarındaki değişim grafikte verilmiştir.

Buna göre, X bileşiğinin molekül formülü aşağıdakilerden hangisidir?

A) C_4H_{10} B) C_4H_{12} C) $C_4H_{10}O_2$ D) $C_4H_{10}O_3$ E) $C_4H_{10}O_4$

6. Genel formülü $C_nH_{2n+2}O$ olan bir bileşiğin 0,25 molü yakıldığında 18 gram H_2O oluşmaktadır.

Buna göre, bileşiğin molekül ağırlığı kaç gram/mol'dür? *(H: 1, C: 12, O: 16)*

A) 58 B) 60 C) 74 D) 88 E) 102

karekök

7. CH_4 ve CO gazlarından oluşan 1,75 mollük karışımı tamamen yakmak için 2 mol O_2 gazı kullanılıyor.

Buna göre karışımdaki CO gazının kütlece yüzdesi kaçtır? *(C: 12, H: 1, O: 16)*

A) 20 B) 30 C) 40 D) 50 E) 70

8. Eşit kütlelerde Ca ve O_2 nin tam verimli tepkimesinden 6 gram oksijen artarken 14 gram CaO oluştuğu belirleniyor.

Buna göre,

I. Başlangıç karışımı 20 gramdır.

II. Oluşan bileşikte oksijenin kütlece yüzdesi daha fazladır.

III. Artan oksijeni tüketmek için ortama 15 gram Ca eklenmelidir.

yargılarından hangileri doğrudur?

A) Yalnız I B) Yalnız II C) I ve II D) I ve III E) I, II ve III

9. 0,5 mol C_nH_{2n} bileşiğinin oksijen ile artansız yakılması sonucu tepkime kabında toplam 12 mol atom olduğu belirleniyor.

Buna göre, bileşiğin yapısındaki "n"nin sayısal değeri kaçtır?

A) 2 B) 3 C) 4 D) 5 E) 6

10. C_2H_6 ve C_3H_4 ten oluşan karışımın 0,7 molünün kütlesi 24 g'dir.

Bu karışımı tamamen yakabilmek için kaç mol hava kullanılmalıdır? *(Havanın 1/5 i oksijendir , C: 12 , H: 1)*

A) 13 B) 17,5 C) 20 D) 22,5 E) 30

11. N_2 ve H_2 den oluşan 20 gramlık karışım yeterli miktardaki oksijen ile yakıldığında NO_2 ve H_2O oluşmaktadır.

Oluşan H_2O kütlesi 54 gram olduğuna göre, karışımın kütlece yüzde kaçı H_2 dir? *(H: 1, O: 16)*

A) 10 B) 20 C) 30 D) 50 E) 70

12. Bir miktar X metali 4 gram oksijenle,

$$2X(k) + \frac{1}{2}O_2(g) \longrightarrow X_2O(k)$$

denklemine göre reaksiyona girdiğinde 58 gram X_2O bileşiği oluşmaktadır.

Buna göre, X'in atom kütlesi kaçtır? *(O: 16)*

A) 14 B) 23 C) 39 D) 55 E) 108

13. 1,25 mol atom içeren X_2O_3 bileşiği 116 gramdır.

Buna göre, X'in atom ağırlığı kaç g/mol'dür? *(O: 16)*

A) 32 B) 52 C) 56 D) 112 E) 208

14. 0,2 mol oksijen atomu içeren X_2SO_4 bileşiği, 10,8 gram X atomu içermektedir.

Buna göre, X'in atom ağırlığı kaç g/mol'dür?

A) 23 B) 39 C) 63 D) 108 E) 207

15. X_2 gazının normal koşullarda özkütlesi 1,25 g/L'dir.

Buna göre XO_2 bileşiğinin molekül ağırlığı kaç g/mol'dür? *(O: 16)*

A) 33 B) 44 C) 46 D) 64 E) 88

karekök

1	C	2	A	3	D	4	C	5	D	6	B	7	E	8	D	9	C	10	A	11	C	12	E	13	E	14	D	15	C

1. 12 gram XO_2 gazı bulunan kaba 8 gram SO_3 gazı ilave edilince oksijen atom sayısı 0,7 mol oluyor.

Buna göre, X'in atom kütlesi kaç g/mol'dür?
(O: 16 , S : 32)

A) 12 B) 14 C) 28 D) 32 E) 88

2. 39 gram X metali yeterli miktarda NH_3 ile;

$$3X(k) + 2NH_3(g) \longrightarrow X_3N_2(k) + 3H_2(g)$$

denklemine göre reaksiyona girdiğinde 46 gram X_3N_2 katısı oluşmaktadır.

Buna göre, X'in atom kütlesi kaç gram/mol'dür?
(H: 1, N: 14)

A) 27 B) 52 C) 65 D) 119 E) 207

3. Eşit kütlelerde X ve Y'nin tam verimli tepkimesinden 0,25 mol XY oluştuğunda 10 gram Y artıyor.

Buna göre, X'in atom ağırlığı kaç g/mol'dür?
(XY: 72)

A) 23 B) 32 C) 40 D) 56 E) 72

4. 0,1 mol XY_2 bileşiği 8,7 gram ve 0,2 mol X_2Y_3 bileşiği 31,6 gramdır.

Buna göre, X ve Y'nin atom kütleleri aşağıdakilerden hangisinde doğru verilmiştir?

	X	Y
A)	56	16
B)	16	55
C)	55	16
D)	80	16
E)	31	79

5. $$XO_2 + Y(OH)_2 \longrightarrow YXO_3 + H_2O$$

denklemine göre 2,2 gram XO_2 ile 3,7 gram $Y(OH)_2$ nin artansız tepkimesi sonucu 5 gram YXO_3 elde ediliyor.

Buna göre, X ve Y'nin atom kütleleri aşağıdakilerden hangisinde doğru verilmiştir? *(H: 1, O: 16)*

	X	Y
A)	12	24
B)	14	40
C)	32	56
D)	12	40
E)	14	24

6. $$2X + 6NaOH \longrightarrow 2Na_3XO_3 + 3H_2$$

Yukarıda verilen tepkimede 0,25 mol X kullanıldığında 81 gram Na_3XO_3 oluşmaktadır.

Buna göre X'in atom kütlesi kaç g/mol'dür?
(Na: 23, O: 16)

A) 14 B) 27 C) 52 D) 118 E) 207

karekök

7. He ve H_2den oluşan karışımın NK'da 89,6 litresi 10 gramdır.

Buna göre karışımndaki H_2 gazının molce yüzdesi kaçtır? *(H: 1, He: 4)*

A) 10 B) 25 C) 50 D) 75 E) 90

8. CS_2 ve CH_4 gazlarından oluşan karışımın;

$$CS_2(g) + 3O_2(g) \longrightarrow CO_2(g) + 2SO_2(g)$$
$$CH_4(g) + 2O_2(g) \longrightarrow CO_2(g) + 2H_2O(s)$$

tepkimelerine göre yakılmasıyla elde edilen CO_2 gazının mol sayısı SO_2 gazınkinin 5 katıdır.

Buna göre, oluşan SO_2 kütlesinin harcanan CH_4 kütlesine oranı kaçtır? *(C: 12, H:1, S: 32)*

A) $\frac{4}{7}$ B) $\frac{8}{9}$ C) $\frac{4}{5}$ D) $\frac{2}{7}$ E) 2

9. 16 gram C ve CO'dan oluşan karışım 0,6 mol O_2 ile tamamen CO_2ye yükseltgeniyor.

Buna göre, karışımdaki C'nin kütlece yüzdesi kaçtır? *(C: 12 , O:16)*

A) 20 B) 30 C) 50 D) 70 E) 80

10. CH_4 ve C_3H_8 gazları eşit kütlede O_2 ile artansız reaksiyona giriyor.

Harcanan O_2 kütlesi 320 gram olduğuna göre,

I. Harcanan CH_4 kütlesi 40 gramdır.

II. Oluşan H_2O'nun NK'da hacmi $9 \cdot 22,4$ litredir.

III. 5,5 mol CO_2 gazı oluşur.

yargılarından hangileri doğrudur? *(C: 12 , O:16 , H: 1)*

A) Yalnız I B) Yalnız II C) I ve II D) I ve III E) I, II ve III

11. CS_2 ve CH_4ten oluşan karışım, yeterli oksijen ile yakıldığında 9 gram H_2O ve 1,5 mol CO_2 gazı oluştuğu belirleniyor.

Buna göre, karışımdaki CS_2 nin mol sayısının CH_4 ün mol sayısına oranı kaçtır? *(H: 1, O:16)*

A) $\frac{1}{5}$ B) $\frac{1}{2}$ C) 2 D) 4 E) 5

karekök

12.

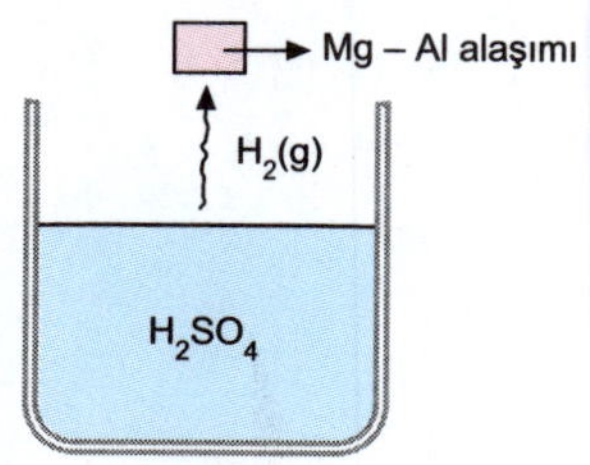

Eşit mollerde Mg ve Al içeren Mg-Al alaşımı derişik H_2SO_4 içine bırakıldığında;

$$Mg(k) + H_2SO_4(suda) \longrightarrow MgSO_4(suda) + H_2(g)$$
$$2Al(k) + 3H_2SO_4(suda) \longrightarrow Al_2(SO_4)_3(suda) + 3H_2(g)$$

tepkimeleri göre toplam 5,6 L H_2 gazı açığa çıkıyor.

Buna göre,

I. Başlangıçta 2,7 gram Al vardır.

II. 12 gram $MgSO_4$ elde edilmiştir.

III. Harcanan H_2SO_4 NK'da 5,6 litredir.

yargılarından hangileri doğrudur?
(Mg: 24, Al:27, S: 32, O:16)

A) Yalnız I B) Yalnız II C) I ve II D) II ve III E) I, II ve III

13. I. $C_2H_5OH + 3O_2 \longrightarrow 2CO_2 + 3H_2O$

II. $CH_4 + 2O_2 \longrightarrow CO_2 + 2H_2O$

III. $C_3H_8 + 5O_2 \longrightarrow 3CO_2 + 4H_2O$

Tepkimeleri gerçekleşirken kullanılan oksijen gazlarının aynı şartlarda hacimlerinin eşit olduğu saptanıyor.

Buna göre tepkimeye giren maddelerin kütleleri arasındaki karşılaştırma aşağıdakilerden hangisinde doğru verilmiştir? *(C: 12 , H: 1 , O: 16)*

A) I > II > III B) I > III > II C) III > I > II D) III > II > I E) II > III > I

1	C	2	B	3	D	4	C	5	D	6	E	7	D	8	B	9	B	10	D	11	E	12	C	13	B

6. BÖLÜM

KARIŞIMLAR

1. **Aşağıdakilerden hangisi karışımların özelliklerinden değildir?**

A) Belirli formülleri yoktur.
B) Karışımı oluşturan maddeler her oranda karışırlar.
C) Fiziksel yöntemlerle bileşenlerine ayrılmazlar.
D) Karışımı oluşturan maddeler özelliklerini yitirmezler.
E) Saf değildirler.

2. **Çözünme olayı ile ilgili,**

I. Fiziksel bir değişimdir.
II. Çözünen maddenin tanecik yapısı bozulmaz.
III. Bir maddenin başka bir madde içerisinde dağılmasıdır.

yargılarından hangileri doğrudur?

A) Yalnız I B) Yalnız II C) Yalnız III
D) II ve III E) I, II ve III

3. I. $C_2H_5OH(s) \xrightarrow{H_2O} C_2H_5OH(suda)$

II. $C_6H_{12}O_6(k) \xrightarrow{H_2O} C_6H_{12}O_6(suda)$

III. $NaCl(k) \xrightarrow{H_2O} Na^+(suda) + Cl^-(suda)$

Yukarıdaki çözünme olaylarından hangileri moleküler çözünmeye örnektir?

A) Yalnız I B) Yalnız II C) I ve II
D) II ve III E) I, II ve III

4.

Yukarıdaki karışımlarla ilgili hangi yargı yanlıştır?

A) Şekerli su elektrolit değildir.
B) Tuzlu suda çözünme olayı tuzun iyonlarına ayrışmasıyla gerçekleşir.
C) Her iki karışım da homojendir.
D) Tuzlu su bileşenlerinin özelliklerini göstermez.
E) Her iki karışım da tek fazlıdır.

5.

Yukarıda verilen üç madde için;

I. Süt ve ayran heterojen karışımdır.
II. Kolonyanın her yerinde aynı özellikler görülür.
III. Üçü de birden çok türde atom içerir.

yargılarından hangileri doğrudur?

A) Yalnız I B) Yalnız II C) Yalnız III
D) II ve III E) I, II ve III

6. I. Şeker
II. Na_2O iyonik bileşiği
III. Sofra tuzu
IV. KCl iyonik bileşiği
V. Mazot

Yukarıda maddelerden hangisi su ile karıştırıldığında çözelti elde edilmez?

A) V B) IV C) III D) II E) I

7. Aşağıdaki çözeltilerden hangisinin bileşenlerine ait fiziksel hâller/hâl yanlış verilmiştir?

	Çözelti	Çözücü	Çözünen
A)	Maden suyu	Sıvı	Gaz
B)	Diş dolgusu	Katı	Sıvı
C)	Çelik	Katı	Katı
D)	Kolonya	Sıvı	Sıvı
E)	Hava	Gaz	Gaz

8. Çözeltiler ile ilgili aşağıdaki ifadelerden hangisi yanlıştır? *(1nm = 10^{-9} m)*

A) Mikroskopik düzeyde incelendiğine her yerinde aynı görünüme sahiptirler.

B) Bileşenlerinin özelliklerini gösterirler.

C) Dağılan tanecik boyutu 1 nm den daha büyüktür.

D) Kaynama ve erime noktası gibi fiziksel özellikleri bileşenlerininkinden farklıdır.

E) Fiziksel yöntemlerle bileşenlerine ayrıştırabilirler.

9. Aşağıdaki madde çiftlerinden hangisi birbirinin içinde çözünmez?

A) $C_6H_6(s) - I_2(k)$ B) $H_2O(s) - HCl(s)$

C) $CCl_4(s) - H_2O(s)$ D) $MgCl_2(k) - H_2O(s)$

E) $H_2O(s) - CH_3OH(s)$

karekök

10. Moleküller düzeyde çözünme sırasında çözücü ve çözünen molekülleri birbirlerinden ayrılır, bu aşamada dışarıdan enerji gerekir. Ardından çözücü molekülleri çözünen moleküllerinin etrafını sarar ve çözünme olayı sonlanır.

Buna göre,

I. Çözücü ve çözünen moleküllerinin birbirlerinden ayrılması için alınan enerji moleküller arası zayıf etkileşimleri kırmak için kullanılır.

II. Çözünen ile çözücü arasında oluşan etkileşim, çözünenin kendi molekülleri arasındaki etkileşimden kuvvetliyse çözünme gerçekleşir.

III. Moleküllerin birbirinden ayrılması için gereken enerji fazlaysa çözünme olayı daha kolay gerçekleşir.

yargılarından hangileri doğrudur?

A) Yalnız I B) I ve II C) I ve III

D) II ve III E) I, II ve III

11. Aşağıdaki madde çiftlerinden hangilerinin oluşturduğu çözeltide, çözücü ile çözünen arasındaki etkileşim yanlış verilmiştir?

	Madde çifti	Etkileşim türü
A)	$NaCl - H_2O$	İyon - dipol
B)	$CH_3Cl - H_2O$	Dipol - dipol
C)	$C_6H_6 - I_2$	London kuvveti
D)	$HF - H_2O$	Hidrojen bağı
E)	$CCl_4(s) - CO_2(g)$	Dipol - dipol

1	C	2	E	3	C	4	D	5	E	6	A	7	B	8	C	9	C	10	B	11	E

1.

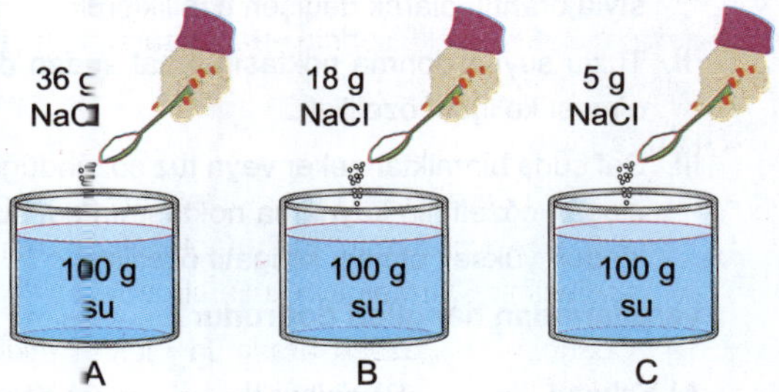

20°C de 100 g suda en fazla 36 g NaCl çözündüğü bilindiğine göre, yukarıda verilen 20°C'deki tuz çözeltileri ile ilgili;

I. B çözeltisi derişiktir.

II. C çözeltisi, A çözeltisine göre seyreltiktir.

III. A çözeltisi doymuştur.

yargılarından hangileri <u>kesinlikle</u> doğrudur?

A) Yalnız II B) Yalnız III C) I ve II D) I ve III E) II ve III

2. **Aynı sıcaklık ve aynı miktarda su ve aynı cins çözünen ile hazırlanan doymamış, doymuş ve aşırı doymuş çözeltiler için;**

I. Üçü de homojendir.

II. Çözünen miktarları aynıdır.

III. Kütlece yüzdeleri farklıdır.

yargılarından hangileri doğrudur?

A) Yalnız I B) I ve II C) I ve III D) II ve III E) I, II ve III

3. 25 °C'de 100 g suda en fazla 25 g Y tuzu çözünmektedir.

Aynı sıcaklıkta x gram su ile hazırlanmış doymuş Y çözeltisi kütlece % kaçlıktır?

A) 25 B) 20 C) 15 D) 10 E) 5

4. Bir hastaya verilen serum çözeltisi en fazla kütlece % 0,9 NaCl içerir.

Buna göre, aşağıda bileşenleri verilen çözeltilerden hangisini serum olarak kullanmak uygun <u>değildir</u>?

	Su kütlesi (g)	NaCl kütlesi (g)
A)	1000	0,5
B)	200	0,1
C)	100	0,05
D)	300	0,15
E)	250	0,3

5. Hacimce % 80'lik alkol çözeltisine saf su ilave edilerek hacimce % 60'lık 2 litre alkol çözeltisi hazırlanıyor.

Buna göre,

I. Başlangıçtaki çözeltide alkol kütlesinin su kütlesine oranı 4'tür.

II. Son durumdaki çözeltinin kütlece su yüzdesi alkol yüzdesinden fazladır.

III. İlk durumdaki çözeltiye 500 mL su ilave edilerek % 60'lık çözelti hazırlanmıştır.

yargılarından hangileri doğrudur?

($d_{su} = 1\ g/cm^3$, $d_{alkol} = 0,8\ g/cm^3$)

A) Yalnız I B) Yalnız II C) Yalnız III D) II ve III E) I, II ve III

6. 20 °C'de 100 g suda en fazla 30 g çözünebilen KNO_3 tuzunun 10 gramı, 50 gram su içerisine atılarak çözelti oluşturuluyor.

Hazırlanan bu çözeltiyle ilgili;

I. Doymamıştır.

II. Kütlece % 20'liktir.

III. Doyması için 5 g su eklenmelidir.

yargılarından hangileri doğrudur?

A) Yalnız I B) Yalnız II C) Yalnız III D) I ve II E) I ve III

karekök

7. Kütlece %30'luk olarak hazırlanmış sulu X çözeltisi için;

I. Her 100 g suda 30 g X çözünmüştür.

II. Doymuştur.

III. Çözücü ve çözünenin kütlece karışma oranı $\frac{7}{3}$ tür.

yargılarından hangileri <u>kesinlikle</u> doğrudur?

A) Yalnız I B) Yalnız II C) Yalnız III
D) I ve II E) II ve III

8. Hacimce %80 oranında etil alkol içeren 500 mL kolonya örneğinde kaç mL su vardır?

A) 100 B) 200 C) 300
D) 400 E) 500

9. Aşağıda çözücü ve çözünen kütleleri verilen homojen karışımlardan hangisinin kütlece yüzdesi diğerlerinden <u>farklıdır</u>?

	Çözücü kütlesi (g)	Çözünen kütlesi (g)
A)	375	125
B)	75	25
C)	0,9	0,3
D)	600	200
E)	0,04	0,01

10. Koligatif özellikler ile ilgili,

I. Çözeltide çözünmüş hâlde bulunan tanecik sayısıyla orantılı olarak değişen özelliklerdir.

II. Tuzlu suyun donma noktasının saf sudan düşük olması koligatif özelliktir.

III. Saf suda bir miktar şeker veya tuz çözündüğünde oluşan çözeltinin kaynama noktasının saf suyunkinden yüksek olması koligatif özelliktir.

yargılarından hangileri doğrudur?

A) Yalnız I B) Yalnız II C) Yalnız III
D) II ve III E) I, II ve III

11. I. Çaydaki şeker oranı

II. Baldaki şeker oranı

III. Kandaki şeker oranı

Yukarıdaki maddelerden hangilerinin şeker derişimini ifade etmek için ppm derişim kullanılır?

A) Yalnız I B) Yalnız II C) Yalnız III
D) II ve III E) I, II ve III

12.

Yukarıdaki çözeltilerden 100'er gram alınarak boş bir kapta karıştırılırsa son durumda oluşan karışım kütlece % kaç oranında şeker içerir?

A) 50 B) 51 C) 52 D) 53 E) 54

1	E	2	C	3	B	4	E	5	C	6	A	7	C	8	A	9	E	10	E	11	C	12	A

1. **ppm derişim ile ilgili;**

I. 1 litre çözeltide çözünmüş maddenin mg cinsinden miktarını ifade eder

II. Milyonda derişim olarak da ifade edilebilir.

III. İçme suyundaki iyon derişimleri ppm derişim cinsinden ifade edilebilir.

yargılarından hangileri doğrudur?

A) Yalnız I B) Yalnız II C) Yalnız III D) II ve III E) I, II ve III

2.

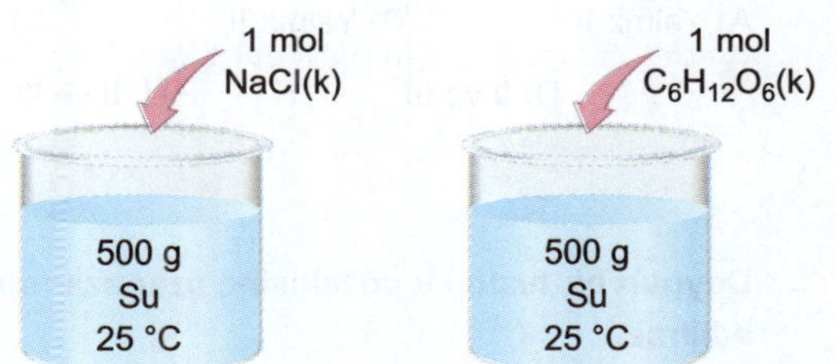

Aynı ortamda ve aynı sıcaklıktakta bulunan yukarıdaki su örneklerine üzerlerinde belirtilen katılar ekleniyor ve katıların tamamen çözünmesi sağlanıyor. Oluşan karışımlar özdeş ısıtıcılarla aynı anda ısıtılmaya başlanıyor ve $C_6H_{12}O_6$ katısıyla hazırlanan çözeltinin diğerine göre daha önce ve daha düşük sıcaklıkta kaynadığı gözleniyor.

Buna göre, çözeltinin aynı anda ve aynı sıcaklıkta kaynamaması,

I. Çözünen toplam tanecik sayılarının farklılığı

II. Çözeltinin aldığı ısıların aynı olmaması

III. NaCl'nın iyonlaşarak, $C_6H_{12}O_6$'nın moleküler çözünmesi

nedenlerinden hangileriyle açıklanabilir?

A) Yalnız III B) I ve II C) I ve III D) II ve III E) I, II ve III

3. I. Otomobil radyotörlerine antifriz konulması

II. Kış aylarında uçakların dışına propilen glikol çözeltisi püskürtülmesi

III. Aşırı kan kaybı ya da su kaybı yaşayan bireylere serum verilmesi

Yukarıdaki olaylardan hangileri, olumsuz sonuçların oluşmaması için koligatif özelliklerden faydalanılan olaylara örnek verilebilir?

A) Yalnız I B) Yalnız II C) Yalnız III D) II ve III E) I, II ve III

4.

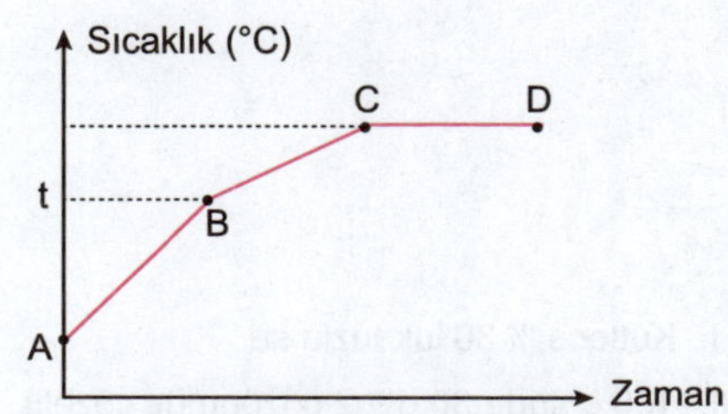

Yukarıdaki grafik X sıvısının ısıtılmasına aittir.

Buna göre, aşağıdaki yargılardan hangisi <u>yanlıştır</u>?

A) X, doymamış bir çözeltidir.

B) A - B aralığında X taneciklerinin ortalama kinetik enerjisi artmıştır.

C) B noktasında X kaynamaya başlamıştır.

D) B - D aralığında X sıvısının yoğunluğu sabittir.

E) C - D aralığında karşım iki fazlıdır.

5.

Aynı ortamda bulunan yukarıdaki çözeltilerin donmaya başama sıcaklıkları hangi seçenekte doğru sıralanmıştır?

A) I > II > III B) II > I > III C) II > III > I D) III > I > II E) III > II > I

karekök

6.

Aynı ortamda ve aynı sıcaklıkta bulunan yukarıdaki çözeltilerin;

I. kaynama noktası,

II. donma noktası,

III. çözünen kütlesi

niceliklerinden hangileri <u>farklılık</u> gösterir?

A) Yalnız II B) Yalnız III C) I ve III

D) II ve III E) I, II ve III

7. I. Kütlece % 30'luk tuzlu su

II. 100 g suda 30 g tuz çözünmüş çözelti

III. Tuz derişimi 30 ppm olan sulu çözelti

Yukarıdaki çözeltilerin kaynama noktaları hangi seçenekte doğru karşılaştırılmıştır?

A) I > II > III B) I > III > II C) II > I > III

D) II > III > I E) III > II > I

8.

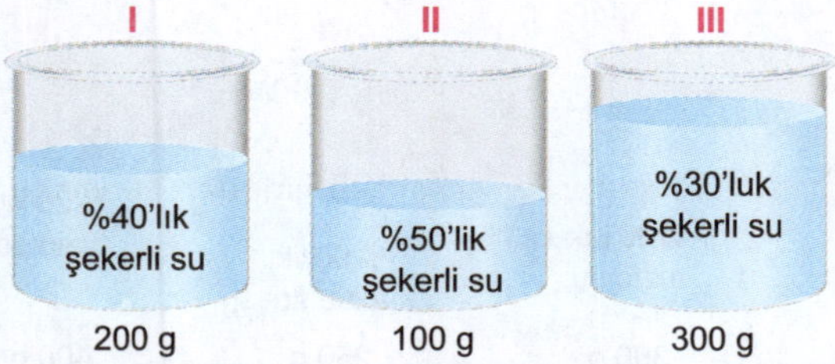

Aynı ortamda aynı sıcaklıkta ve özdeş kaplarda bulunan yukarıdaki çözeltilerin buharlaşma hızları hangi seçenekte doğru sıralanmıştır?

A) I > II > III B) I > III > II C) II > I > III

D) III > I > II E) III > II > I

karekök

9. A gram su ve B gram NaCl karıştırılarak sabit sıcaklıkta doymuş bir çözelti hazırlanıyor.

Bu çözeltinin kütlece yüzdesini gösteren bağıntı A ve B cinsinden aşağıdakilerden hangisinde doğru verilmiştir?

A) $\frac{A}{A+B}\cdot 100$ B) $\frac{B}{A}$ C) $\frac{B}{A}\cdot 100$

D) $\frac{B}{A+B}\cdot 100$ E) $\frac{B}{100A}$

10.

Bir miktar saf su örneğine sabit sıcaklıkta yanda belirtilen miktarda tuz ilave edilip tamamen çözünmesi sağlanıyor.

Buna göre, son durumdaki karışımın;

I. kaynama noktası,

II. buharlaşma hızı,

III. donma noktası

niceliklerinden hangisi saf suyunkine göre daha büyüktür?

A) Yalnız I B) Yalnız II C) I ve II

D) II ve III E) I, II ve III

11. Doygun bir tuzlu su çözeltisine azar azar su ilave edilirse,

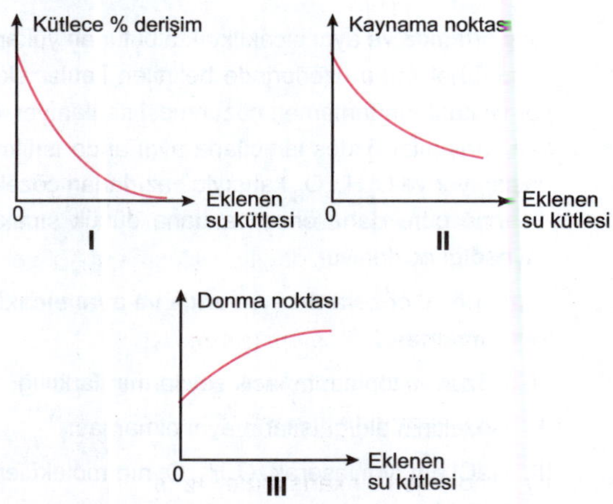

grafiklerinden hangileri çizilebilir?

A) Yalnız I B) I ve II C) I ve III

D) II ve III E) I, II ve III

1	E	2	C	3	E	4	D	5	D	6	B	7	A	8	D	9	D	10	A	11	D

1. **Aşağıdakilerden hangisi heterojen karışım çeşitlerinden biri değildir?**

A) Koloit B) Aerosol C) Solüsyon

D) Emülsiyon E) Süspansiyon

2.

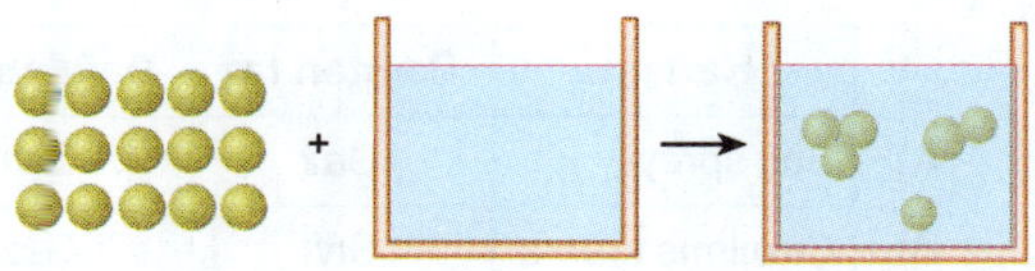

X(k) Y(s) X(k) + Y(s)

Yukarıdaki şemada X ve Y maddelerinin karıştırılmasıyla oluşturulan sistem gösterilmiştir.

Buna göre, oluşturulan karışım sınıfı aşağıdakilerden hangisidir?

A) Süspansiyon B) Emülsiyon C) Çözelti

D) Aerosol E) Alaşım

3.
- Parlak bir ışık demeti, X katı - sıvı karışımından geçirildiğinde ışık dağılıp saçılarak net olarak görülmektedir.
- Y maddesi 2 tür atom içermektedir.

Yukarıda verilen bilgilere göre, aşağıdakilerden hangisi kesinlikle yanlıştır?

A) Y homojen bir karışımdır.

B) Y bileşiktir.

C) X homojen bir karışımdır.

D) Y element olamaz.

E) Y, X içinde çözünebilir.

karekök

4. **Aşağıdakilerden hangisi koloit bir karışım örneği değildir?**

A) Süt B) Renkli cam C) Boya

D) Kan E) Gazoz

5.

Sis
A

Duman
B

Mayonez
C

Yukarıda verilen üç madde ile ilgili,

I. A fotoğrafındaki doğa olayı, sıvı taneciklerin gaz içinde dağılması ile oluşur.

II. B fotoğrafındaki duman, katı taneciklerin gaz içinde dağılması ile oluşur.

III. C fotoğrafındaki madde homojen bir karışımdır.

yargılarından hangileri doğrudur?

A) Yalnız I B) I ve II C) I ve III

D) II ve III E) I, II ve III

6. **Aşağıda verilen karşım türlerinden hangisi doğru eşleştirilmiştir?** *(CCl_4, su içerisinde çözünmez.)*

	Karışım	Türü
A)	CCl_4 - Su	Homojen
B)	He(g) - SO_3(g)	Heterojen
C)	Sis	Homojen
D)	Çamurlu su	Heterojen
E)	Süt	Homojen

7. **Heterojen karışımlar ile ilgili,**

I. Her yerinde aynı fiziksel özelliği göstermeyen karışımlardır.

II. Birden çok fazdan oluşurlar.

III. Dağılan ve dağıtan faz olmak üzere iki bileşenden oluşurlar

yargılarından hangileri doğrudur?

A) Yalnız I B) Yalnız II C) Yalnız III

D) II ve III E) I, II ve III

8. **Aşağıdaki karışımlardan hangisi adi karışım olarak adlandırılır?**

A) Kuru toprak B) Gazoz

C) Lehim D) Krema

E) Sis

9. **Aşağıdaki ifadelerden hangisi <u>yanlıştır</u>?**

A) Katı hâlde bulunan birden çok maddenin oluşturduğu karışımlar adi karışım olarak adlandırılır.

B) Dağıtan fazı sıvı dağılan fazı katı olan heterojen karışımlar süspansiyon olarak adlandırılır.

C) Sıvı - sıvı hetorejen karışımlar emülsiyondur.

D) Aeresoller iki farklı gaz fazındaki maddenin karıştırılmasıyla oluşur.

E) Sıvıda dağılan katı taneciklerinin boyutu 10^{-9} m ile 10^{-6} m arasında ise karışım koloidal süspansiyon olarak adlandırılır.

10. **Aşağıdaki karışımlardan hangisi süspansiyondur?**

A) Duman B) Traş köpüğü

C) Süt D) Çamurlu su

E) Hava

11. **Aşağıdaki heterojen karışımlardan hangisinin dağılan ve / veya dağıtan fazının fiziksel hâli <u>yanlış</u> verilmiştir?**

	Karışım	Dağıtan faz	Dağılan faz
A)	Saç spreyi	Gaz	Sıvı
B)	Çırpılmış krema	Sıvı	Gaz
C)	Strafor	Gaz	Katı
D)	Duman	Gaz	Katı
E)	Süt	Sıvı	Sıvı

12.

		2. bileşen	
		Su	Toprak
1. bileşen	Şeker	I	IV
	Kum	II	Adi karışım
	$CO_2(g)$	III	V

Yukarıdaki tabloda farklı bileşenlerin oluşturduğu karışımların türü romen rakamlarıyla gösterilmiştir.

Buna göre, hangi seçenekte bu karışımların türü <u>yanlış</u> verilmiştir?

A) I ⟶ Çözelti

B) II ⟶ Süspansiyon

C) III ⟶ Koloit

D) IV ⟶ Adi karışım

E) V ⟶ Aeresol

karekök

1	C	2	A	3	C	4	E	5	B	6	D	7	E	8	A	9	D	10	D	11	C	12	C

1. I. Çözünürlük
II. Yoğunluk
III. Erime Noktası
IV. Kaynama Noktası
V. Yanabilme özelliği

Yukarıdakilerden hangisi karışımları bileşenlerine ayırmada kullanılan fiziksel özelliklerden biri <u>değildir</u>?

A) I B) II C) III D) IV E) V

2. **Aşağıdakilerden hangisi tanecik boyutu farkından yararlanılarak geliştirilen ayırma yöntemlerinden biri <u>değildir</u>?**

A) Eleme B) Diyaliz C) Ayıklama D) Destilasyon E) Süzme

3.

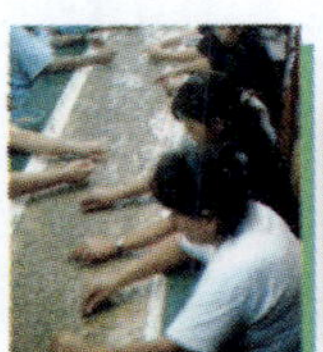
X

Y

Z

	I.	II.	III.
Ayırma Yöntemi	Süzme	Ayıklama	Eleme

Yukarıda verilen fotoğraf ve ayırma yöntemlerinin eşleştirilmesi, aşağıdakilerden hangisinde doğru verilmiştir?

A) I - Z, II - X, III - Y B) I - Z, II - Y, III - X C) I - X, II - Y, III - Z D) I - X, II - Z, III - Y E) I - Y, II - X, III - Z

4. I. Geri dönüşüm için toplanan kağıtlar arasındaki demir, nikel, kobalt parçalarının ayrılması için mıknatıs kullanılır.
II. Renge göre ayıklayıcı makineler, kahve, nohut, pirinç gibi taneciklerin istenmeyen maddelerden ayrılmasında kullanılır.
III. Fabrika bacalarında kullanılan hava filtresi, fabrikadan çıkan atık maddeleri toz ve duman olarak ayırmada kullanılır.

Yukarıdaki ayırma yöntemlerinden hangileri katı - katı heterojen karışımları ayırmaya örnek verilebilir?

A) Yalnız I B) Yalnız II C) Yalnız III D) I ve II E) I, II ve III

5. I. Yangın esnasında itfaiyecilerin kullandığı gaz maskesi
II. Arabalarda kullanılan yağ filtreleri
III. Mutfakta kullanılan makarna süzgeci

Yukarıdakilerden hangileri katı - sıvı heterojen karışımları ayrıştırmada kullanılır?

A) Yalnız II B) Yalnız III C) I ve II D) I ve III E) II ve III

6.

Eleme

Süzme

Yukarıda verilen yöntemlere göre;

I. Kullanılan elek ve süzgecin delik boyutları, karışımdan ayırmak istediğimiz taneciğin boyutuna göre ayarlanmalıdır.
II. Her iki ayırma yöntemi de heterojen karışımlar için kullanılır.
III. Her iki ayırma yöntemi de maddelerin kimyasal özelliklerinin farklılığına dayanır.

yargılarından hangileri doğrudur?

A) Yalnız I B) I ve II C) I ve III D) II ve III E) I, II ve III

7. **Diyaliz ile ilgili;**

I. Diyaliz makinası, böbreğin görevini üstlenir.

II. Koloit bir karışım olan kandan atık maddelerin ayrılmasında kullanılır.

III. Diyaliz zarı küçük (atık) moleküllerin kandan dışarı çıkmasını sağlar.

yargılarından hangileri doğrudur?

A) Yalnız I B) Yalnız III C) I ve III

D) II ve III E) I, II ve III

8. **Aşağıdaki karışımlardan hangisi yoğunluk farkından yararlanılarak bileşenlerine ayrılabilir?**

A) Saman + buğday B) Tuzlu su

C) KNO_3 + KCl karışımı D) Kolonya

E) Çelik

9.

Madde	X(k)	Y(s)	Z(k)	T(s)
Yoğunluk (g/mL)	0,3	1,5	1	0,7

Yukarıda verilen tabloda, birbiri içinde çözünmeyen maddeler ve bu maddelerin yoğunlukları verilmiştir.

Buna göre;

I. X ve Z katılarından oluşmuş bir karışım Y sıvısı yardımı ile bileşenlerine ayırabilir.

II. X ve Z katılarından oluşmuş bir karışım T sıvısına atıldığında X yüzer, Z ise dibe çöker.

III. Z ve T karışımı yoğunluk farkından yararlanılarak bileşenlerine ayrılabilir.

yargılarından hangileri <u>yanlıştır</u>?

A) Yalnız I B) I ve II C) I ve III

D) II ve III E) I, II ve III

10.

I. Ayırma hunisi

II. Santrifüj makinası

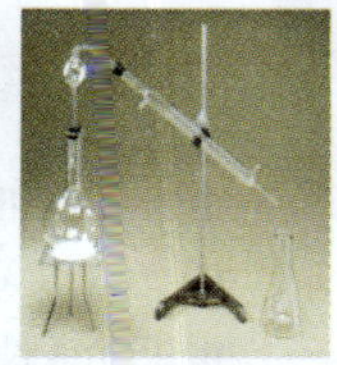

III. Ayrımsal damıtma düzeneği

Yukarıda fotoğrafları verilen malzemelerden hangileri bir karışımda istenmeyen taneciklerin çöktürülmesini sağlar?

A) Yalnız I B) Yalnız II C) Yalnız III

D) I ve II E) I ve III

11. I. Ezilmiş zeytinden zeytinyağının ayrılması

II. Doğada toprakla karışım hâlinde bulunan altının toprağından ayrılması

III. Deniz suyundan temiz içme suyunun elde edilmesi

Yukarıda verilen ayrıştırmalardan hangilerinde metot olarak dekantasyon kullanılır?

A) Yalnız I B) Yalnız II C) Yalnız III

D) I ve II E) I, II ve III

12. **Aşağıdakilerden hangisi madencilik sektöründe kullanılan cevherin hidrofilik ve hidrobik özelliklerinden yararlanıldığı ve yağ - su karışımı ile karıştırılarak yüksek basınçla atıklarından arındırıldığı ayırma yöntemidir?**

A) Ekstraksiyon B) Dekantasyon

C) Desalinasyon D) Çöktürme

E) Flotasyon

karekök

1. I. Demir tozu - kükürt tozu karışımı
II. Çelik alaşımı
III. Nikel tozu - kobalt tozu karışımı

Yukarıdaki karışımlardan hangileri mıknatıs yardımıyla bileşenlerine ayrıştırılamaz?

A) Yalnız I B) Yalnız II C) Yalnız III
D) I ve III E) II ve III

2. **İki farklı tuzdan oluşan bir heterojen karışımın bileşenlerine ayrılması sırasında kullanılan yöntem için;**

I. Ayrımsal kristallendirme olarak adlandırılır.
II. Tuzlardan birinin çözünürlüğü sıcaklıkla artarken, diğerinin azalması gerekir.
III. Su - alkol karışımını da ayırmak için kullanılabilir.

yargılarından hangileri kesinlikle doğrudur?

A) Yalnız I B) Yalnız II C) Yalnız III
D) I ve II E) I ve III

3.

Şeker pancarı

Şeker

Yukarıda verilen şemada X olarak ifade edilen ayırma yönteminin adı aşağıdakilerden hangisinde doğru verilmiştir?

A) Dekantasyon
B) Yüzdürme
C) Ekstraksiyon
D) Ayrımsal kristallendirme
E) Çöktürme

4. I. Çayın demlenmesi
II. Söğüt ağacından aspirinin ham maddesinin eldesi
III. Su ve iyot karışımından CCl_4 yardımı ile iyodun ayrılması
IV. Deniz suyundan tuz elde edilmesi

Yukarıda verilen işlemlerden hangisi özütleme değildir?

A) Yalnız I B) Yalnız IV C) I ve II
D) I ve III E) II ve IV

5. **Aşağıdaki karışımları ayırma yöntemlerinden hangisi gerçekleştirilirken diğerlerinden farklı bir özellikten yararlanılır?**

A) Buharlaştırma B) Basit damıtma
C) Ayrımsal damıtma D) Süblimleştirme
E) Kristallendirme

6.

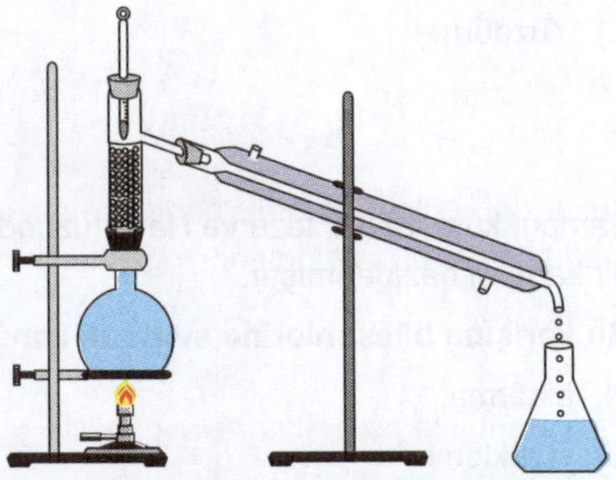

Aşağıdakilerden hangisi resmi verilen deney düzeneğinin ve deneyin bir parçası değildir?

A) Fraksiyon kolonu
B) Destilat
C) Soğutucu
D) Termometre
E) Filtre

karekök

7.

A B

Yukarıda verilen iki düzenekte de tuzlu su kaynatılmaktadır.

Buna göre,

I. A düzeneğinde su ve tuz ayrı ayrı elde edilir.

II. B düzeneğinde sadece tuz elde edilir.

III. Her iki ayırma yöntemi de basit damıtma olarak bilinir.

yargılarından hangileri <u>yanlıştır</u>?

A) Yalnız II B) Yalnız III C) I ve II D) I ve III E) II ve III

8. **Petrolün bileşenlerine ayrılması sırasında kullanılan ayırma yöntemi aşağıdakilerden hangisinde doğru verilmiştir?**

A) Ayrımsal Damıtma

B) Ayrımsal Kristallendirme

C) Ekstraksiyon

D) Basit Damıtma

E) Yüzdürme

9. Saman, kum, KNO_3 tuzu ve NaCl tuzundan oluşmuş bir karışım hazırlanmıştır.

Bu karışımı bileşenlerine ayırmak için;

I. aktarma,

II. su ekleme,

III. ayrımsal kristallendirme,

IV. süzme

işlemleri hangi sıra ile yapılmalıdır?

A) II, III, I, IV B) I, IV, II, III C) III, IV, I, II D) II, I, IV, III E) II, IV, I, III

10.

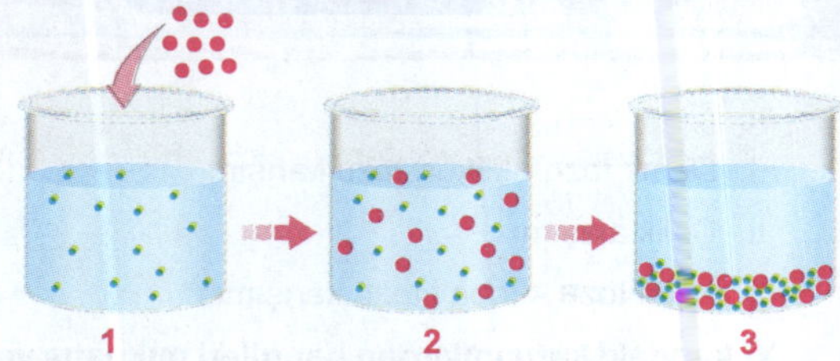

Yukarıda safsızlık içeren bir su örneğindeki safsızlığın sudan uzaklaştırılması için uygulanan bir yöntem gösterilmiştir.

Buna göre, yapılan işlem hangi seçenekte doğru verilmiştir?

A) Diyaliz B) Koagülasyon C) Kristallendirme D) Damıtma E) Süzme

11.

Karışım	Karışım özelliği	Ayırma yöntemi
Katı - sıvı	Homojen	?
Sıvı - sıvı	Heterojen	?
Sıvı - sıvı	Homojen	?
Katı - katı	?	Mıknatıslama

Yukarıda verilen tabloda soru işaretleri cevaplandığında aşağıdakilerden hangisi dışarıda kalır?

A) Basit damıtma B) Heterojen C) Ayrımsal damıtma D) Ayırma hunisi E) Süzme

12. I. Zeytinyağının posasından ayrılması

II. Suya konulan tuzlu peynirin tuzundan arındırılması

III. Kandaki metabolizma atıklarının uzaklaştırılması

Yukarıdaki ayrıştırma işlemleri sırasında uygulanan yöntem ya da teknikler hangi seçenekte doğru verilmiştir?

	I	II	III
A)	Süzme	Dekantasyon	Özütleme
B)	Dekantasyon	Yüzdürme	Özütleme
C)	Süzme	Özütleme	Diyaliz
D)	Dekantasyon	Özütleme	Diyaliz
E)	Özütleme	Diyaliz	Dekantasyon

karekök

1 E 2 A 3 C 4 B 5 E 6 E 7 B 8 A 9 D 10 B 11 E 12 D

1. **Aşağıdaki ayırma yöntemlerinden hangisi tanecik boyutu ile ilgilidir?**

A) Damıtma
B) Ayrımsal damıtma
C) Katalitik kraking
D) Diyaliz
E) Ayrımsal kristallendirme

2. I. Zeytinyağı
II. Mermer tozu
III. Etil alkol

Yukarıdaki maddelerden hangileri su ile çözelti oluşturmaz?

A) Yalnız I B) Yalnız II C) Yalnız III D) I ve II E) II ve III

3. **Seyreltik bir çözeltinin derişimini artırmak için;**
I. çözünen ilave etme,
II. su buharlaştırma,
III. aynı maddelerden oluşan daha derişik bir karışım ile karıştırma

işlemlerinden hangileri yapılabilir?

A) Yalnız I B) Yalnız II C) Yalnız III D) II ve III E) I, II ve III

4. I. Su ile zeytinyağı karışımına emülsiyon denir.
II. Su ile buzdan oluşan karışıma süspansiyon denir.
III. Su ile alkolden oluşan karışıma çözelti denir.

Karışımlarla ilgili yukarıdaki yargılardan hangileri yanlıştır?

A) Yalnız II B) Yalnız III C) I ve III D) II ve III E) I, II ve III

5. **Su ve zeytinyağından oluşan bir karışım ile ilgili aşağıdakilerden hangisi yanlıştır?**

A) Emülsiyondur.
B) Ayırma hunisi ile ayrıştırılır.
C) Sıvı - sıvı heterojen karışımdır.
D) Bekletildiğinde iki farklı faz oluşturur.
E) Zeytinyağı suyun kaynama noktasını yükseltir, donma noktasını düşürür.

6. X, Y ve Z maddelerinden oluşan bir karışımla ilgili aşağıdaki bilgiler veriliyor.

- Karışım süzüldüğünde süzgeç kağıdında sadece Y kalıyor.
- Süzüntü buharlaştırıldığında dipte X kalıyor.

Buna göre; X, Y ve Z maddeleri hangi seçenekte verilen maddeler olabilir?

	X	Y	Z
A)	Yemek tuzu	Mermer tozu	Su
B)	Yemek tuzu	Şeker	Su
C)	Şeker	Yemek tuzu	Mermer tozu
D)	Su	Talaş	Yemek tuzu
E)	Şeker	Su	Mermer tozu

7. I. Yemek tuzu + şeker
II. Naftalin + kömür tozu
III. Demir tozu + kum

Yukarıdaki madde çiftlerinden oluşan karışımlardan hangileri, yeterli miktarda saf suyla karıştırıldığında bir çözelti elde edilemez?

A) Yalnız I B) I ve II C) I ve III D) II ve III E) I, II ve III

karekök

8. Kütlece %40'lık 600 g şekerli suya aynı sıcaklıkta 400 g saf su ekleniyor.

Buna göre son çözelti ile ilgili;

I. Kütlece %24'lük olur

II. Donma noktası başlangıçtaki çözeltiye göre yüksektir.

III. Her 100 g suda 24 g tuz çözünmüştür.

yargılarından hangileri doğrudur?

A) Yalnız I B) Yalnız II C) I ve II D) II ve III E) I, II ve III

9. I. Metal paradaki nikelin ayrıştırılması

II. Demir tozu - nikel karışımının ayrıştırılması

III. Nikel tozu - kükürt tozu karışımının ayrıştırılması

Yukarıdaki ayrıştırma işlemlerinden hangilerinde maddenin manyetik özelliklerinin farklılığından yararlanılabilir?

A) Yalnız I B) Yalnız II C) Yalnız III D) II ve III E) I, II ve III

10.

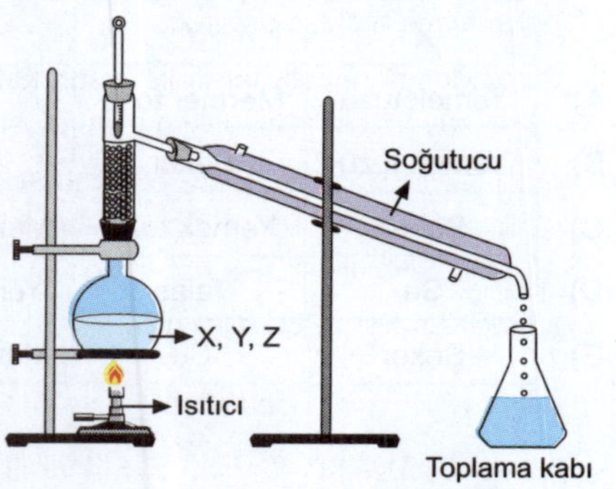

Yukarıdaki ayrımsal damıtma düzeneğinde soğutucunun sıcaklığı 80 °C'de sabit tutuluyor.

Cam balondaki X, Y ve Z sıvılarının kaynama noktaları sırasıyla 65 °C, 85 °C ve 100 °C olduğuna göre;

I. Toplama kabında önce Y sıvısı toplanır.

II. Toplama kabında Z sıvısı toplanamaz.

III. X, Y ve Z sıvılarından moleküller arası çekim kuvveti en büyük olan Z, en küçük olan X'tir.

yargılarından hangileri <u>yanlıştır</u>?

A) Yalnız I B) Yalnız II C) Yalnız III D) II ve III E) I, II ve III

11. **Aşağıdaki madde sınıflarından hangisi <u>yanlış</u> örneklendirilmiştir?**

	Madde Sınıfı	Örnek
A)	Süspansiyon	Çamurlu su
B)	Emülsiyon	Yağlı su
C)	Ametal	Hidrojen gazı
D)	Aerosol	Duman
E)	Çözelti	Etil alkol

karekök

12. Demir talaşı - yemek tuzu - naftalin karışımını ayırmak için;

I. süzme,

II. su ekleme,

III. mıknatıslama,

IV. buharlaştırma

işlemleri uygulanmalıdır.

Buna göre, karışımı bileşenlerine ayrıştırabilmek için yukarıdaki işlemler hangi sıra ile uygulanmalıdır?

A) I, II, III, IV B) I, III, II, IV C) II, I, III, IV D) III, II, I, IV E) III, II, IV, I

13.

	Karışım	Ayırma yöntemi
I.	Su - kum	Dekantasyon
II.	Alkol - su	Ayrımsal damıtma
III.	Şekerli su	Destilasyon

Yukarıda üç farklı karışım ve bu karışımların ayrıştırma yöntemleri verilmiştir.

Buna göre, hangi karışımlar karşısında verilen yöntem ile ayrıştırılabilir?

A) Yalnız I B) I ve II C) I ve III D) II ve III E) I, II ve III

1 D 2 D 3 E 4 A 5 E 6 A 7 D 8 C 9 C 10 B 11 E 12 D 13 E

1. **Aşağıdakilerden hangisi karışım değildir?**

A) 22 ayar altın
B) Kolonya
C) Hava
D) Soda
E) Sodyum karbonat

2. **Aşağıdakilerden hangisi bir çözelti değildir?**

A) Şekerli su
B) Doğal gaz
C) Lehim
D) Yağlı su
E) Alkollü su

3. I. Çalışma ortamlarında oluşan toz, duman gibi maddelerin ortamdan uzaklaştırılması

II. Çinko cevherinin atık maddelerinden ayrılması

III. Zeytinyağının zeytin posasından ayrılması

Yukarıda verilen işlemlerden hangileri dekantasyon yöntemi ile gerçekleştirilir?

A) Yalnız I
B) Yalnız III
C) I ve III
D) II ve III
E) I, II ve III

4. Bir miktar arı suya, aynı sıcaklıkta uçucu olmayan X katısı katılarak homojen karışım oluşturuluyor.

Buna göre, oluşan karışıma ait aşağıdaki niceliklerden hangisinin, aynı koşullardaki arı sudan daha yüksek olduğu kesindir?

A) Buhar basıncı
B) Kaynama sıcaklığı
C) Donma sıcaklığı
D) Elektrik iletkenliği
E) Saflık yüzdesi

5. I. Çay yaprağındaki koku ve rengin sıcak suya geçmesi

II. Bitki özlerindeki koku verici maddelerin alkolde çözünmesi ile parfüm elde edilmesi

III. Etil alkol (C_2H_5OH) - iyot (I_2) karışımına karbondisülfür (CS_2) sıvısının katılmasıyla, iyotun CS_2 sıvısına geçerek çözünmesi

Yukarıdaki ayırma işlemlerinden hangileri ekstraksiyon (özütleme) yöntemiyle gerçekleşir?

A) Yalnız I
B) Yalnız II
C) Yalnız III
D) I ve II
E) I, II ve III

6. Bir miktar yemek tuzu 100 g suyun içerisine atılarak tamamen çözünmesi sağlanıyor.

Tuzun çözünme süreci ile ilgili,

I. Çözücü ve çözünen tanecikleri arasında iyon - dipol kuvvetleri oluşmuştur.

II. Suyun kısmi negatif tarafı ile tuzun katyonu arasında zayıf elektriksel çekim gücü oluşmuştur.

III. Çözücü ile çözünen tanecikleri arasında oluşan etkileşim, çözücü ve çözünenin kendi tanecikleri arasındaki etkileşimden daha zayıftır.

yargılarından hangileri doğrudur?

A) Yalnız I
B) I ve II
C) I ve III
D) II ve III
E) I, II ve III

7. **Aşağıdaki ayırma yöntemlerinden hangisi homojen karışımların ayrıştırılması için kullanılabilir?**

A) Süzme
B) Ayırma hunisi
C) Damıtma
D) Eleme
E) Diyaliz

karekök

8. I. Alkollü su

II. Doymamış şekerli su

III. Ag(k)

IV. Hg(s)

V. C_6H_6(s)

Yukarıdaki maddelerden hangilerinin ısı - sıcaklık değişimi

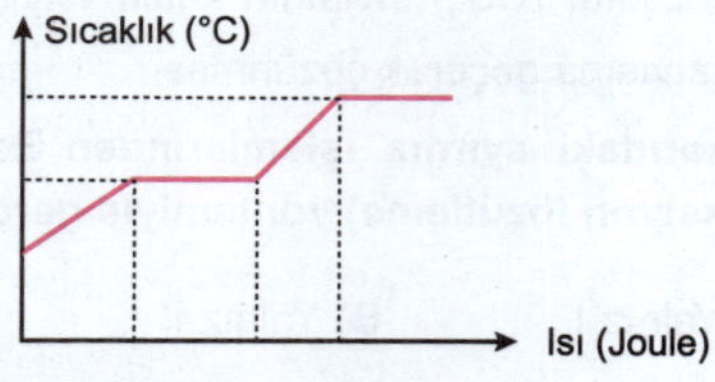

grafikteki gibi <u>olamaz</u>?

A) I ve II B) II ve IV C) III ve IV

D) IV ve V E) II, IV ve V

9.

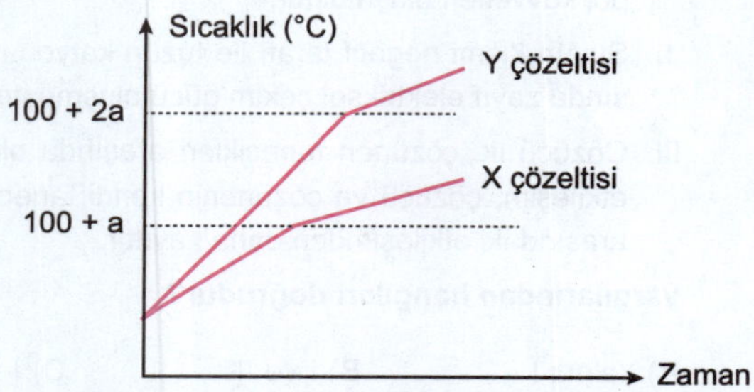

Aynı ortamda ve aynı sıcaklıkta bulunan eşit kütleli saf su örneklerine eşit mollerde X ve Y katıları eklenerek oluşturulan sulu çözeltilerin ısınma grafikleri yukarıda verilmiştir.

Buna göre,

I. Y çözeltisinde çözünen tanecik sayısı daha fazladır.

II. Y iyonik yapılı, X ise moleküler yapılı bir katıdır.

III. X çözeltisinin kütlece % derişimi, Y çözeltisinden daha fazladır.

yargılarından hangileri <u>kesinlikle</u> doğrudur?

A) Yalnız I B) Yalnız II C) Yalnız III

D) II ve III E) I, II ve III

10. I. Lehim alaşımının kendisini oluşturan Sn ve Pb metallerine ayrışması

II. Alkol - su karışımının bileşenlerine ayrılması

III. Havanın N_2, O_2 ve CO_2 gazlarına ayrıştırılması

Yukarıdaki ayırma işlemlerinden hangilerinde karışımı oluşturan bileşenlerin hâl değişim sıcaklıkları farkından yararlanılır?

A) Yalnız I B) Yalnız II C) Yalnız III

D) I ve II E) I, II ve III

11. **İyon değiştirici reçineler ile ilgili,**

I. Anyon değiştirici reçineler asidik reçine olarak adlandırılır.

II. Hidrofilik ve hidrofobik kısımlara sahip polimerik maddelerdir.

III. Suya sertlik veren iyonları sudan uzaklaştırmak için kullanılır.

yargılarından hangileri doğrudur?

A) Yalnız I B) Yalnız II C) Yalnız III

D) I ve II E) II ve III

12. **Doymamış tuzlu su çözeltisine ait;**

I. sıcaklık,

II. yoğunluk,

III. buhar basıncı

niceliklerinden hangileri kaynama sırasında artar?

A) Yalnız I B) Yalnız II C) Yalnız III

D) I ve II E) I, II ve III

1	E	2	D	3	D	4	B	5	E	6	B	7	C	8	E	9	A	10	E	11	E	12	D

1. I. Kum ve saman
II. Altın ve toprak
III. Mazot ve su
IV. Alkol ve su
V. Buğday ve saman

Yukarıda verilen karışımlardan hangisi yoğunluk farkı kullanılarak bileşenlerine ayrılamaz?

A) I B) II C) III D) IV E) V

2. I. Suya konulan tuzlu peynirin tuzunun bir kısmını kaybetmesi
II. Şeker - kum karışımından kumun ayrıştırılması
III. Havadaki CO_2 gazının yoğuşturularak ayrıştırılması

Yukarıdaki ayırma işlemlerinden hangilerinde, karışımı oluşturan maddelerin çözünürlük farkından yararlanılır?

A) Yalnız I B) Yalnız II C) Yalnız III
D) I ve II E) I, II ve III

3.

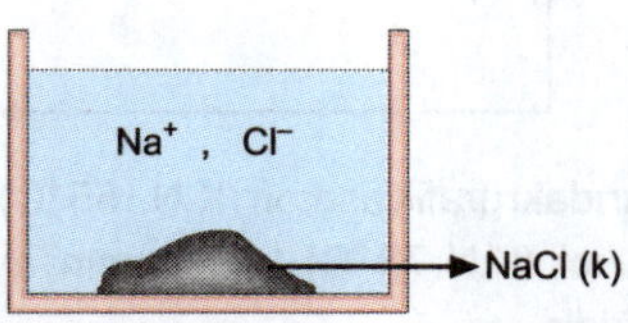

NaCl katısı ile hazırlanmış yukarıdaki çözelti ile ilgili;

I. Doygun çözeltidir.
II. Aynı sıcaklıkta eklenen çay şekerini ($C_{12}H_{22}O_{11}$) çözemez.
III. Elektriği iletmez.

yargılarından hangileri doğrudur?

A) Yalnız I B) Yalnız II C) Yalnız III
D) I ve II E) II ve III

4. **Uçucu olmayan bir katının suda çözünmesiyle hazırlanan doygun çözelti ile ilgili;**

I. Buhar basıncı, aynı sıcaklıktaki arı sudan düşüktür.
II. Kaynamaya başlama sıcaklığı, aynı ortamdaki arı sudan yüksektir.
III. Donmaya başlama sıcaklığı, aynı koşullardaki arı sudan yüksektir.

yargılarından hangileri doğrudur?

A) Yalnız I B) Yalnız II C) Yalnız III
D) I ve II E) I, II ve III

5.

Yukarıda 1. kapta bulunan çözelti ile 2. kapta bulunan çözelti boş bir kapta karıştırılıyor.

Buna göre, yapılan işlem ile;

I. Oluşan karışımın donma noktasının 1. kaptaki çözeltiden daha yüksek olması
II. Oluşturulan karışımın kütlece % derişiminin % 30 ile % 20 arasında olması
III. Oluşturulan karışımın aynı ortamdaki 2. kapta bulunan karışımdan daha düşük sıcaklıkta kaynaması

durumlarından hangilerinin olması mümkün değildir?

A) Yalnız I B) Yalnız II C) Yalnız III
D) II ve III E) I, II ve III

6. Kütlece % 40'lık 250 gram tuzlu su çözeltisi 500 gram tuzlu su çözeltisi ile karıştırılınca oluşan karışım kütlece % 20'lik olmaktadır.

Buna göre, karıştırılmadan önce 500 gramlık karışım kütlece % kaçlıktır?

A) 10 B) 15 C) 20 D) 25 E) 30

karekök

7.

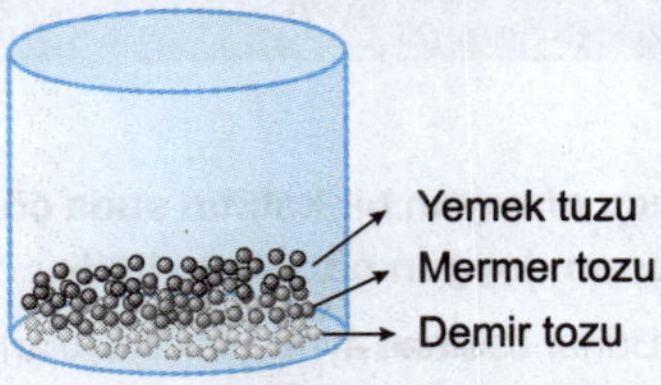

Tanecik boyutu birbirine çok yakın olan yukarıdaki karışımdan mermer tozunu ayırmak için uygulanması gereken yöntemler hangi seçenekte doğru verilmiştir?

A) Suda çözme - süzme
B) Mıknatıslama - suda çözme - süzme
C) Mıknatıslama - suda çözme
D) Eleme
E) Mıknatıslama - eleme

8.

	Karışım türü	Ayırma yöntemi	Ayırmada kullanılan özellik
I.	Su + alkol	Ayrımsal damıtma	Kaynama noktası farkı
II.	Un + pirinç	Eleme	Tanecik boyutu farkı
III.	Zeytin yağı + su	Ayırma hunisi	Çözünürlük farkı

Yukarıdaki tabloda verilen eşleştirmelerden hangileri doğrudur?

A) Yalnız I B) Yalnız II C) I ve II
D) I ve III E) II ve III

9. **Ayırma hunisi ile birbirinden ayrılan karışımlara ilişkin;**

I. En az iki fazdan oluşurlar.
II. Özkütlesi en küçük olan sıvı, karışımdan en son ayrılır.
III. Süspansiyon karışımlardır.

yargılarından hangileri doğrudur?

A) Yalnız I B) I ve II C) I ve III
D) II ve III E) I, II ve III

10. **Kütlece %20'lik 600 g şekerli su çözeltisine kütlece %60'lık 400 g şekerli su ilave edilirse,**

I. Çözünen kütlesi üç katına çıkar.
II. Çözeltinin donma noktası yükselir.
III. Çözeltinin buharlaşma hızı artar.
IV. Son durumdaki çözelti kütlece %36'lık olur.

durumlarından hangileri gerçekleşir?

A) I ve II B) II ve III C) I ve IV
D) I, II ve IV E) I, III ve IV

11. **Aşağıdakilerden hangisi bir damıtma çeşidi ile bileşenlerine ayrılamaz?**

A) Şeker + etanol B) Şeker + su
C) NaCl + su D) Yağ + su
E) KNO_3 + su

12.

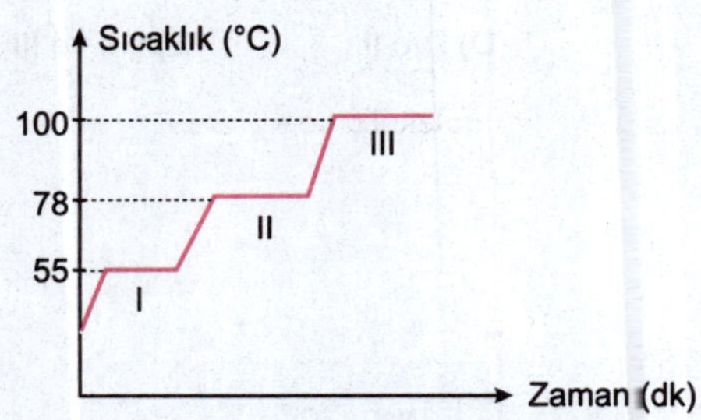

Yukarıdaki grafik aseton (K.N.: 55 °C), su (K.N: 100 °C) ve alkol (K.N: 78 °C) karışımının ayrımsal damıtma grafiğidir.

Buna göre,

I. İlk toplanan destilat asetondur.
II. Aseton kaynarken su hiç buharlaşmaz.
III. Grafiğin III. bölgesinde karışım kabında sadece su vardır.

yargılarından hangileri doğrudur?

A) Yalnız I B) I ve II C) I ve III
D) II ve III E) I, II ve III

1	D	2	D	3	A	4	D	5	C	6	A	7	B	8	C	9	B	10	C	11	D	12	C

1. I. Kum + tuz
II. Şeker + tuz
III. Kum + talaş

Yukarıda verilen karışımlardan hangisi su veya etil alkol kullanılarak çözünürlük farkı yardımı ile birbirinden ayrılabilir?

A) Yalnız I B) Yalnız II C) I ve II
D) I ve III E) I, II ve III

2. Saf suya bir miktar X maddesi katılarak homojen bir karışım elde ediliyor. Bu karışıma ait bazı özellikler aşağıda belirtilmiştir.

- Normal kaynama noktası 100 °C'tan düşüktür.
- Karışım elektrik akımını iletmiyor.

Buna göre, aşağıdakilerden hangisi yanlıştır?
(Suyun kaynama noktası şekerinkinden düşük, etil alkolünkinden yüksektir.)

A) Karışım bir çözeltidir.
B) X maddesi şeker olabilir.
C) X maddesi etil alkol olabilir.
D) X maddesi iyonik bağ içermez.
E) Karışım moleküllü çözeltidir.

3.

	Karışım	Ayırma yöntemi
I.	Demir tozu + kum	a) Ayırma hunisi
II.	Alkol + su	b) Ayrımsal damıtma
III.	Yağ + su	c) Eleme
IV.	Un + pirinç	d) Mıknatıslama

Yukarıdaki tabloda bazı karışımlar ile ayırma yöntemleri gelişigüzel verilmiştir.

Buna göre, aşağıdaki karışım - ayırma yöntemi eşleştirmelerinden hangisi doğrudur?

A) I - c B) II - d C) III - a
D) IV - b E) II - a

4. 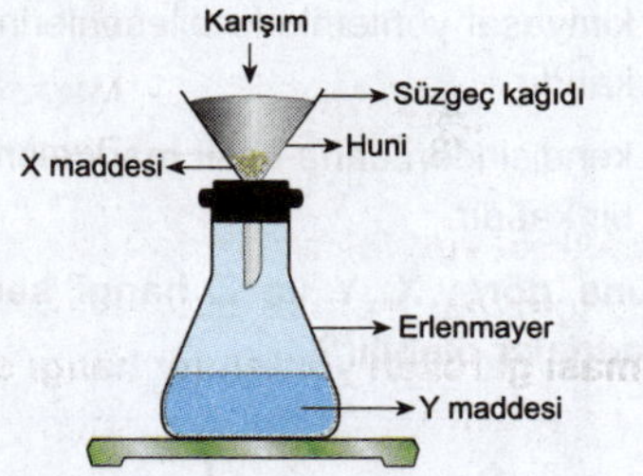

X ve Y maddelerinden oluşan bir karışım yukarıdaki düzenekte verilen huni ve erlenmayer sistemine aktarılıyor.

Süzme işlemi sonunda süzgeç kağıdında toplanan X ve erlenmayerde toplanan Y, hangi seçenekte verilen maddeler olabilir?

	X maddesi	Y maddesi
A)	Şeker	Odun talaşı
B)	Alkol	Etil alkol
C)	Naftalin	Kum
D)	Yemek tuzu	Sülfürik asit
E)	Bakır tozu	Tuz ruhu

5. 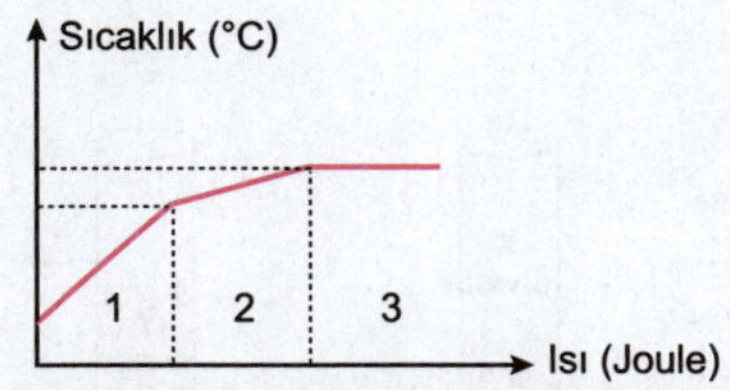

Doymamış tuzlu su çözeltisinin sıcaklığının ısı ile değişimi grafikteki gibidir.

Buna göre, aşağıdakilerden hangisi yanlıştır?
(Buharlaşma ihmal edilecektir.)

A) 2 ve 3 bölgelerinde kaynama gerçekleşir.
B) 2 bölgesinde sıvının yoğunluğu artar.
C) 1 ve 2 bölgelerinde sıvının kinetik enerjisi artar.
D) 2 ve 3 bölgelerinde sıvının buhar basıncı değişmez.
E) 3 bölgesinde çözelti tek fazlıdır.

6. X; Y ve Z maddeleri ile ilgili aşağıdaki bilgiler veriliyor.

X; kaynarken sıcaklığı artan bir sıvıdır.

Y; kimyasal yöntemlerle bileşenlerine ayrışabilen bir katıdır.

Z; kendisinden daha basit maddelere ayrıştırılmayan bir katıdır.

Buna göre; X, Y ve Z hangi seçenekte verilen maddeler olabilir?

	X	Y	Z
A)	Şekerli su	Sönmemiş kireç	Sodyum hidroksit
B)	Alkollü su	Glikoz	Lehim
C)	Saf su	Sönmemiş kireç	Gümüş
D)	Şekerli su	Sodyum hidroksit	Gümüş
E)	Alkollü su	Sodyum hidroksit	Lehim

7. 20 °C sıcaklıkta 100 gram suda en çok 36 gram X katısı çözünebilmektedir.

Buna göre, aynı sıcaklıkta 9 gram X katısı ile kaç gram doymuş çözelti hazırlanabilir?

A) 34 B) 36 C) 40 D) 42 E) 46

8.

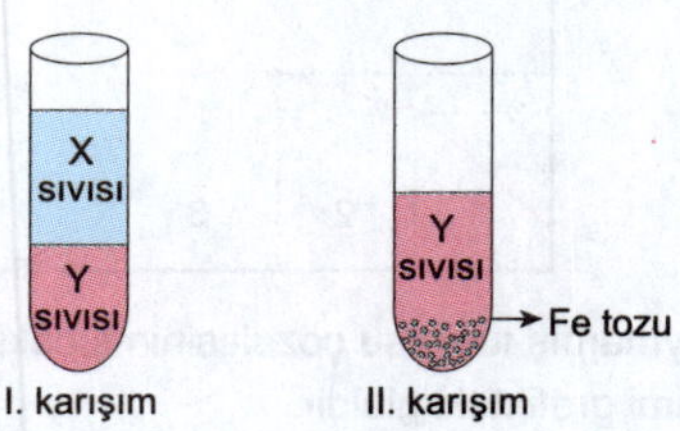

Yukarıdaki deney tüplerinde bulunan karışımlarla ilgili hangi ifade yanlıştır?

A) I. karışım ayırma hunisi ile X ve Y sıvılarına ayrılır.

B) II. karışımdaki Fe tozu süzme ile Y sıvısından ayrılır.

C) Yoğunluğu en büyük olan Fe'dir.

D) X sıvısı zeytin yağı, Y sıvısı su olabilir.

E) Y sıvısı asit çözeltisi olabilir.

9.

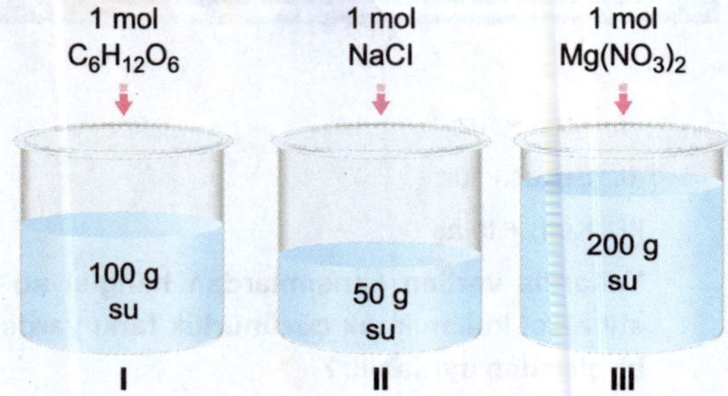

Aynı sıcaklıkta bulunan yukarıdaki saf su örneklerine belirtilen miktarlarda katı maddeler eklenip tamamen çözünmeleri sağlanıyor.

Buna göre, son durumda aynı sıcaklıkta bulunan karışımların kaynama noktaları nasıl sıralanır?

A) I > II > III B) II > I > III C) II > III > I D) III > I > II E) III > II > I

10.

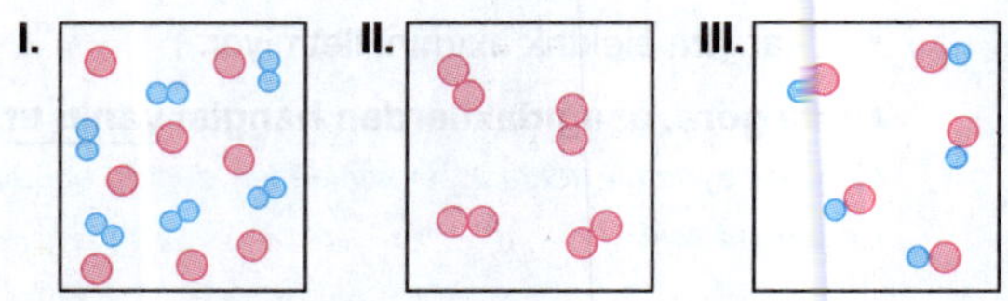

Yukarıda tanecik yapıları verilen maddeler hangi seçenekte doğru sınıflandırılmıştır?

	Element	Bileşik	Karışım
A)	I	II	III
B)	I	III	II
C)	II	III	I
D)	II	I	III
E)	III	II	I

11. I. Görünümü her yerde aynıdır.

II. Çözelti olarak adlandırılır.

III. Birden çok fazdan oluşur.

Yukarıdaki ifadelerden hangileri homojen karışımlar için doğru, hetorejen karışımlar için yanlıştır?

A) Yalnız I B) Yalnız II C) I ve II D) II ve III E) I, II ve III

karekök

1	C	2	B	3	C	4	E	5	E	6	D	7	A	8	E	9	C	10	C	11	C

7. BÖLÜM

ASİTLER, BAZLAR VE TUZLAR

1. I. Sulu çözeltisinin pH değerinin 7'den küçük olması
II. Yapısında karboksil grubu (–COOH) bulundurması
III. Yapısında hidrojen atomu bulundurması

Yukarıda verilen özelliklerden hangileri asidik özellik gösteren tüm maddeler için ortaktır?

A) Yalnız I B) Yalnız II C) Yalnız III
D) I ve II E) I ve III

2. 

I II III

Yukarıda resmi verilen gıda ve temizlik maddelerinin hangilerinin yapısında ağırlıklı olarak asidik bileşenler bulunur?

A) Yalnız I B) Yalnız II C) Yalnız III
D) I ve III E) I, II ve III

3. **Bazlar ile ilgili,**
I. Tahriş edicidirler.
II. Cilde kayganlık hissi verirler.
III. Temizlik malzemelerinde sıkça kullanılırlar.

olarak verilen bilgilerden hangileri doğrudur?

A) Yalnız I B) Yalnız II C) Yalnız III
D) I ve III E) I, II ve III

4. **Zayıf asit ya da baz özelliği göstererek farklı pH değerlerine sahip çözeltilerde farklı renklere dönüşebilen maddelerin genel adı aşağıdakilerden hangisidir?**

A) İndikatör B) İnhibitör
C) Baz D) Tuz
E) Çözelti

5. Kaynatılmış kırmızı lahana suyu doğal bir indikatör olarak kullanılır. Oda koşullarında asidik bir çözeltide kırmızı, bazik bir çözeltide yeşil ve nötr tuzlu su çözeltisinde mor-mavi renk oluşturur.

I II III

Buna göre yukarıda kırmızı lâhana suyu ile renklendirilmiş çözeltilerin pH değerleri hangi seçenekte doğru sıralanmıştır?

A) I < II < III B) III < II < I C) II < I < III
D) II < III < I E) III < I < II

6. 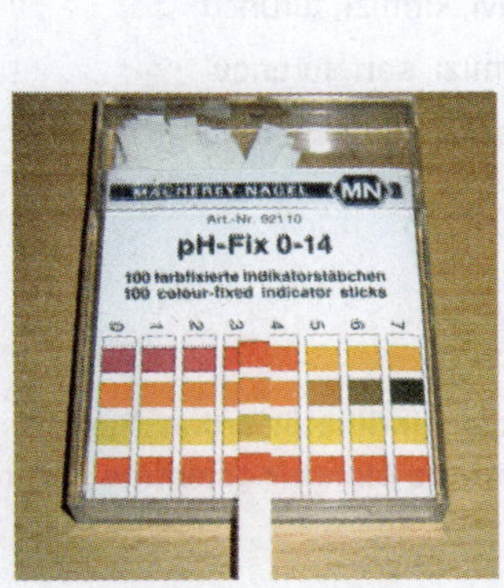

Yukarıda üniversal indikatör kağıdı ile pH değeri ölçümlemesine ait resim aşağıdaki maddelerden hangisine ait <u>olamaz</u>?

A) HCl B) HCN C) HNO_3 D) HF E) NH_3

7 , 8 ve 9. soruları aşağıda verilen tabloya göre cevaplayınız.

pH belirteci	Daha düşük pH'daki renk	Geçiş aralığı pH sınırları (yaklaşık)	Daha yüksek pH'daki renk
Metil menekşesi (metil viyole)	sarı	0.0 - 1.6	mavi-menekşe
Malahit yeşili	sarı	0.2 - 1.8	mavi-yeşil
Timol mavisi (asit - ilk geçiş)	kırmızı	1.2 - 2.8	sarı
Metil sarısı (etanolde)	kırmızı	2.9 - 4.0	sarı
Bromfenol mavisi	sarı	3.0 - 4.6	menekşe
Kongo kırmızısı	mavi	3.0 - 5.2	kırmızı
Metil turuncusu	turuncu	3.1 - 4.4	sarı
Metil turuncusu (ksilen siyanol çözeltisi)	mor	3.2 - 4.2	yeşil
Bromkrezol yeşili	sarı	3.8 - 5.4	mavi
Metil kırmızısı	kırmızı	4.2 - 6.3	sarı
Litmus (Azolitmin)	kırmızı	4.5 - 8.3	mavi
Bromkrezol moru	sarı	5.2 - 6.8	menekşe
Bromtimol mavisi	sarı	6.0 - 7.6	mavi
Fenol kırmızısı	sarı	6.6 - 8.0	kırmızı
Timol mavisi (baz - ikinci geçiş)	sarı	8.0 - 9.6	mavi
Fenolftalein	renksiz	8.2 - 10.0	mor-menekşe
Timolftalein	renksiz	9.4 - 10.6	mavi
Alazarin sarısı	sarı	10.1 - 12.0	portakal-kırmızı
İndigo karmin	mavi	11.4 - 13.0	sarı

7. Oda koşullarında pH değeri 8 olan bir çözelti sırası ile bromtimol mavisi, kongo kırmızısı ve metil kırmızısında hangi renkleri verir?

A) Mavi, kırmızı, sarı

B) Mavi, mor, sarı

C) Mavi, kırmızı, turuncu

D) Kırmızı, sarı, turuncu

E) Kırmızı, turuncu, mavi

8. Aşağıdaki indikatörlerden hangisi pH değeri 10 un üzerinde olan bir çözeltide sarı renk vermez?

A) Timol mavisi

B) Metil sarısı

C) İndigo karmin

D) Metil turuncusu

E) Fenolftalein

9. I. Fenolftalein

II. Timolftalein

III. Metil kırmızısı

Yukarıda verilen indikatörlerden hangileri asit çözeltisinde renksizdir?

A) Yalnız I B) Yalnız II C) Yalnız III

D) I ve II E) I, II ve III

10. Asidik özellik gösterdiği bilinen bir çözelti ile ilgili;

I. H^+ iyonları sayısı OH^- iyonları sayısından fazladır.

II. Tadı ekşidir.

III. Elektrolittir.

yargılarından hangileri doğrudur?

A) Yalnız I B) Yalnız II C) Yalnız III

D) I ve II E) I, II ve III

karekök

11. Aşağıda verilen asitlerin sulu çözeltilerinde meydana gelen iyonlaşma denklemlerinden hangileri yanlıştır?

A) $HNO_3(suda) \longrightarrow H^+(suda) + NO_3^-(suda)$

B) $HNO_2(suda) \longrightarrow H^+(suda) + NO_2^-(suda)$

C) $HCN(suda) \longrightarrow HC^+(suda) + N^-(suda)$

D) $HCl(suda) \longrightarrow H^+(suda) + Cl^-(suda)$

E) $H_3PO_4(suda) \longrightarrow 3H^+(suda) + PO_4^{3-}(suda)$

12. NH_3 (amonyak) zayıf bazının tesir değerliği kaçtır?

A) 0 B) 1 C) 2 D) 3 E) 4

1 A 2 D 3 E 4 A 5 C 6 E 7 A 8 E 9 D 10 E 11 C 12 B

1. **Aşağıda verilen maddelerden hangisi elektrik akımını iletmez?**

A) HCl(suda)
B) $NaOH$(suda)
C) $NaOH$(sıvı)
D) $NaOH$(k)
E) H_2SO_4(suda)

2. **Aşağıdaki asitlerden hangisi cam içinde saklanamaz?**

A) HCl(suda)
B) HCN(suda)
C) HF(suda)
D) H_2SO_4(suda)
E) HOF(suda)

3. I. Yemek sodası
II. Çamaşır sodası
III. Sabun
IV. Tuz ruhu
V. Sönmüş kireç

Yukarıda verilen maddelerden hangisinin yapısında ağırlıklı olarak asidik bileşenler bulunur?

A) I B) II C) III D) IV E) V

4. **Aşağıdaki bazlardan hangisinin sulu çözeltisinde meydana gelen iyonlaşma olayı yanlış gösterilmiştir?**

A) $KOH(suda) \rightarrow K^+(suda) + OH^-(suda)$
B) $NaOH(suda) \rightarrow NaO^-(suda) + H^+(suda)$
C) $Ca(OH)_2(suda) \rightarrow Ca^{2+}(suda) + 2OH^-(suda)$
D) $NH_3(suda) + H_2O(s) \rightarrow NH_4^+(suda) + OH^-(suda)$
E) $Mg(OH)_2(suda) \rightarrow Mg^{2+}(suda) + 2OH^-(suda)$

5.

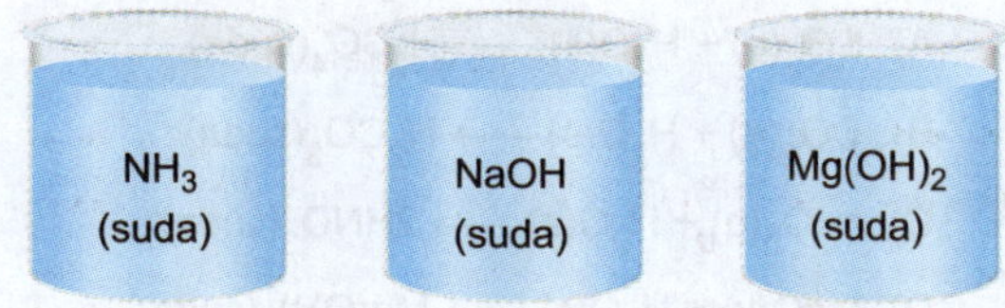

I II III

Yukarıdaki kaplarda bulunan baz çözeltileri ile ilgili;

I. kırmızı turnusol kâğıdının rengini değiştirme,
II. kuvvetli elektrolit olma,
III. oda koşullarında pH değerinin 7'den yüksek olması

özelliklerinden hangileri ortaktır?

A) Yalnız I B) Yalnız II C) Yalnız III
D) I ve III E) I, II ve III

6. **NH_3 gazının sulu çözeltisi ile ilgili;**

I. Suda $NH_3(suda) \longrightarrow N^{3-}(suda) + 3H^+(suda)$ şeklinde iyonlaşır.
II. Zayıf ve üç değerlikli bir asittir.
III. HCl çözeltisi ile tepkime verebilir.

yargılarından hangileri yanlıştır?

A) Yalnız I B) Yalnız II C) Yalnız III
D) I ve II E) I ve III

7. NH_3 gazının sudaki iyonlaşma denklemi aşağıdaki gibidir.

$NH_3(g) + H_2O(s) \rightleftharpoons X(suda) + OH^-(suda)$

Bu denkleme göre aşağıdakilerden hangisi yanlıştır?

A) NH_3, bazik özellik gösterir.
B) X, NH_2^- kök iyonudur.
C) NH_3 tek değerlikli bir bazdır.
D) NH_3 zaç yağı ile tuz oluşturabilir.
E) X bir katyondur.

8. **Aşağıda verilen reaksiyonlardan hangisinin oda koşullarında gerçekleşmesi mümkün <u>değildir</u>?**

A) $SO_3(g) + H_2O(s) \longrightarrow H_2SO_4(suda)$

B) $CO_2(g) + H_2O(s) \longrightarrow H_2CO_3(suda)$

C) $N_2O_5(g) + H_2O(s) \longrightarrow 2HNO_3(suda)$

D) $MgO(k) + H_2O(s) \longrightarrow Mg(OH)_2(suda)$

E) $CO(g) + H_2O(s) \longrightarrow H_2CO(suda)$

9.
I. CO_2
II. SO_x
III. NO_x

Yukarıda verilen oksit çeşitlerinden hangileri asit yağmurlarına sebep olur?

A) Yalnız I B) Yalnız II C) Yalnız III
D) I ve II E) I, II ve III

10.
- X maddesinin tadı ekşidir.
- Y maddesi tahriş edicidir.
- Z maddesinin sulu çözeltisinde OH^- iyonlarının sayısı H^+ iyonlarından fazladır.

X, Y ve Z maddeleri ile ilgili yukarıda verilen bilgilere göre, hangi seçenekteki bilginin doğruluğu <u>kesin değildir</u>?

A) Y maddesi bazdır.

B) X maddesi asidik bileşenler içerir.

C) Z maddesi bazik özellik gösterir.

D) Z maddesi HCl'nin sulu çözeltisi ile tepkime verir.

E) Z maddesi kırmızı turnusol boyasının rengini maviye çevirir.

karekök

11.
- Asitlerin oda koşullarında hazırlanan sulu çözeltilerinin pH değeri 7'den küçüktür.
- Bazik bir çözeltiye su eklenirse pH değeri azalır.
- NH_3 kuvvetli bir bazdır.

Yukarıda verilen bilgilerin sırası ile doğru ve ya yanlış olarak sınıflandırılmış hâli aşağıdakilerden hangisidir? *(D: Doğru, Y: Yanlış)*

A) D, Y, D B) D, D, D C) Y, D, D
D) D, D, Y E) Y, Y, D

12.

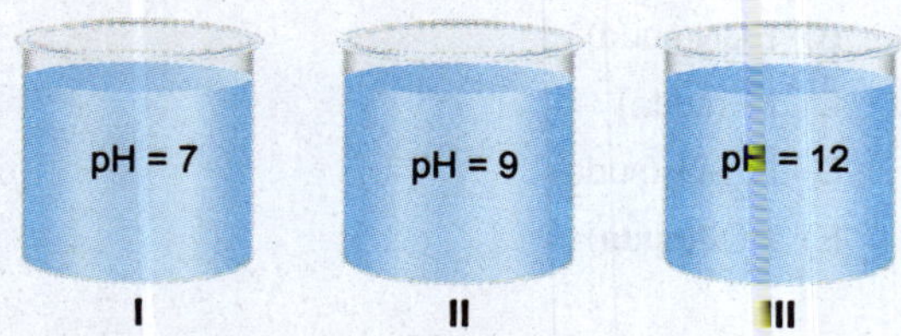

Oda koşullarında bulunan yukarıdaki sulu çözeltiler ile ilgili;

I. Birinci çözeltide hidrojen iyonlarının sayısı hidroksit iyonlarının sayısına eşittir.

II. İkinci çözelti mavi turnusol kağıdının rengini kırmızıya çevirir.

III. Üçüncü çözelti NaOH ile nötrleşme tepkimesi verir.

yargılarından hangileri doğrudur?

A) Yalnız I B) Yalnız II C) Yalnız III
D) I ve II E) I ve III

13. **Aşağıdaki maddelerden hangisi zayıf bir asittir?**

A) Tuz ruhu

B) Zaç yağı

C) Asetik asit

D) Kezzap

E) Hidrojen iyodür

1	D	2	C	3	D	4	B	5	D	6	D	7	B	8	E	9	E	10	A	11	D	12	A	13	C

1. CH_3COOH bileşiği ile ilgili aşağıdaki yargılardan hangisi <u>yanlıştır</u>?

A) Sulu çözeltisi elektrik akımını iletir.

B) Suda iyonlaşma denklemi,

$CH_3COOH \longrightarrow CH_3COO^- + H^+$

şeklindedir.

C) Sulu çözeltisinin pH değeri 7'den küçüktür.

D) Sirke ruhu olarak adlandırılır.

E) HCl çözeltisiyle nötrleşme tepkimesi verir.

2. Nötralleşme tepkimeleri ile ilgili,

I. Asit ve bazların sulu çözeltileri arasında gerçekleşir.

II. Reaktifler arasında iyon değişimi olur.

III. Sudaki H^+ iyonları ile OH^- iyonlarının etkileşimi ile gerçekleşir.

yargılarından hangileri doğrudur?

A) Yalnız I B) Yalnız II C) I ve II D) I ve III E) I, II ve III

3. NH_3 (suda) + HCl (suda) $\longrightarrow$ X (suda)

X (suda) $\longrightarrow$ Y(suda) + Cl^-(suda)

Y (suda) + H_2O(s) $\longrightarrow$ NH_3 (suda) + Z (suda)

Yukarıda verilen reaksiyonlarda X, Y ve Z ile gösterilen maddeler hangi seçenekte doğru verilmiştir?

	X	Y	Z
A)	NH_3Cl	NH_4^+	H_3O^-
B)	NH_4Cl	NH_4^+	H^+
C)	NHCl	NH_3	H_2O
D)	NH_4Cl	NH_4^+	H_3O^+
E)	$NHCl_3$	NH_3	H_2O

4.

Eklenen baz çözeltisi (mL)	0	10	50	70
X çözeltisinin pH değeri	1	3	7	9

Yukarıdaki tabloda 25 °C'taki bir X çözeltisinin pH değerinin eklenen baz çözeltisi ile değişimi verilmiştir.

Buna göre, aşağıdaki yargılardan hangisi <u>yanlıştır</u>?

A) X çözeltisi asidiktir.

B) Başlangıçtaki çözeltide sadece H^+ iyonları vardır.

C) Çözeltiye 50 mL baz ilave edildiğinde ortam nötr olur.

D) Başlangıçta ekşi olan çözeltinin tadı 70 mL baz ilavesi sonucu acıya dönmüştür.

E) Son durumda çözeltide bulunan OH^- iyonları sayısı H^+ iyonları sayısından fazladır.

5. Asit ve bazların nötrleşme tepkimeleri ile ilgili;

I. Asit ve bazların suda çözünmüş olması gerekir.

II. Asidik maddenin yapısında H atomu ve bazik maddenin yapısında OH grubu olması gerekir.

III. Tepkime sonunda açığa su çıkar.

yargılarından hangileri <u>kesinlikle</u> doğrudur?

A) Yalnız I B) Yalnız II C) I ve II D) I ve III E) II ve III

6. NaOH, HCl ve HBr maddelerinin eşit mol sayılarını içeren eşit hacimli çözeltileri karıştırıldığında aşağıdaki iyonlardan hangisinin mol sayısı <u>en az</u> olur?

A) Na^+ B) H^+ C) Cl^- D) OH^- E) Br^-

7. Aşağıda verilen nötrleşme reaksiyonlarındaki asit ve bazlardan eşit mol sayılarında alınarak çözeltiler hazırlanmış ve bu çözeltilerin belirtilen denklemlere göre etkileşime girmesi sağlanmıştır.

Buna göre, hangi reaksiyon sonucu son çözeltinin oda koşullarındaki pH değeri 7'den büyük olur?

A) $2HCl + Ca(OH)_2 \longrightarrow CaCl_2 + 2H_2O$

B) $LiOH + HCl \longrightarrow LiCl + H_2O$

C) $2NaOH + H_2SO_4 \longrightarrow Na_2SO_4 + 2H_2O$

D) $Ca(OH)_2 + H_2SO_4 \longrightarrow CaSO_4 + 2H_2O$

E) $NaOH + HCl \longrightarrow NaCl + H_2O$

karekök

8. 2 mol H_2SO_4 ve 6 mol NaOH ile hazırlanan çözeltiler karıştırılıyor.

Son çözeltinin oda koşullarındaki pH değeri aşağıdakilerden hangisi olabilir?

A) 2 B) 5 C) 6,8 D) 7 E) 9

9. n mol iki değerlikli bir asit ile 3 mol $Ca(OH)_2$ içeren çözeltiler karıştırıldığında son çözeltinin oda koşullarındaki pH değerinin 11 olduğu saptanıyor.

Buna göre, "n" değeri ve asidin formülü aşağıdakilerden hangisi olabilir?

	n	Asit
A)	3	H_3PO_4
B)	2	H_2SO_4
C)	3	H_2SO_4
D)	4	H_2SO_4
E)	2	HCl

10.

Madde	25 °C deki pH değeri
X	0
Y	9
Z	13

Yukarıdaki tabloda bazı maddelerin sulu çözeltileri ve bunların oda koşullarındaki pH değerleri verilmiştir.

Buna göre;

I. X ve Y çözeltileri karıştırılırsa son durumdaki karışımın pH değeri 7 olur.

II. X ve Y çözeltileri karıştırılırsa son durumdaki karışımın pH değeri 7'den küçük olur.

III. Y ve Z çözeltileri karıştırılırsa son durumdaki karışımın pH değeri 13'den büyük olur.

yargılarından hangileri kesinlikle yanlıştır?

A) Yalnız I B) Yalnız III C) I ve II D) I ve III E) II ve III

11. Derişimi belli çözeltiler (standart çözelti) kullanılarak derişimi bilinmeyen bir çözeltinin konsantrasyonunun bulunmasına verilen isim aşağıdakilerden hangisidir?

A) Nötrleşme B) Çökme C) Titrasyon D) Flotasyon E) Ekstraksiyon

12. n mol HCl içeren sulu çözelti ile 3 mol NaOH içeren sulu çözelti tam verimle tepkimeye girdiğince son çözeltinin pH değerinin 7 den büyük olduğu saptanıyor.

Bu çözeltiyi tamamen nötr hâle getirmek için 1 mol H_2SO_4 içeren ek bir çözeltiye ihtiyaç duyulduğuna göre başlangıçtaki HCl asidinin mol sayısı (n) kaçtır?

A) 1 B) 2 C) 3 D) 4 D) 5

karekök

13.
- $NH_3(g) + HCl(g) \longrightarrow X(k)$
- $NH_3(suda) + HCl(suda) \longrightarrow X(suda)$

Yukarıda verilen reaksiyonlar ile ilgili;

I. X maddesi NH_4Cl'dir.

II. Her ikisi de nötrleşme tepkimesidir.

III. Açığa çıkan tuzun sulu çözeltisinin pH değeri 7'den küçüktür.

yargılarından hangileri doğrudur?

A) Yalnız I B) Yalnız II C) I ve II D) I ve III E) II ve III

14. $HNO_3 + NaOH \longrightarrow NaNO_3 + H_2O$

tepkimesi sulu ortamda gerçekleştiğine göre;

I. Tepkimenin net iyon denklemi $H^+(suda) + OH^-(suda) \rightarrow H_2O(s)$ şeklindedir.

II. $NaNO_3$ bir tuzdur.

III. Tepkime sonundaki çözelti elektrolittir.

yargılarından hangileri doğrudur?

A) Yalnız I B) Yalnız II C) I ve II D) I ve III E) I, II ve III

1	E	2	E	3	D	4	B	5	D	6	D	7	A	8	E	9	B	10	B	11	C	12	A	13	D	14	E

1. Mg metali, HCl sulu çözeltisi ile oda koşullarında reaksiyon vererek magnezyum klorür tuzu ve hidrojen gazı açığa çıkarır.

Bu reaksiyonun denkleştirilmiş hâli aşağıdakilerden hangisinde doğru olarak verilmiştir?

A) $Mg(k) + HCl(suda) \longrightarrow MgCl_2(suda) + H_2(g)$

B) $Mg(k) + 2HCl(suda) \longrightarrow MgCl_2(suda) + H_2(g)$

C) $Mg(k) + HCl(suda) \longrightarrow MgCl(suda) + H_2(g)$

D) $Mg(k) + HCl(suda) \longrightarrow MgCl(suda) + \frac{1}{2} H_2(g)$

E) $Mg(k) + 2HCl(suda) \longrightarrow MgCl(suda) + H_2(g)$

2. **Aşağıdaki metallerden hangisi HCl'nin sulu çözeltisi ile tepkime vermediği hâlde H_2SO_4'ün sulu çözeltisi ile tepkime verir?**

A) Cu B) Au C) Pt D) Na E) Mg

3.
I. $Na + HCl \longrightarrow$
II. $Cu + 2HCl \longrightarrow$
III. $Hg + HF \longrightarrow$
IV. $Au + H_2SO_4 \longrightarrow$

Yukarıdaki reaksiyonlardan hangileri oda koşullarında gerçekleşebilir?

A) Yalnız I B) I ve II C) I ve III
D) II ve III E) II, III ve IV

4. **Yarı soy metaller ile ilgili;**

I. Asitlerle tepkimeleri sonucu açığa hidrojen gazı çıkar.
II. Tüm asitler ile tepkime verebilirler.
III. Aktiflikleri hidrojeninkinden daha düşüktür.

yargılarından hangileri doğrudur?

A) Yalnız I B) Yalnız II C) Yalnız III
D) II ve III E) I, II ve III

5. 1 mol X metali yeteri miktarda HCl ile tepkimeye girerek 1 mol H_2 gazı açığa çıkarmaktadır.

Buna göre, tepkimeye giren metal aşağıdakilerden hangisi <u>olamaz</u>?

A) Zn B) Ca C) Mg D) Sr E) K

6.
I. ${}_{13}Al$
II. ${}_{20}Ca$
III. ${}_{19}K$
IV. ${}_{37}Rb$

Yukarıda verilen metallerden hangilerinin 1 molü yeteri kadar kuvvetli asit ile tepkimeye girdiğinde 0,5 mol hidrojen gazı açığa çıkarır?

A) Yalnız I B) I ve II C) I ve III
D) III ve IV E) II, III ve IV

7. **Aşağıda verilen metallerden hangisi HI kuvvetli asidi ile tepkime <u>vermez</u>?**

A) Zn B) Mg C) Ag D) K E) Al

8.

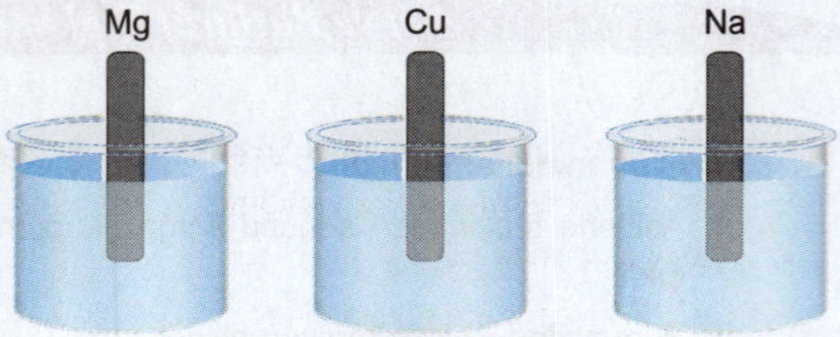

Yukarıda verilen her üç kapta da tuz ruhu (HCl) çözeltisi bulunmaktadır.

Metallerin aktiflik sıralaması,

Na > Mg > H > Cu

şeklinde olduğuna göre Mg, Cu ve Na metallerinin hangisinde aşınma meydana gelir?

A) Na B) Mg C) Mg ve Cu

D) Mg ve Na E) Mg, Cu ve Na

9. Hem asitlerle hem de bazlarla tepkime verebilen maddelere amfoter madde denir.

Buna göre, aşağıdaki metallerden hangisi amfoter <u>değildir</u>?

A) Zn B) Pb C) Cr D) Sn E) Ag

10.
- $Zn + HX \longrightarrow ZnX_2 + H_2$
- $Zn + YOH \longrightarrow Zn(OY)_2 + H_2$

Yukarıda verilen tepkimelere göre;

I. Zn metali amfoterdir.

II. Tepkimeler denkleştirilmiştir.

III. HX ve YOH sırası ile kuvvetli asit ve bazdır.

bilgilerinden hangilerine ulaşılabilir?

A) Yalnız I B) Yalnız II C) I ve II

D) I ve III E) II ve III

karekök

11.
- $Al + 3HCl \longrightarrow AlCl_3 + \frac{3}{2} H_2$
- $Ca + 2HCl \longrightarrow CaCl_2 + H_2$

Yukarıda verilen tepkimelere göre eşit mol sayılarında Ca ve Al metalleri yeterli miktarda HCl ile tamamen reaksiyona girerek açığa hidrojen gazı çıkartmaktadır.

Reaksiyona giren Al metali 2 mol olduğuna göre, tepkime sonunda açığa çıkan toplam hidrojen gazı mol sayısı nedir?

A) 2 B) 3 C) 4 D) 5 E) 6

12.

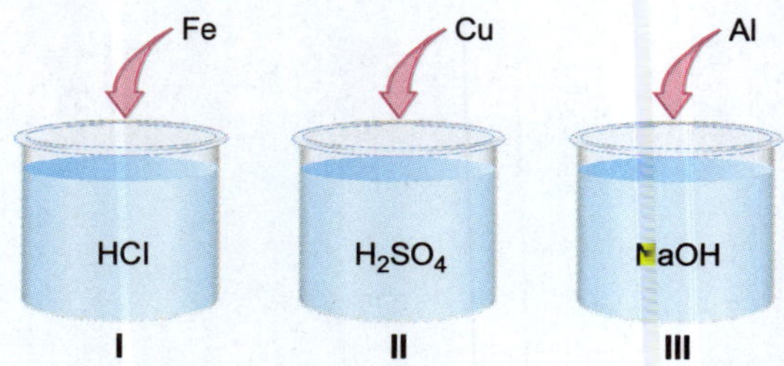

Yukarıdaki çözeltilere üzerlerinde belirtilen metaller atılmaktadır.

Buna göre, kaplarda gerçekleşen tepkimeler sonucu açığa çıkan gazlar hangi seçenekte doğru verilmiştir?

	I	II	III
A)	H_2	H_2	H_2
B)	H_2	SO_2	H_2
C)	Cl_2	SO_2	H_2
D)	Cl_2	H_2	O_2
E)	H_2	O_2	H_2

13. I. Pt

II. Ag

III. Au

Yukarıda verilen metallerden hangileri herhangi bir asitin sulu çözeltisi ile tepkime <u>vermez</u>?

A) Yalnız I B) Yalnız II C) I ve II

D) I ve III E) II ve III

1	B	2	A	3	A	4	C	5	E	6	D	7	C	8	D	9	E	10	A	11	D	12	B	13	D

1. Sülfürik asit ile ilgili aşağıda verilen bilgilerden hangisi yanlıştır?

A) Formülü H_2SO_4 tür.
B) Zaç yağı olarak da bilinir.
C) Kuvvetli bir asittir.
D) Higroskopik (su çekici) etkiye sahiptir.
E) Çok aşındırıcı bir asit olduğundan cam kap içinde saklanamaz.

2. Sülfürik asidin kullanım alanları ile ilgili;

I. Yapay gübre yapımında kullanılır.
II. Deterjan ve böcek ilacı yapımında kullanılır.
III. Sulu çözeltisi araba akülerinde elektrolit olarak kullanılır.

verilen bilgilerden hangileri doğrudur?

A) Yalnız I B) Yalnız II C) I ve II D) I ve III E) I, II ve III

3.
- X asidi PVC yapımında kullanılır.
- Y asidi sirke ruhu olarak bilinir.
- Z asidi paslanmaz çeliklerin parlatılmasında kullanılır.

Yukarıda özellikleri verilen X, Y ve Z asitlerinin formülleri hangi seçenekte doğru eşleştirilmiştir?

	X	Y	Z
A)	HCl	CH_3COOH	HNO_3
B)	H_2SO_4	$HCOOH$	HNO_2
C)	HCl	CH_3COOH	NH_3
D)	H_2SO_4	$HCOOH$	HNO_3
E)	$HClO_4$	CH_3COOH	HNO_3

4.
- Kütlece yüzdesi % 68'in üzerine çıktığı zaman duman çıkarmaya başladığından "dumanlı asit" olarak bilinir.
- Gübre yapımında kullanılır.
- TNT yapımında kullanılır.
- Temizlik maddesi olarak kullanılır.

Yukarıda verilen özelikler aşağıdaki asitlerden hangisine aittir?

A) Zaç yağı B) Kezzap C) Sirke asidi D) Tuz ruhu E) Formik asit

karekök

5. Zayıf bir asit olan asetik asit ile ilgili;

I. Formülünde iki karbon atomu bulunur.
II. Zayıf bir asit olduğundan derişik çözeltileri dahi tahriş edici değildir.
III. Sirke asidi olarak da bilinir.

verilen bilgilerden hangileri doğrudur?

A) Yalnız I B) I ve II C) I ve III D) II ve III E) I, II ve III

6. Hem gazoz benzeri içeceklerde E338 kodu ile ekşi bir tat vermek amacıyla; hem de çürük dişlerin tedavisinde kullanılan zayıf asit aşağıdakilerden hangisidir?

A) H_2SO_3 B) H_3PO_4 C) HCl D) HF E) HNO_2

7. $NaCl (k) + H_3PO_4 (s) \longrightarrow NaH_2PO_4 + HCl (g)$

tepkimesi oda koşullarında gerçekleşmektedir.

Sadece bu tepkimeye bakılarak;

I. H_3PO_4 zayıf bir asittir.

II. Tepkime sonucu açığa tuz ruhu çıkmıştır.

III. Tepkime ekzotermiktir.

bilgilerinden hangilerine ulaşılamaz?

A) Yalnız I B) Yalnız II C) I ve II

D) I ve III E) II ve III

8. X bazı ile ilgili aşağıdaki bilgiler verilmektedir:

- Su arıtımında su içinde askıda kalmış kirlerin çökmesi için kullanılır.
- Sönmüş kireç olarak bilinir.

Buna göre, bu baz ile ilgili aşağıda verilen bilgilerden hangisi yanlıştır?

A) Formülü $Ca(OH)_2$ dir.

B) Dihidroksi (iki değerlikli) bir bazdır.

C) CaO iyonik bileşiğinin su ile tepkimesinden elde edilir.

D) Kağıt üretiminde kullanılır.

E) NH_3 molekülünün sulu çözeltisi ile nötrleşme tepkimesi verir.

9. Sud kostik ile ilgili aşağıda verilen bilgilerden hangisi doğrudur?

A) Formülü KOH'tur.

B) Oda koşullarında sulu çözeltisinin pH değeri 7'den küçüktür.

C) Sabun yapımında kullanılır.

D) Tahriş edici değildir.

E) Zayıf bazdır.

10. I. Sabun yapımında kullanılma

II. Tıkanık lavaboların açılmasında kullanılma

III. Kuvvetli bir baz olma

IV. Tahriş edici olma

Yukarıdaki özelliklerden hangileri hem NaOH hem de KOH için ortaktır?

A) Yalnız I B) I ve II C) I, II ve III

D) I, III ve IV E) I, II, III ve IV

11. I. Lavabo açıcılarda kullanılır.

II. Sulu çözeltisi H^+ iyonu içermez.

III. Katı sabun yapımında kullanılır.

Yukarıda verilen özelliklerden hangisi potas kostiğe (KOH) ait değildir?

A) Yalnız I B) Yalnız II C) I ve II

D) II ve III E) II ve III

12. I. Temizlik maddesi olarak kullanılır.

II. Gübre üretiminde kullanılır.

III. Suda çözündüğünde % 100 iyonlarına ayrışır.

Yukarıda verilen özelliklerden hangisi HNO_3 için doğru NH_3 için yanlıştır?

A) Yalnız I B) Yalnız III C) I ve II

D) I ve III E) II ve III

karekök

13. NH_3 ile ilgili;

I. Amonyum olarak bilinir.

II. Suda çözündüğünde N^{3-} ve H^+ iyonlarını verir.

III. Kuvvetli bir bazdır.

yargılarından hangileri yanlıştır?

A) Yalnız I B) Yalnız II C) I ve II

D) I ve III E) I, II ve III

14. Asit ve bazlarla ilgili aşağıdakilerden hangisi yanlıştır?

A) Tümü tahriş edicidir.

B) Zarar verebilecekleri en öncelikli organ gözdür.

C) HF hariç cam kaplarda saklanabilirler.

D) İçinde bulundukları kapların kapakları daima kapalı olmalıdır.

E) Asit ve bazların nem çekici özelliği yoktur.

1	E	2	E	3	A	4	B	5	C	6	B	7	D	8	E	9	C	10	E	11	D	12	B	13	E	14	E

1. **Tuz ruhu ve sud kostik maddelerinin sulu çözeltilerinin karıştırılması sonucu elde edilen tuz için aşağıdakilerden hangisi yanlıştır?**

A) Formülü NaCl'dir.

B) Kendini oluşturan atomlar arası bağ kovalenttir.

C) Sabun yapımında kullanılır.

D) Sebzeleri salamura yapmak için kullanılır.

E) Erime ve kaynama noktası oda sıcaklığının üzerindedir.

2. I. Sofra tuzu

II. Yemek sodası

III. Kireçtaşı

Yukarıdaki tuzlardan hangilerinin formülünde sodyum bulunmaz?

A) Yalnız I B) Yalnız II C) Yalnız III

D) I ve III E) I, II ve III

3. I. Çamaşır sodası olarak bilinir.

II. Kabartma tozu olarak kullanılır.

III. Sodyum atomu içerir.

IV. Havuzların pH değerlerinin yükseltilmesinde kullanılır.

V. Mide asidinden kaynaklanan hastalıkların tedavisinde kullanılır.

Yukarıda verilen özelliklerden hangileri Na_2CO_3 için doğru $NaHCO_3$ için yanlıştır?

A) Yalnız I B) Yalnız III C) I ve II

D) I, II ve IV E) II, IV ve V

4. **Küf gibi kötü kokuları absorbe ettiği için kitapçılarda kullanılan tuz aşağıdakilerden hangisidir?**

A) NaCl B) Na_2CO_3 C) K_2SO_4

D) LiCl E) $NaHCO_3$

5. **$NaHCO_3$ tuzu ile ilgili;**

I. Kabartma tozu üretiminde kullanılır.

II. Asidik bir tuzdur.

III. Sud kostik ile karbonik asitin etkileşmesi ile oluşabilir.

yargılarından hangileri doğrudur?

A) Yalnız I B) Yalnız II C) Yalnız III

D) I ve III E) I, II ve III

6. **Aşağıdaki tuzlardan hangisinin özelliği ya da kullanım alanı yanlış verilmiştir?**

	Tuz	Özellik / Kullanım Alanı
A)	NaCl	Gıda maddelerinin tatlandırılmasında ve uzun süre saklanmasında kullanılır
B)	$CaCO_3$	Kireç, mermer ve tebeşir üretiminde kullanılır.
C)	$NaHCO_3$	Çamaşırların temizlenmesinde kullanılır.
D)	NH_4Cl	Asidir bir tuzdur.
E)	Na_2CO_3	Bazik bir tuzdur.

7.

	Tuz	Kimyasal adı
I.	$NaHCO_3$	Sodyum karbonat
II.	NH_4Cl	Amonyum klorat
III.	$CaCO_3$	Kalsiyum karbonat

Yukarıdaki tuzlardan hangilerinin kimyasal adı doğru verilmiştir?

A) Yalnız I B) Yalnız II C) Yalnız III

D) I ve III E) I, II ve III

karekök

8. 
Mermer

Tebeşir

Yukarıda verilen materyallerin ham maddesi olarak bilinen kireç taşının formülü aşağıdakilerden hangisidir?

A) $CaCl_2$ B) K_2CO_3 C) $CaSO_4$ D) LiCl E) $CaCO_3$

9. • $X + ısı \longrightarrow Y + CO_2$
• $Y - H_2O \longrightarrow Ca(OH)_2$

Yukarıda verilen reaksiyonlardaki X ve Y maddeleri ile ilgili aşağıdakilerden hangisi yanlıştır?

A) Y maddesi iki atomlu bir iyonik bileşiktir.
B) Y maddesi sönmemiş kireç olarak bilinir.
C) X maddesi asitler ile tepkimeye girdiğinde CO_2 gazı açığa çıkarır.
D) X maddesi kâğıt üretiminde kullanılır.
E) Y'nin sulu çözeltisi asidik özellik gösterir.

10. **Nişadır olarak bilinen ve sığır yemlerinde kullanılan tuz aşağıdakilerden hangisidir?**

A) KNO_3 B) Na_2CO_3 C) NH_4Cl D) NH_3 E) $MgCO_3$

11. **Amonyum klorür tuzu ile ilgili;**
I. Sulu çözeltisinin pH değeri 7'den küçüktür.
II. Öksürük şurubu ve kuru pil üretiminde kullanılır.
III. Amonyak ile tuz ruhu çözeltisinin etkileşmesi ile oluşur.

yargılarından hangileri doğrudur?

A) Yalnız I B) Yalnız II C) I ve II D) I ve III E) I, II ve III

12. **Aşağıdaki tuzlardan hangisinin çözeltisinde H_3O^+ iyon sayısı OH^- iyon sayısından fazladır?**

A) $NaHCO_3$ B) NaCl C) Na_2CO_3 D) NH_4Cl E) $CaCO_3$

13. I. Kireç taşı
II. Yemek tuzu
III. Çamaşır sodası

Yukarıdaki tuzların bir formül birimindeki atom sayıları hangi seçenekte doğru karşılaştırılmıştır?

A) I > II > III B) I > III > II C) II > I > III D) II > III > I E) III > I > II

14. **I.** Öksürük şuruplarında kullanılır.
II. Çamaşır sodası yapımında kullanılır.
III. Hamur işlerinin kabartılmasında kullanılır.

Yukarıda 3 farklı tuzun özellikleri verilmiştir.

Buna göre, bu tuzların formülleri aşağıdakilerden hangisinde doğru verilmiştir?

	I	II	III
A)	NH_4Cl	$NaHCO_3$	Na_2CO_3
B)	NH_4Cl	Na_2CO_3	$CaCO_3$
C)	NH_4Cl	Na_2CO_3	$NaHCO_3$
D)	NaCl	Na_2CO_3	$CaCO_3$
E)	NaCl	$NaHCO_3$	$CaCO_3$

karekök

1	B	2	C	3	A	4	E	5	D	6	C	7	C	8	E	9	E	10	C	11	E	12	D	13	E	14	C

1. I. Fenolftalein

II. Metil oranj

III. Saf su

Yukarıdaki maddelerden hangileri asit ve baz ayıracı olarak kullanılır?

A) Yalnız I B) I ve II C) I ve III

D) II ve III E) I, II ve III

2.

Yukarıda verilen deney düzeneğinde gerçekleşen kimyasal tepkime ile ilgili;

I. Nötrleşme reaksiyonudur.

II. Ürün olarak tuz ve su oluşur.

III. Erlenmayerdeki çözeltinin pH değeri zamanla azalır.

yargılarından hangileri doğrudur?

A) Yalnız II B) Yalnız III C) I ve III

D) II ve III E) I, II ve III

3.
- Yarı soy metaller; Cu, Hg ve Ag sadece içinde oksijen olan kuvvetli asitler ve oksijen ile tepkime verir.
- Soy metaller (Pt ve Au); asit, baz ve oksijenle tepkime veremezler.

Buna göre, aşağıdaki reaksiyonlardan hangisi gerçekleşir?

A) $Cu + NaOH \longrightarrow$

B) $Pt + O_2 \longrightarrow$

C) $Au + HNO_3 \longrightarrow$

D) $Hg + Ca(OH)_2 \longrightarrow$

E) $Ag + O_2 \longrightarrow$

4. Kuvvetli bir asit olan H_2SO_4, kuvvetli bir baz olan NaOH ile tepkimeye girdiğinde açığa tuz ve su çıkar.

Bu reaksiyonun denkleşmiş hâli aşağıdakilerden hangisinde doğru verilmiştir?

A) $NaOH + H_2SO_4 \longrightarrow Na(SO)_4 + 2H_2O$

B) $2H_2SO_4 + NaOH \longrightarrow Na_2SO_4 + 4H_2O$

C) $H_2SO_4 + NaOH \longrightarrow Na_2S + H_2O$

D) $H_2SO_4 + 2NaOH \longrightarrow Na_2SO_4 + 2H_2O$

E) $2NaOH + H_2SO_4 \longrightarrow Na_2SO_4 + H_2O$

5.

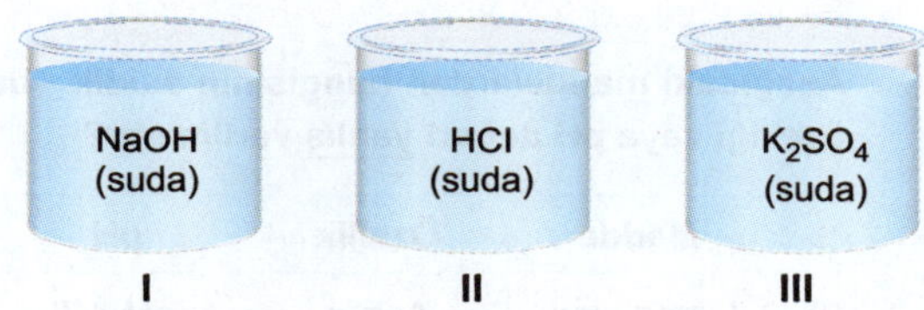

Yukarıda oda koşullarında hazırlanmış üç çözelti türü verilmiştir.

Buna göre hazırlanan bu üç çözelti için aşağıdakilerden hangisi <u>yanlıştır</u>?

A) I. çözeltinin pH değeri 7'den büyüktür.

B) II. çözelti insan vücudu için tahriş edicidir.

C) Sadece III. çözelti elektrolittir.

D) I ve II. çözelti karıştırılırsa nötralleşme tepkimesi gerçekleşir.

E) III. çözeltinin pH değeri 7'dir.

6. Aşağıdaki maddelerden hangisi bazik özellik gösterir?

A) Sirke B) Ekşi elma

C) Limon suyu D) Portakal suyu

E) Katı sabun

karekök

7. **Bir kimyasal reaksiyona nötralleşme tepkimesi denilebilmesi için;**

I. Reaksiyona girenlerin sulu ortamda asidik ve bazik özellik göstermeleri

II. $H^+(suda) + OH^-(suda) \longrightarrow H_2O(s)$ reaksiyonunun gerçekleşmesi

III. Reaksiyonun artansız gerçekleşmesi

niteliklerinden hangileri gereklidir?

A) Yalnız I B) I ve II C) I ve III D) II ve III E) I, II ve III

8. **Aşağıdaki maddelerden hangisinin asidik - bazik özelliği veya pH değeri <u>yanlış</u> verilmiştir?**

	Madde	Özellik	pH
A)	Limon suyu	Asidik	pH < 7
B)	Sirke	Asidik	pH < 7
C)	Sabun	Bazik	pH < 7
D)	Zaç yağı	Asidik	pH < 7
E)	Deterjan	Bazik	pH > 7

9. 2 mol H_2SO_4 ün sulu çözeltisi ile 1 mol NaOH"in sulu çözeltileri karıştırılıyor.

Son durumda artan asit ya da baz olmaması için aşağıdakilerden hangisi eklenmelidir?

A) 3 mol KOH B) 3 mol HCl C) 2 mol NaOH D) 2 mol NaOH E) 4 mol HCN

10. I. Mg(k)

II. Al(k)

III. ZnO(k)

IV. Cu(k)

V. Au(k)

Yukarıdaki maddelerden kaç tanesi HCl çözeltisi ile tepkime verir?

A) 1 B) 2 C) 3 D) 4 E) 5

11.

Limon Sirke Elma

Yukarıda verilen besin maddeleri belli başlı asitleri içermektedir.

Aşağıdakilerden hangisi fotoğraflardaki besin maddelerinin içerdiği asitlerden biri değildir?

A) Malik asit B) Asetik asit C) Askorbik asit D) Sitrik asit E) Karbonik asit

karekök

12. **Aşağıdaki asit veya bazlardan hangisinin yakıcı ve tahriş edici özelliği diğerlerine göre çok azdır?**

A) Süfürik asit B) Sitrik asit C) Nitrik asit D) Sud kostik E) Potasyum hidroksit

1 B 2 E 3 E 4 D 5 C 6 E 7 B 8 C 9 A 10 C 11 E 12 B

1. $Cu(k) + HNO_3(aq) \rightarrow Cu(NO_3)_2(aq) + NO(g) + H_2O(g)$

reaksiyonu oda koşullarında gerçekleşmektedir.

Buna göre;

I. Reaksiyon denkleştirilmemiştir.

II. Cu elementi hidrojenden daha aktiftir.

III. Cu elementi yarı soy metaldir.

yargılarından hangileri doğrudur?

A) Yalnız I B) Yalnız II C) Yalnız III

D) I ve III E) I, II ve III

2. I. $SO_3(g)$

II. $CO_2(g)$

III. $Al_2O_3(k)$

IV. $NO(g)$

V. $N_2O_5(g)$

Yukarıda verilen maddelerden hangisinin sulu çözeltisi bazlarla tepkime verdiği hâlde asitlerle tepkime <u>vermez</u>?

A) I ve II B) I ve IV C) II ve III

D) I, II ve V E) II, III, IV ve V

3. Metil oranj indikatörü asidik çözeltilerde kırmızı, nötr çözeltilerde turuncu, bazik çözeltilerde ise sarı rengi verir.

Yukarıda verilen çözeltilere metil oranj indikatörü damlatılırsa çözeltilerin rengi sırası ile aşağıdakilerden hangisi gibi olur?

A) Turuncu, sarı, kırmızı

B) Turuncu, kırmızı, sarı

C) Sarı, turuncu, kırmızı,

D) Sarı, kırmızı, kırmızı,

E) Turuncu, sarı, sarı

4. I. $Zn + H_2SO_4 \longrightarrow X + Y$

II. $Cu + H_2SO_4 \longrightarrow CuSO_4 + T + Z$

Yukarıda verilen reaksiyonlar ile ilgili,

I. X ve Y sırasıyla tuz ve hidrojen gazıdır.

II. T maddesi SO_2, Z maddesi sudur.

III. Zn, hidrojenden aktif bir metaldir.

yargılarından hangileri doğru olabilir?

A) Yalnız I B) Yalnız II C) Yalnız III

D) I ve III E) I, II ve III

5. I. pH metre kullanmak

II. Kırmızı turnusol boyası kullanmak

III. Mavi turnusol kâğıdı kullanmak

Bir maddenin sulu çözeltisinin asidik, bazik ya da nötr özellik gösterdiğini <u>kesin olarak</u> belirlemek isteyen bir öğrenci yukarıdaki işlemlerden hangilerini yapabilir?

A) Yalnız I B) Yalnız II C) Yalnız III

D) I ve III E) I, II ve III

6.

Aşağıdakilerden hangisi yukarıda verilen asit, baz ya da tuz olduğu bilinen üç çözelti için de ortaktır?

A) İndikatörlerin rengini değiştirme

B) Asitlerle tuz oluşturma

C) Elektriği iletebilme

D) Cu metali ile tepkimeye girebilme

E) Ekşi bir tada sahip olma

7. **Bir asit ya da bazın kuvvetli olduğunun anlaşılması için;**

I. suda yüzde kaç oranında iyonlaştığı,

II. kütlece yüzde derişimi,

III. pH değeri

niceliklerinden hangilerinin tek başına bilinmesi yeterlidir?

A) Yalnız I B) Yalnız II C) Yalnız III D) I ve III E) II ve III

8. I. $H_2SO_4(aq) + NaOH(aq) \rightarrow Na_2SO_4(aq) + H_2O(s)$

II. $C(k) + \frac{1}{2}O_2(g) \longrightarrow CO(g)$

III. $NH_3(g) + HF(g) \longrightarrow NH_4F(k)$

Yukarıdaki tepkimelerden hangileri asit - baz tepkimesi olduğu hâlde bir nötrleşme tepkimesi <u>değildir</u>?

A) Yalnız I B) Yalnız II C) Yalnız III D) I ve III E) II ve III

9.

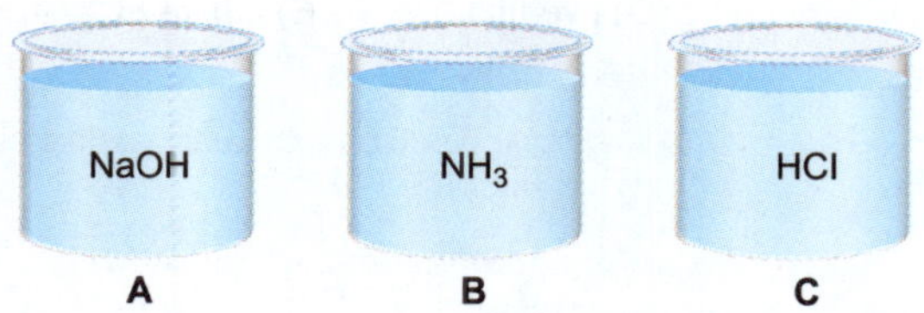

Yukarıda verilen kaplarda belirtilen asit ve bazlarla çözeltiler hazırlanmıştır.

Buna göre;

I. A kabındaki çözelti C kabındaki çözelti ile tepkime verir.

II. B kabındaki çözelti A kabındaki çözelti ile tepkime verir.

III. Çözeltiler, eşit mol sayılarında asit ve bazlarla eşit hacimli olarak hazırlanırsa, karıştırıldıklarında son çözeltinin pH değeri 7 olur.

yargılarından hangileri doğrudur?

A) Yalnız I B) Yalnız II C) Yalnız III D) I ve III E) II ve III

karekök

10. **Monohidroksi bir bazın 3 molü ile triprotik bir asidin x molü artansız olarak tepkimeye girdiklerine göre, x değeri aşağıdakilerden hangisidir?**

A) 1 B) 2 C) 3 D) 4 E) 5

11.
- X maddesi tahriş edicidir ve yapısında –OH grubu vardır.
- Y maddesinin sulu çözeltisinin oda koşullarındaki pH değeri 7'dir.
- Z maddesi potas kostik ile tepkime vererek tuz ve su oluşturur.

Yukarıda verilen bilgilere göre;

I. Z maddesi bir asidin sulu çözeltisidir.

II. Y maddesi ile oluşturulan sulu çözeltide H^+ ve OH^- iyonlarının sayısı eşittir.

III. X maddesi bir bazdır.

yargılarından hangilerinin doğruluğu <u>kesin değildir</u>?

A) Yalnız I B) Yalnız II C) Yalnız III D) I ve III E) II ve III

12. **Birer mol Mg ve Na metalleri yeterli miktarda HI çözeltisi ile tepkimeye girdiğinde açığa çıkacak hidrojen gazının toplam mol sayısı aşağıdakilerden hangisinde doğru verilmiştir?**

(Mg ile Na elementleri periyodik tablonun sırasıyla 2A ve 1A grubunda bulunur.)

A) 1 B) 1,5 C) 2 D) 2,5 E) 3

13. I. Al

II. Sn

III. Be

Yukarıdaki metallerden hangileri hem asit hem de bazlarla tepkime verir?

A) Yalnız I B) Yalnız II C) Yalnız III D) I ve III E) I, II ve III

1	D	2	D	3	A	4	E	5	A	6	C	7	A	8	C	9	A	10	A	11	C	12	B	13	E

UYGULAMA TESTİ - 3

1. **Cabir Bin Hayyan tarafından sentezlenen ve nitrik asit ile birlikte demir çelik sanayisinde pasın temizlenmesinde kullanılan kuvvetli asit aşağıdakilerden hangisidir?**

A) HCl B) HCN C) HF

D) HNO_3 E) CH_3COOH

2.

I II III

Yukarıda bulunan kaplarda HCl, H_2SO_4 ve NaOH maddelerine ait çözeltiler vardır. Aşağıda ise bu maddelere ait özellikler verilmiştir.

- Birinci kaptaki madde suya atıldığında %100 iyonlarına ayrışıyor.
- İkinci kaptaki madde Cu ile tepkime vermiyor.
- Üçüncü kaptaki madde Mg ile tepkime vermiyor.

Buna göre, bu maddeler ile ilgili aşağıdakilerden hangisi <u>yanlıştır</u>?

A) Birinci kaptaki madde H_2SO_4 çözeltisidir; deterjan yapımında kullanılır.

B) İkinci kaptaki madde HCl çözeltisidir; PVC yapımında kullanılır.

C) Üçüncü kaptaki madde NaOH çözeltisidir; beyaz sabun yapımında kullanılır.

D) Maddelerin tümü tahriş edicidir.

E) İkinci kapta bulunan çözelti araba akülerinde kullanılır.

3. Zaç yağı (I), sirke ruhu (II) ve potas kostiğin (III) eşit derişimli sulu çözeltileri hazırlanmıştır.

Bu çözeltilerin oda koşullarındaki pH sıralaması aşağıdakilerden hangisinde doğru verilmiştir?

A) I < II < III B) II < III < I C) III < II < I

D) I < III < II E) II < I < III

4. I. CO_2 gazının tutulmasında kullanılır.

II. Gıda katkı maddesi olarak kullanılır.

III. Binaların badana yapılmasında kullanılır.

Yukarıda verilen kullanım alanlarından hangileri $Ca(OH)_2$ için doğru NaOH için <u>yanlıştır</u>?

A) Yalnız I B) Yalnız II C) Yalnız III

D) I ve III E) II ve III

5.

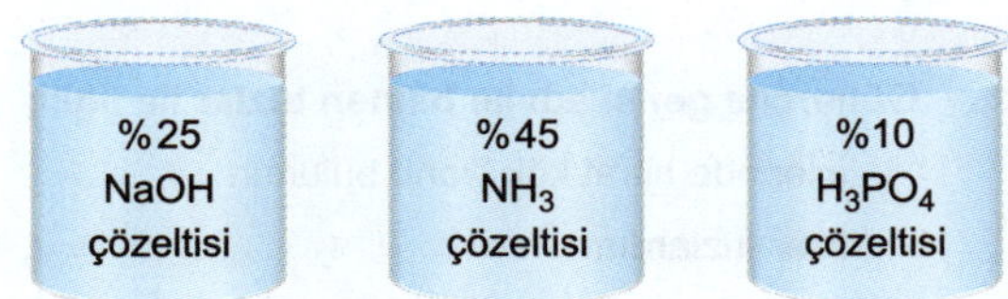

I II III

Yukarıdaki kaplarda bulunan asit ve bazların sulu çözeltilerinin özellikleri ve kullanım alanları ile ilgili;

I. Kaplardaki çözeltilerin pH sıralaması I > II > III şeklindedir.

II. İkinci kaptaki çözelti temizlik malzemelerinde ve plastik sektöründe kullanılır.

III. Birinci kaptaki çözelti dondurmanın kıvamlı hâle getirilmesinde kullanılır.

IV. Üçüncü kaptaki çözelti bazı gıdaların asitliğini düşürmek için kullanılır.

yargılardan hangileri <u>kesinlikle</u> doğrudur?

A) Yalnız II B) I ve II C) II ve III

D) I, III ve IV E) II, III ve IV

6. **Tuzlar ile ilgili aşağıdakilerden hangisi <u>yanlıştır</u>?**

A) Oda koşullarındaki pH değerleri 7'den farklı olabilir.

B) Tamamında metal atomu bulunur.

C) Sofra tuzu olarak bilinen türü NaCl'dir.

D) Kireç taşı olarak bilinen türü $CaCO_3$ tür.

E) Na_2CO_3 çamaşır sodası olarak bilinir ve temizlik maddesi olarak kullanılır.

7. I. Böbrek taşı düşürmekte olan bir insanın limon ve portakal suyu gibi içecekler içmesi

II. Mide rahatsızlığına sahip birinin $Mg(OH)_2$ gibi bazlar içeren alkali su içmesi

III. Yemek sonrası hazımsızlık çeken birinin maden suyu içmesi

Yukarıda verilen örneklerden hangileri asit ve bazların günlük hayattaki kullanım alanları arasında gösterilebilir?

A) Yalnız I B) Yalnız II C) Yalnız III D) I ve III E) I, II ve III

8. **Güherçile genel adı ile bilinen tuzlar ile ilgili;**

I. İçlerinde nitrat kök iyonu bulunur.

II. Nötr tuzlardır.

III. Havai fişek yapımında kullanılır.

verilen özellik ve kullanım alanlarından hangileri ortak <u>değildir</u>?

A) Yalnız III B) I ve II C) I ve III D) II ve III E) I, II ve III

9. **Diş macunu yapımında kullanılan ve doğada tebeşir olarak bulunabilen tuz aşağıdakilerden hangisidir?**

A) $CaCl_2$ B) K_2CO_3 C) $CaSO_4$ D) LiCl E) $CaCO_3$

10. I. $NH_4Cl(suda) \longrightarrow NH_4^+(suda) + Cl^-(suda)$

II. $NaHCO_3(suda) \longrightarrow NaH^+(suda) + CO_3^-(suda)$

III. $Na_2CO_3(suda) \longrightarrow 2Na^+(suda) + CO_3^{2-}(suda)$

Yukarıdaki tuzlardan hangilerinin suda çözünme tepkimesi yanlış <u>verilmiştir</u>?

A) Yalnız I B) Yalnız II C) Yalnız III D) I ve III E) I, II ve III

11.

Yukarıda verilen kaplarda üç farklı tuza ait sulu çözeltiler ve bunlara kırmızı turnusol boyası damlatıldıktan sonraki renk durumları verilmiştir.

Bu tuzlar ile ilgili;

I. Birinci kaptaki tuz NaCl olabilir.

II. İkinci kaptaki tuz Na_2CO_3 olabilir.

III. Üçüncü kaptaki tuz $(NH_4)_3PO_4$ olabilir.

verilen yargılardan hangileri <u>kesinlikle yanlıştır</u>?

A) Yalnız I B) Yalnız II C) Yalnız III D) I ve II E) II ve III

12. **Sodyum bikarbonat tuzu ile ilgili;**

I. Kabartma tozu olarak bilinir.

II. Formülü $NaHCO_3$ tür.

III. Oda koşullarında hazırlanan sulu çözeltisinin pH değeri 7'den yüksektir.

yargılarından hangileri doğrudur?

A) Yalnız I B) Yalnız II C) Yalnız III D) I ve III E) I, II ve III

13. I. HCl ve NaOH

II. NaOH ve H_2CO_3

III. HCl ve NH_3

Yukarıdaki asit-baz çiftlerinin etkileşmesi sonucunda oluşan tuzların sulu çözeltilerinin pH değerleri hangi seçenekte doğru karşılaştırılmıştır?

A) I > II > III B) I > III > II C) II > I > III D) II > III > I E) III > II > I

karekök

1 A 2 E 3 A 4 C 5 C 6 B 7 E 8 A 9 E 10 B 11 D 12 E 13 C

8. BÖLÜM

KİMYA HER YERDE

1. Katı sabunun elde edilmesinde .... bazı kullanılırken sıvı sabunun (arap sabunu) yapımında .... bazı kullanılır.

Yukarıdaki metinde boşluklara yazılması gereken maddeler sırası ile aşağıdakilerden hangisinde doğru verilmiştir?

A) $Mg(OH)_2$, KOH
B) NaOH, KOH
C) NaOH, $Ca(OH)_2$
D) KOH, $Ca(OH)_2$
E) $Ca(OH)_2$, KOH

2. I. Alkol
II. Kireç kaymağı
III. Çamaşır suyu
IV. Tuz ruhu
V. Oksijenli su

Yukarıda verilen kimyasallardan kaç tanesi hijyen sağlayıcı olarak kullanılabilir?

A) 1 B) 2 C) 3 D) 4 E) 5

3. Sert sularla ilgili;

I. Ca^{2+} ve Mg^{2+} gibi iyonları aşırı miktarda içeren sulardır.
II. Çamaşır ve bulaşık makinelerinde kireçlenmeye neden olur.
III. Sabunlarla temizlik verimleri yüksektir.

yargılarından hangileri doğrudur?

A) Yalnız I B) Yalnız II C) I ve II
D) II ve III E) I, II ve III

karekök

4.

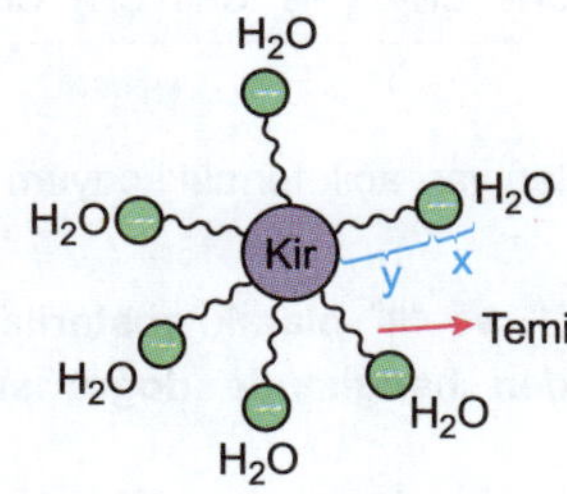

Yukarıdaki şema bir temizlik maddesinin yağlı bir kiri temizleme sürecini göstermektedir.

Buna göre;

I. Temizlik maddesinin x ucu hidrofil özellik gösterir.
II. Temizlik maddesinin y ucu apolar özellik gösterir.
III. Temizlik maddesi sabundur.

yargılarından hangileri <u>kesinlikle</u> doğrudur?

A) Yalnız I B) Yalnız II C) I ve II
D) II ve III E) I, II ve III

5. I. Sert suda köpürebilmesi
II. Hidrofobik uç içermesi
III. Eldesi sırasında kuvvetli baz kullanılması

Yukarıda verilen özelliklerden hangileri sabun ve deterjanlar için ortaktır?

A) Yalnız I B) Yalnız II C) I ve II
D) I ve III E) II ve III

6. I. Sabun
II. Parfüm
III. Diş macunu

Yukarıdaki maddelerden hangileri kozmetik ürünüdür?

A) Yalnız I B) I ve II C) I ve III
D) II ve III E) I, II ve III

7.

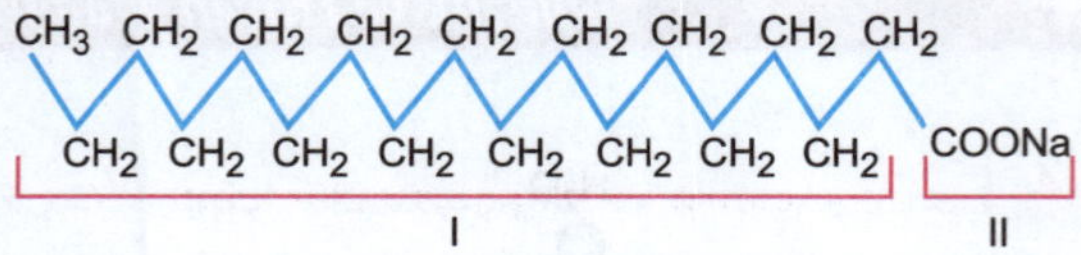

Yukarıda verilen yarı açık formül sodyum stearat sabununa aittir.

Formüldeki "I" ve "II" olarak gösterilen kısımlar aşağıdakilerden hangisinde doğru sınıflandırılmıştır?

	I	II
A)	Hidrofilik	Hidrofobik
B)	Hidrofobik	Hidrofilik
C)	Apolar	Apolar
D)	Hidrofobik	Apolar
E)	Polar	Hidrofilik

8. Sabunun, eldeki yağı temizlemesine ait aşağıdaki bilgilerden hangisi yanlıştır?

A) Sabunun hidrofobik ucu yağ ile etkileşir.

B) Sabunun hidrofilik ucu su ile etkileşir.

C) Sabun, yağı bulunduğu ortamlardan çekerek suyla birlikte ortamdan uzaklaştırır.

D) Kullanılan baz NaOH ise sabun serttir.

E) Sabunun hidrofilik kısmı polar olduğu için yağı tutabilir.

9. I. Çamaşır suyu

II. Çamaşır sodası

III. Katı sabun

Yukarıda verilen üç temizleyicinin ana maddesi için ortak olabilecek atom hangisidir?

A) Na B) K C) C D) H E) S

10. Deterjanlar ile ilgili;

I. Mikroorganizmalar tarafından kolay parçalanabilirler.

II. Sert sudaki Ca^{2+} ve Mg^{2+} gibi metal iyonları ile çökme reaksiyonu verirler.

III. Sabuna göre daha iyi temizleyicidirler.

yargılarından hangileri yanlıştır?

A) Yalnız I B) I ve II C) I ve III

D) II ve III E) I, II ve III

11. Çamaşır sodası için;

I. Kimyasal adı sodyum karbonattır.

II. Temizlik malzemesi olarak kullanılabilir.

III. Sert sularda kullanılması uygun değildir.

yargılarından hangileri doğrudur?

A) Yalnız I B) I ve II C) I ve III

D) II ve III E) I, II ve III

12. Kireç kaymağı ile ilgili;

I. $Ca(ClO)_2$ formülü ile gösterilir.

II. Hijyen amaçlı kullanılan temizlik maddesidir.

III. Kimyasal adı kalsiyum klorattır.

yargılarından hangileri doğrudur?

A) Yalnız I B) Yalnız II C) Yalnız III

D) I ve II E) I, II ve III

1	B	2	E	3	C	4	C	5	E	6	E	7	B	8	E	9	A	10	B	11	B	12	D

KAVRAMA TESTİ - 2

1. Sabun ve deterjanlar için aşağıdakilerden hangisi ortak <u>değildir</u>?

A) Hidrofobik kısım içermeleri

B) Hidrofilik kısım içermeleri

C) Sert suda, metal iyonları ile çökelek oluşturmaları

D) Üretimlerinde kuvvetli bazların kullanılması

E) Suda çözünebilmeleri

2. Kireç ve yağ çözücüler, tuvalet temizleyicileri lavabo açıcılar gibi temizlik malzemeleri için bilinmesi gereken en önemli bilgi, bunların çocukların ulaşamayacağı yerlere konması gerektiğidir.

Aşağıdakilerden hangisi adı geçen malzemelerin çocukların ulaşamayacağı yerlere konmasının nedenleri arasında <u>gösterilemez</u>?

A) Temizlik maddelerinin kuvvetli alkali veya asit özelliği göstermesi

B) Temizlik malzemelerinin solunmasının solunum yollarına zarar vermesi

C) Temizlik malzemelerinin, sadece aşırı miktarının insan vücudu için zararlı olması

D) Temizlik malzemelerinin bir doku ile teması sonucu dokunun zarar görmesi

E) Yanlışlıkla vücuda alınan temizlik malzemesinin sindirim sistemini tahriş etmesi

3 I. Asidik olma

II. Bazik olma

III. Temas sonrasında deriyi tahriş etme

Yukarıda verilen özelliklerden hangileri kireç çözücüler ve tuvalet temizleyicileri için ortaktır?

A) Yalnız I B) Yalnız II C) Yalnız III

D) I ve III E) II ve III

4. Lavabo açıcılar ve yağ çözücüler için;

I. Kuvvetli alkali yapıları vardır.

II. Sıcak su ile beraber kullanılırlar.

III. Göz ve ciltte kaşınma ve yanıklara sebep olabilirler.

yargılarından hangileri doğrudur?

A) Yalnız I B) Yalnız III C) I ve II

D) I ve III E) I, II ve III

5. I. Na^{+}

II. K^{+}

III. Fe^{2+}

Yukarıdaki metal katyonlarından hangileri sabun yapısında bulunabilir?

A) Yalnız I B) Yalnız III C) I ve II

D) I ve III E) I, II ve III

6.

Yukarıda verilen temizlik malzemeleri için;

I. sert suda kiri iyi temizlemeleri,

II. NaOH dan elde edilmeleri,

III. bozunmaya uğradıklarında açığa Cl_2 gazı çıkarmaları

özelliklerinden hangileri ortak <u>değildir</u>?

A) Yalnız I B) I ve II C) I ve III

D) II ve III E) I, II ve III

7. I. Kireç kaymağı

II. Çamaşır suyu

III. Saç spreyi

Yukarıdakilerden hangileri hijyen amacıyla kullanılan temizlik maddelerine örnek verilebilir?

A) Yalnız I B) Yalnız II C) I ve II

D) I ve III E) II ve III

8. I. Aktif Madde: Deterjanın kir ile etkileşerek etkin temizlik yapan bileşenidir.

II. Sertlik gidericiler: Suyun sert olmasına sebep olan iyonları ortamdan uzaklaştırarak yüzey aktif maddenin daha verimli çalışmasını sağlarlar.

III. Ağartıcılar: Çamaşırdan ayrılan kirlerin tekrar çamaşıra yapışmasını önler.

IV. Enzim parçalayıcılar: Suda kolay parçalanmayan (kan vb.) lekeler için kullanılırlar.

Yukarıdaki deterjan temel bileşenlerinden hangilerinin özelliği doğru verilmiştir?

A) Yalnız I B) Yalnız II C) I ve II

D) I, II ve IV E) I, II, III ve IV

9.

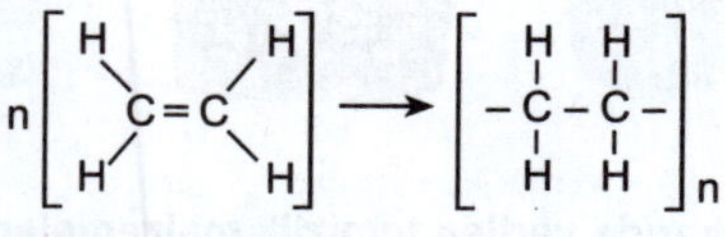

Yukarıdaki tepkime ile ilgili;

I. Oluşan ürün polimer olarak sınıflandırılır.

II. Reaktif bileşik monomerdir.

III. $-CH_2-$ grubu mer olarak tanımlanır.

yargılarından hangileri doğrudur?

A) Yalnız I B) Yalnız II C) I ve II

D) I ve III E) I, II ve III

10. Aşağıdaki temizlik ya da hijyen maddelerinden hangisi asidik özellik gösterir?

A) Kireç kaymağı B) Çamaşır sodası

C) Çamaşır suyu D) Sabun

E) Tuz ruhu

11. Aşağıdaki açıklamalardan hangisi sabunun elde edilişini en doğru şekilde ifade etmektedir?

A) Bitkisel yağlarının zayıf bazlarla etkileşmesi

B) Hayvansal yağlarının yağ asitleri ile etkileşmesi

C) Bitkisel veya hayvansal yağ asitlerinin, NaOH gibi kuvvetli bazlarla etkileşmesi

D) Bitkisel veya hayvansal yağ asitlerinin, amonyak ile etkileşmesi

E) Bitkisel veya hayvansal yağlarının suyla karıştırılarak ısıtılması

12. Aşağıdaki temizlik maddelerinden hangisi tuz ruhu ile birlikte kullanıldığında zehirli olan klor gazı oluşturduğundan ciddi sağlık sorunlarına neden olabilir?

A) Sabun B) Deterjan C) Çamaşır suyu

D) Lavabo açıcılar E) Pas sökücüler

1	C	2	C	3	C	4	E	5	C	6	E	7	C	8	D	9	E	10	E	11	C	12	C

1. I. Glikoz
II. PVC
III. Nişasta
IV. Protein

Yukarıdakilerden hangileri doğal polimerlere örnek verilemez?

A) Yalnız II B) I ve II C) I ve III
D) II ve IV E) I, II ve IV

2.

PET ŞİŞE	CAM ŞİŞE
BAKIR CEZVE	PLASTİK SAKLAMA KABI

Günlük hayatta kullandığımız, yukarıda verilen maddelerden hangileri polimerik yapıdadır?

A) Pet şişe, cam şişe, plastik saklama kabı
B) Pet şişe, bakır cezve, plastik saklama kabı
C) Pet şişe, plastik saklama kabı
D) Bakır cezve, cam şişe
E) Pet şişe, bakır cezve, plastik saklama kabı, cam şişe

3. **Polimer maddeler ile ilgili;**

I. Aynı ya da farklı tür monomerlerin birleşerek oluşturduğu büyük moleküllerdir.
II. Genellikle doğa tarafından kolay dönüştürülürler.
III. Plastikler polimer maddelere örnek verilebilir.

yargılarından hangileri yanlıştır?

A) Yalnız I B) Yalnız II C) I ve II
D) II ve III E) I, II ve III

4.

	Polimer	Kullanım alanı
I.	PE	Poşet ve ambalaj malzemesi üretimi
II.	PTFE	Araba lastiği üretimi
III.	PVC	Su borusu, kapı ve pencere kasası üretimi

Yukarıdaki polimerlerden hangilerinin kullanım alanı yanlış verilmiştir?

A) Yalnız I B) Yalnız II C) I ve II
D) II ve III E) I, II ve III

5. **Tava ve tencerelerin iç yüzeyini kaplamada kullanılan teflon polimerinin kısa gösterimi aşağıdakilerden hangisinde doğru verilmiştir?**

A) PS B) PVC C) PET
D) PTFE E) PE

6. **Aşağıdakilerden hangisi polimerlerin özellikleri arasında sayılamaz?**

A) Genellikle yalıtkan özellik gösterirler.
B) Hafif, dayanıklı, sert, yumuşak ve ucuz olduklarından geniş kullanım alanlarına sahiptirler.
C) Doğal ve sentetik olabilirler.
D) Yanıcılık özellikleri yoktur.
E) Bozunma süreçleri çok uzun olduğundan yapay polimer atıklar çevre kirliliği oluştururlar.

7. • Monomer + X → Dimer
• Dimer + Trimer → Y
• X + Trimer → Z

Küçük moleküllerin birbirine bağlanarak daha büyük molekülleri oluşturduğu yukarıdaki tepkimelerde X, Y ve Z ile gösterilen maddeler hangi seçenekte doğru verilmiştir?

	X	Y	Z
A)	Monomer	Tetramer	Pentamer
B)	Monomer	Pentamer	Tetramer
C)	Trimer	Pentamer	Tetramer
D)	Trimer	Tetramer	Pentamer
E)	Tetramer	Pentamer	Heksamer

8.

Poşet

Yukarıda fotoğrafı verilen madde ile ilgili;

I. Monomerdir.
II. Doğada uzun süre bozunmadan kalır.
III. Polimerdir.

yargılarından hangileri doğrudur?

A) Yalnız I B) Yalnız II C) I ve II
D) I ve III E) II ve III

9. **Aşağıdakilerden hangisi sentetik (yapay) bir polimerdir?**

A) Kauçuk B) Teflon C) Yün
D) İpek E) Protein

10.

	Polimer	Kısa gösterimi
I.	Polietilen	PET
II.	Polivinilklorür	PVC
III.	Polistiren	PS
IV.	Teflon	PTFE

Yukarıdaki polimelerden hangilerinin kısa gösterimi yanlış verilmiştir?

A) Yalnız I B) I ve II C) II ve III
D) II ve IV E) I, II ve IV

11. **Zırh ve sağlam halat yapımında kullanılan polimer aşağıdakilerden hangisidir?**

A) Kevlar B) PET C) Kauçuk
D) Teflon E) Polivinilklorür

12.

Yukarıda verilen semboller ile ilgili;

I. Geri dönüşüm sembolleridir.
II. Semboller içinde yazılan sayılar geri dönüşümü yapılacak ham madde türünü ifade etmektedir.
III. Verilen semboller gündelik hayattaki tüm polimerik maddeler üzerinde bulunur.

yargılarından hangileri doğrudur?

A) Yalnız I B) I ve II C) I ve III
D) II ve III E) I, II ve III

13. **Aşağıdakilerden hangisi bir polimer değildir?**

A) Teflon B) Polietilen
C) PVC D) Plastik
E) Dietilen

1	B	2	C	3	B	4	B	5	D	6	D	7	B	8	E	9	B	10	A	11	A	12	B	13	E

1. I. Parabenler
II. Ftalatlar
III. Ağır metaller

Kozmetik maddelerde bulunan yukarıdaki katkı maddelerinden hangileri sağlık sorunlarına neden olabilir?

A) Yalnız I B) Yalnız II C) Yalnız III D) I ve II E) I, II ve III

2. Aşağıdakilerden hangisi kozmetik ürünler arasında yer almaz?

A) Saç boyası B) Traş köpüğü C) Ruj D) Zaç yağı E) Güneş yağı

3.

	İlaç Formu	Açıklama
I.	İğne	Damar ya da kas içine enjekte edildiğinden en kısa sürede etkili olan izotonik çözeltidir.
II.	Hap	Deri üzerine uygulanan yarı katı formundaki ilaçlardır.
III.	Şurup	Çözelti, süspansiyon ve emülsiyon hâlinde hazırlanan ve ağız yoluyla alınan ilaç formudur.

Yukarıdaki ilaç formlarından hangilerinin karşısındaki açıklama yanlıştır?

A) Yalnız I B) Yalnız II C) I ve III D) II ve III E) I, II ve III

4.

I 
Parfüm

II 
Krem

III 
Sabun

Yukarıda verilen kozmetik ürünlerin hangisinde koku veren maddeler kullanılır?

A) Yalnız I B) I ve II C) I ve III D) II ve III E) I, II ve III

5. Doğada bulunabilecek serbest radikaller ile tepkimeye girerek, bunların zararlı etkilerini yok eden kozmetik katkı maddesinin türü aşağıdakilerden hangisinde doğru verilmiştir?

A) Antioksidan
B) Emülgatör
C) Koku maddeleri
D) Organik boyar madde
E) Anorganik boyar madde

6. Kozmetik ürünler ile ilgili aşağıda verilen bilgilerden hangisi yanlıştır?

A) Yapılarında sadece doğal ve bitkisel kaynaklı maddeler bulunur.
B) Sabun, diş macunu ya da parfümler kozmetik ürünüdür.
C) Yapılarında nemlendirici, boya maddeleri ve/veya parfüm bileşenleri bulunur.
D) Yapılarında dayanıklılıklarını artırmak için paraben gibi maddeler bulunur.
E) Birçoğunun kullanımı vücutta sadece fiziksel değişimlere neden olur.

karekök

7.

Saç jölesi

Yukarıda resmi verilen kozmetik ürün ile ilgili;

I. Farklı türde kimyasal maddelerden oluşan bir karışımdır.
II. Uzun süre kullanmanın saç ve saç derisine bir zararı yoktur.
III. Saça şekil vermeyi kolaylaştırmak için kullanılır.

yargılarından hangileri yanlıştır?

A) Yalnız I B) Yalnız II C) I ve III D) II ve III E) I, II ve III

8. I. Hap
II. Şurup
III. Enjeksiyonluk solüsyon
IV. Merhem
V. Aerosol

Yukarıdakilerden kaç tanesi bir ilaç çeşidini ifade etmektedir?

A) 1 B) 2 C) 3 D) 4 E) 5

9. İlaç formları ile ilgili aşağıdaki ifadelerden hangisi <u>yanlıştır</u>?

A) Cilt ve mukoza yoluyla alınan yarı katı ilaç formu merhem olarak adlandırılır.
B) İğne, diğer ilaç formlarına göre daha hızlı etkisini gösterir.
C) Etken maddesinin hoş olmayan tadını baskılamak için şuruplara aromalı katkı maddeleri katılır.
D) Haplar, sert ve sıkıştırılmış katı formdaki ilaçlardır.
E) Aeresol türü ilaçlar enjeksiyon kullanılarak vücuda verilir.

10. Şurup formundaki ilaçlarla ilgili;
I. Ağız yoluyla alınırlar.
II. Çözelti, süspansiyon yada emülsiyon olarak hazırlanabilirler.
III. En hızlı fizyolojik ya da biyolojik etki gösteren ilaç formudur.

yargılarından hangileri doğrudur?

A) Yalnız I B) Yalnız II C) I ve II D) II ve III E) I, II ve III

11. Yarı katı formundaki ilaçlar ile ilgili;
I. Burkulma ve cilt çatlakları gibi durumlarda kullanılırlar.
II. Ağız yoluyla alınırlar.
III. Merhem ya da krem olarak sınıflandırılırlar.

yargılarından hangileri doğrudur?

A) Yalnız I B) Yalnız II C) I ve III D) II ve III E) I, II ve III

12. Hap formundaki ilaçlar ile ilgili;
I. Fiziksel hâli katı olan ilaçlardır.
II. İlacın acı olması durumunda şeker ile tatlandırılması ile oluşturulan türü draje olarak sınıflandırılır.
III. Enjeksiyon yardımıyla damar ya da kas içine enjekte edilir.

yargılarından hangileri doğrudur?

A) Yalnız I B) Yalnız II C) I ve II D) II ve III E) I, II ve III

13. Hazır gıdalarla ilgili;
I. Besin değerleri doğal gıdalarınkinden yüksektir.
II. Raf ömürleri doğal gıdalarınkinden uzundur.
III. Birçok katkı maddesi içerirler.

yargılarından hangileri doğrudur?

A) Yalnız I B) Yalnız II C) I ve II D) II ve III E) I, II ve III

14. Aşağıdakilerden hangisi hazır gıda <u>değildir</u>?

A) Pastörize süt
B) Ketçap
C) Gazoz
D) Dondurulmuş patates
E) Tereyağı

15. Aşağıdaki yağlardan hangisinin doymuş yağ asiti oranı diğerlerinden daha yüksektir?

A) Mısır yağı B) Tereyağı C) Fındık yağı D) Fındık yağı E) Zeytinyağı

1	E	2	D	3	B	4	E	5	A	6	A	7	B	8	E	9	E	10	C	11	C	12	C	13	D	14	E	15	B

UYGULAMA TESTİ - 1

1.

	Madde		Polimer
I	Araba lastiği	a	Kauçuk
II	Teflon tava	b	PE (Polietilen)
III	Plastik poşet	c	PTFE (Politetrafloretilen)

Yukarıdaki tabloda bazı maddeler ve bu maddelerde kullanılan polimerlerin adları veya kısa gösterimleri verilmiştir.

Kullanılan polimerlerin isimleri ile doğru eşleştirilmiş hâli hangi seçenekte verilmiştir?

A) I a, II c, III b B) I a, II b, III c

C) I c, II b, III a D) I b, II a, III c

E) I b, II c, III a

2. Polimerlerle ilgili;

I. Genellikle geri dünüştürülebilen maddelerdir.

II. Genellikle yalıtkan maddelerdir.

III. Atık polimerler çevre kirliliğine neden olurlar.

yargılarından hangileri doğrudur?

A) Yalnız II B) Yalnız III C) I ve II

D) I ve III E) I, II ve III

3. I. Koltuk kaplamasında kullanılan yapay deri

II. Fotoğraf filmi

III. Gözlük çerçevesi

IV. Poşet

Yukarıdaki maddelerden hangileri polimerdir?

A) Yalnız IV B) I ve III C) I ve IV

D) I, II ve III E) I, II, III ve IV

karekök

4.

	Polimer	Adı
I.	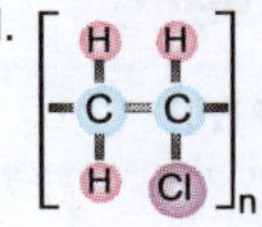	Polivinil klorür
II.	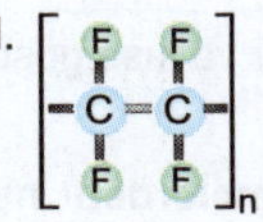	Teflon
III.	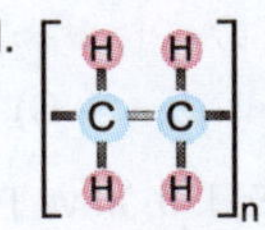	Kevlar

Yukarıda şematik yapısı verilen polimerlerden hangilerinin adı yanlış verilmiştir?

A) Yalnız I B) Yalnız II C) Yalnız III

D) I ve III E) I, II ve III

5. Aşağıdakilerden hangisi polimer değildir?

A) Nişasta B) Protein

C) Kauçuk D) Kevlar

E) Zift

6. Çift bağ içeren en az 1000 tane monomerin, çift bağlardan zayıf olanların kırılarak birbirine bağlanma tepkimesi hangi seçenekte doğru adlandırılmıştır?

A) Hidroliz B) Dehidratasyon

C) Kondenzasyon D) Polimerleşme

E) Analiz

7.

	Polimer	Kısa Gösterimi
I.	Polivinilklorür	PVC
II.	Polietilen	PE
III.	Teflon	PTFE
IV.	Kauçuk	PET

Yukarıdaki tabloda bazı polimeler ve kısa gösterimleri eşleştirilmiştir.

Buna göre, yapılan eşleştirmelerden hangileri doğrudur?

A) I ve II B) II ve III C) II ve IV
D) I, II ve III E) I, II, III ve IV

8. 1933 yılında Gibson ve Fawcett tarafından elde edilen ilk polimer olan ...., dış etkenlere karşı dayanıklı, yalıtkan ve kolay şekillendirilebilir bir maddedir.

Poşet ve ambalaj malzemesi üretiminde kullanılan bu polimerin kısa gösterimi aşağıdakilerden hangisinde doğru verilmiştir?

A) PE B) PVC C) PS
D) PTFE E) PET

9. **Polimerleşme ile ilgili,**

I. Yapı birimleri monomer olarak adlandırılır.

II. Çok sayıda molükülün birleşmesiyle oluşan kimyasal olaydır.

III. Teflon, naylon, PVC türü maddeler polimerleşme sonucu oluşur.

yargılarından hangileri doğrudur?

A) Yalnız II B) Yalnız III C) I ve III
D) II ve III E) I, II ve III

karekök

10. **Polietilen teraftalat ile ilgili;**

I. Kısa gösterimi PET'dir.

II. Geri dönüştürülebilir.

III. İçeceklerin saklanmasında kullanılır.

yargılarından hangileri doğrudur?

A) Yalnız I B) I ve II C) I ve III
D) II ve III E) I, II ve III

11.

	Polimer		Kullanım Alanı
I	Kauçuk	a	Yanmaz ve yapışmaz tava üretimi
II	Politetrafloretilen	b	Araba lastiği üretimi
III	Polivinilklorür	c	Su borusu ve kapı - pencere üretimi

Yukarıdaki polimerle hangi seçenekte doğru kullanım alanı ile eşleştirilmiştir?

A) I a, II b, III c B) I a, II c, III b
C) I b, II a, III c D) I b, II c, III a
E) I c, II a, III b

12. **Tereyağının yerine geçmek üzere üretilen; ayçiçek, fındık ve mısırözü gibi sıvı yağların hidrojenle doyurulması sonucu elde edilen yağ hangi seçenekte doğru verilmiştir?**

A) Palmiye yağı B) Susam yağı
C) Kantaron yağı D) Margarin
E) Lavanta

1	A	2	E	3	E	4	C	5	E	6	D	7	D	8	A	9	E	10	E	11	C	12	D

1. Tetraflor etilenden teflon eldesi ile ilgili,

I. 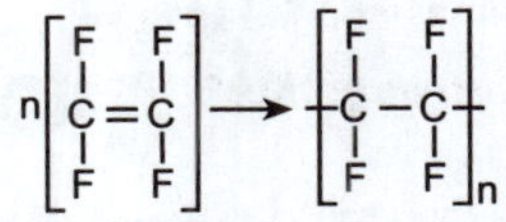

reaksiyonu ile ifade edilir.

II. Polimerleşme tepkimesidir.

III. Oluşan polimerin kısa gösterimi PTFE şeklindedir.

yargılarından hangileri doğrudur?

A) Yalnız I B) I ve II C) I ve III D) II ve III E) I, II ve III

2. Aşağıdakilerden hangisi doğal polimerdir?

A) Teflon B) PET C) Polietilen D) Kevlar E) DNA

3. İlaç kullanımı ile ilgili;

I. Gereksiz ve reçetesiz ilaç kullanılmamalıdır.

II. Aşırı antibiyotik kullanımı mikropların direnç kazanmasına neden olur.

III. Yetişkin bireyler için reçete edilen ağrı kesiciler çocuklar tarafından da kullanılabilir.

yargılarından hangileri doğrudur?

A) Yalnız I B) Yalnız II C) I ve II D) I ve III E) I, II ve III

4. Aşağıdakilerden hangisi polimerleşme ile <u>oluşmamıştır</u>?

A) PVC B) Naylon C) Teflon D) Polistiren E) Deterjan

5. Aşağıdaki temizlik maddelerinden hangisi ağartıcı olarak kullanılır?

A) Tuz ruhu B) Çamaşır sodası C) Çamaşır suyu D) Katı sabun E) Arap sabunu

6. $Na_2CO_3 + H_2O \longrightarrow X + NaHCO_3$

Yukarıda verilen reaksiyon çamaşır sodasının hidrolizini göstermektedir.

Açığa çıkan X maddesi ile ilgili;

I. Bazik özellik gösterir.

II. Sıvı sabun yapımında kullanılır.

III. Tuz ruhu ile reaksiyonu sonucu KCl ve su oluşturur.

yargılarından hangileri doğrudur?

A) Yalnız I B) Yalnız II C) I ve II D) I ve III E) I, II ve III

7.

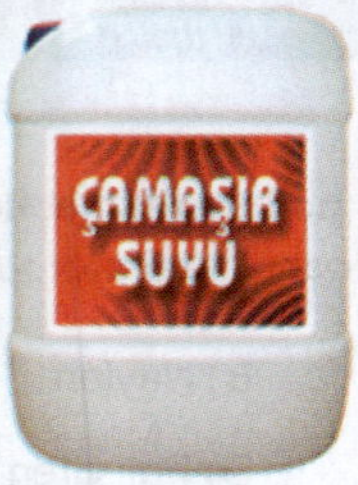

1. Çamaşır suyu

2. Sabun

Yukarıdaki temizlik malzemeleri ile ilgili;

I. 1. resimdeki temizleyici 2. resimdeki temizleyiciye göre sert sularda daha etkilidir.

II. 2. resimdeki temizleyici KOH'tan üretilir.

III. Her iki temizleyicinin de çevreye zararı yoktur.

yargılarından hangileri yanlıştır?

A) Yalnız II B) I ve II C) I ve III

D) II ve III E) I, II ve III

8. Aşağıda bazı maddeler ile isimleri eşleştirilmiştir.

Buna göre, yapılan eşleştirmelerden hangisi hatalıdır?

	Madde	İsim
A)	Na_2CO_3	Çamaşır sodası
B)	CaO	Kireçtaşı
C)	NaOH	Sud kostik
D)	$CH_3(CH_2)_{10}CH_2OSO_3Na$	Deterjan
E)	NaClO	Çamaşır suyu

9. I. Ca^{2+}

II. K^+

III. Mg^{2+}

IV. Na^+

Yukarıdakilerden hangileri sabunla temizlik yapılırken sert sularda çökelek oluşmasına neden olan iyonlardır?

A) I ve II B) II ve IV C) I ve III

D) II ve III E) I ve IV

10.

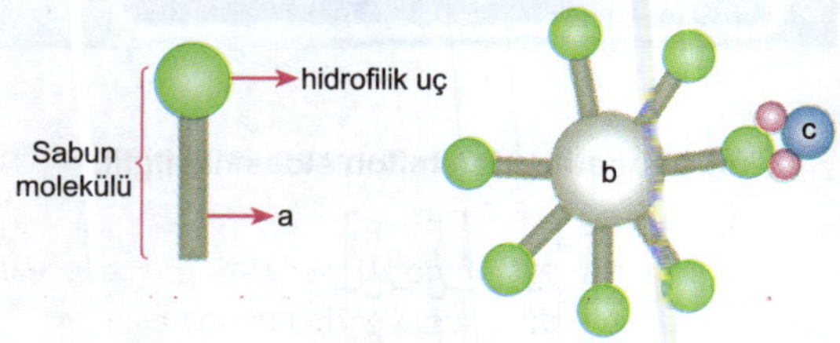

Yukarıdaki resimler sabunu ve sabunun su yardımı ile yağ parçacıklarını temizleme yöntemini sembolize etmektedir.

Buna göre, a, b ve c için aşağıda yapılan eşleştirmelerden hangisi doğrudur?

	a	b	c
A)	Hidrofobik uç	Yağ	Oksijen
B)	Hidrofilik uç	Yağ	Hidrojen
C)	Hidrofobik uç	Su	Oksijen
D)	Hidrofobik uç	Kir	Sülfür
E)	Hidrofobik uç	Yağ	Hidrojen

11. Aşağıdaki maddelerden hangisi temizlik ya da hijyenle ilişkilendirilemez?

A) Kireç kaymağı B) Deterjan

C) Çamaşır suyu D) Çamaşır sodası

E) Selülozik reçine

12. I. Katkı maddelerinin türü

II. Son tüketim tarihi

III. Besin değeri

Yukarıdaki bilgilerden hangilerinin hazır gıdaların etiketlerinde bulunması beklenir?

A) Yalnız II B) I ve II C) I ve III

D) II ve III E) I, II ve III

13. I. Raf ömürlerinin uzun olması

II. Besin değerlerinin yüksek olması

III. Sağlık sorunları oluşturmaması

Yukarıdakilerden hangileri hazır gıdaların doğal gıdalara avantajları arasında gösterilebilir?

A) Yalnız I B) Yalnız II C) Yalnız III

D) II ve III E) I, II ve III

karekök

1	E	2	E	3	C	4	E	5	C	6	A	7	D	8	B	9	C	10	A	11	E	12	E	13	A

UYGULAMA TESTİ - 3

1. **Polimerlerin çevreye zararları ve geri dönüşüm ile ilgili;**

   I. Polimer atıklar doğal dengeyi bozabileceklerinden geri dönüşüme girmeleri önemlidir.

   II. Bir ürün ambalajının üzerinde  gibi bir sembolün olması, o ürünün yapıldığı ham maddenin geri dönüşüme girebileceği anlamına gelir.

   III. Atık polimerler yakıt olarak kullanıldığında çevreye herhangi bir zararı yoktur.

   yargılarından hangileri doğrudur?

   A) Yalnız I B) Yalnız II C) I ve II D) I ve III E) I, II ve III

2. **Deterjan, sabun ve çamaşır suyu ile ilgili;**

   I. Temizlik maddeleridir.

   II. Çamaşır suyunun etken maddesi NaOCl'dir

   III. Deterjan ile sabun hidrofil ve hidrofob uç içerir.

   yargılarından hangileri doğrudur?

   A) Yalnız I B) Yalnız II C) I ve II D) I ve III E) I, II ve III

3. I. Su

   II. Cıva

   III. Yağ

   Yüzey aktif maddeler yukarıda verilen maddelerden hangisi içerisinde çözünebilir?

   A) Yalnız I B) Yalnız II C) Yalnız III D) I ve II E) I ve III

4. **Sert sabun, çamaşır suyu, çamaşır sodası ve sud kostikte ortak olarak bulunan metal atomu aşağıdakilerden hangisidir?**

   A) K B) C C) H D) Mg E) Na

5. **Kireç kaymağı ve çamaşır suyu için,**

   I. Hijyen amaçlı kullanılırlar.

   II. Formüllerindeki tüm elementler aynıdır.

   III. Sulu çözeltileri bazik özellik gösterir.

   yargılarından hangileri doğrudur?

   A) Yalnız I B) Yalnız II C) Yalnız III D) I ve III E) II ve III

6. I. Çevre kirliliğini azaltma

   II. Ekonomik katı yapma

   III. Hammadde ihtiyacını azaltma

   Yukarıdakilerden hangileri polimerlerin geri dönüşümünün sağladığı avantajlar arasında gösterilebilir?

   A) Yalnız I B) Yalnız II C) I ve II D) I ve III E) I, II ve III

7. **İlaçlar ile ilgili aşağıda verilen bilgilerden hangisi <u>yanlıştır?</u>**

   A) Nefes yolu ile alınan ilaçlar genellikle bir aerosol karışımdır.

   B) Kas içine uygulanan ilaçlar damar içine uygulanan ilaçlara göre daha hızlı etki eder.

   C) Şurup türü ilaçlar genellikle bebek, çocuk ve yaşlılarda tercih edilir.

   D) Hap türü ilaçların bozunması mide ve bağırsakta olabilir.

   E) Merhem türü ilaçlar yarı katı ilaçlar olarak nitelendirilir.

karekök

8. I. Enerji sarfiyatının artmasına neden olur.

II. Çamaşırların yıpranmasına neden olur.

III. Temizlik maddelerinin etkinliğini azaltır.

Sert su kullanımı ile ilgili yukarıdaki ifadelerden hangileri doğrudur?

A) Yalnız I B) Yalnız II C) Yalnız III

D) I ve II E) I, II ve III

9. Sabunun hidrofobik kısmı çok sayıda .... ve .... atomu içerirken, hidrofilik kısmı da .... bağ içerir. Bu sebeple sabunun .... kısmı yağ ile .... kısmı ise su ile etkileşir.

Yukarıda verilen boşluklara gelmesi gereken kelimeler aşağıdakilerden hangisinde sırasıyla doğru verilmiştir?

A) Sodyum, hidrojen, hidrofobik, kovalent, hidrofilik

B) Potasyum, hidrojen, hidrofobik, iyonik, hidrofilik

C) Karbon, hidrojen, iyonik, hidrofobik, hidrofilik

D) Hidrojen, karbon, kovalent, hidrofilik, hidrofobik

E) Oksijen, karbon, iyonik, hidrofobik, hidrofilik

10. I. Genel adı tuz ruhudur. Kireç sökücü olarak kullanılır.

II. Genel adı sud kostiktir. Çamaşır suyu yapımında kullanılır.

III. Genel adı çamaşır sodasıdır. Su ile hidroliz olur ve NaOH oluşturur.

IV. Genel adı deterjandır. Lauril alkolden elde edilir.

Yukarıdaki maddelerin kimyasal formülleri hangi seçenekte doğru verilmiştir?

	I	II	III	IV
A)	HCl	Na_2CO_3	NaOH	$C_{12}H_{25}OSO_3Na$
B)	NaOH	HCl	$C_{12}H_{25}SO_3Na$	Na_2CO_3
C)	Na_2CO_3	$C_{12}H_{25}SO_3Na$	HCl	NaOH
D)	HCl	NaOH	Na_2CO_3	$C_{12}H_{25}OSO_3Na$
E)	$C_{12}H_{25}SO_3K$	HCl	Na_2CO_3	NaOH

11. I. İğne

II. Şurup

III. Hap

Yukarıdaki ilaç formlarından hangileri sıvı hâlde bulunur?

A) Yalnız I B) Yalnız II C) I ve II

D) II ve III E) I, II ve III

karekök

12. I. Hidrofil ve hidrofob uç içermeleri

II. Temizlik ve hijyen amaçlı kullanılmaları

III. Sert sularda etkili temizlik yapmaları

Yukarıdaki özelliklerden hangileri sabun ve deterjanlar için ortaktır?

A) Yalnız I B) Yalnız II C) I ve II

D) II ve III E) I, II ve III

13. I. Doğal süt

II. Pastörize süt

III. UHT süt

Yukarıdaki gıda maddeleri hangi seçenekte besin değerlerine göre doğru karşılaştırılmıştır?

A) I > II > III B) I > III > II

C) II > I > III D) II > III > I

E) III > I > II

1	C	2	E	3	E	4	E	5	D	6	E	7	B	8	E	9	C	10	D	11	C	12	C	13	A

DENEME SINAVLARI

1.

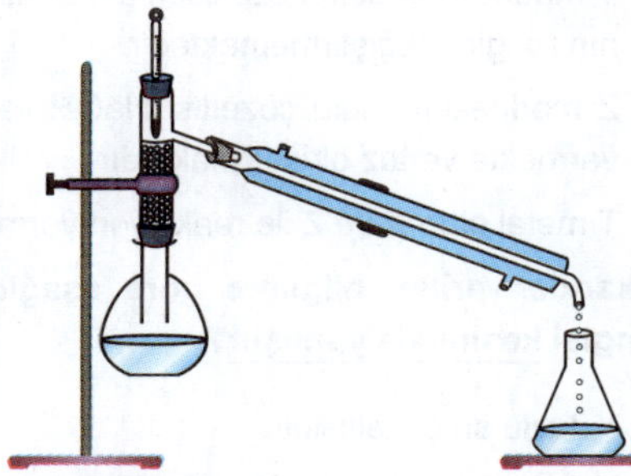

Yukarıdaki düzenek,

I. şekerli su,

II. tuzlu su,

III. alkollü su

karışımlarından hangilerinin bileşenlerini ayrı ayrı elde etmek için kullanılabilir?

A) Yalnız I　　B) I ve II　　C) I ve III　　D) II ve III　　E) I, II ve III

2.

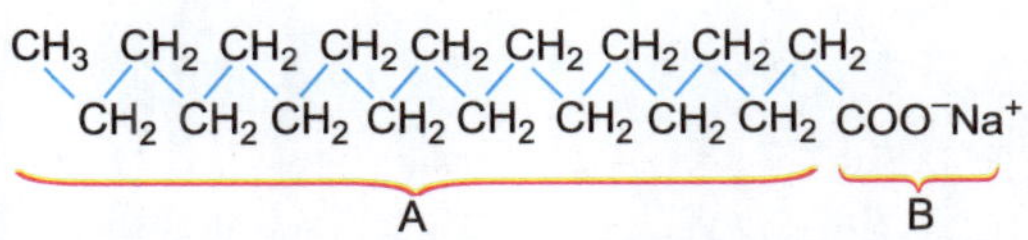

Yukarıda katı sabunun açık formülü verilmiştir.

Buna göre;

I. (A) kısmı sabunun hidrofob ucudur ve yağda çözünür.

II. (B) kısmı sabunun yapısında olmasa bile sabunlu su yağları temizleyebilir.

III. Yapımı sırasında NaOH yerine KOH kullanılsaydı, arap sabunu elde edilirdi.

yargılarından hangileri <u>yanlıştır</u>?

A) Yalnız I　　B) Yalnız II　　C) Yalnız III　　D) I ve II　　E) I ve III

3. Aşağıdaki değişimlerden hangisi kimyasaldır?

A) Motor yağlarındaki küçük metal partiküllerin çöktürülerek ayrıştırılması

B) Sofra tuzu çözeltisinin elektriği iletmesi

C) Havadaki bağıl nemin % 100 olduğu anda yağışın başlaması

D) Bakır bir levhanın işlenerek vazo yapılması

E) Böbrek hastalarının kanlarının diyaliz makinasıyla zararlı atıklardan arındırılması

4. Aşağıdaki tabloda bir X sıvısının farklı sıcaklıklardaki buhar basıncı değerleri verilmiştir.

Sıcaklık (°C)	Buhar basıncı (mmHg)
–5	4
0	20
25	300
60	650
80	760

Buna göre;

I. Buhar basıncı sıcaklık arttıkça artar.

II. X sıvısının normal kaynama sıcaklığı 80 °C'dir.

III. X sıvısının 60 °C'deki buharlaşma hızı, 25 °C'deki buharlaşma hızından yüksektir.

yargılarından hangileri doğrudur?

A) Yalnız I　　B) Yalnız II　　C) Yalnız III　　D) I ve II　　E) I, II ve III

5. **Aşağıdaki madde sınıflarından hangisi yanlış örneklendirilmiştir?**

	Madde Sınıfı	Örnek
A)	P_4	Element
B)	C_2H_5OH	Bileşik
C)	Tuzlu su	Süspansiyon
D)	Sis	Aerosol
E)	Kolonya	Çözelti

6. **SO_4^{2-} ve PO_4^{3-} iyonları için;**

I. proton sayısı,

II. elektron sayısı,

III. nötron sayısı

niceliklerinden hangileri her iki iyon için de aynıdır? ($^{31}_{15}P$, $^{32}_{16}S$)

A) Yalnız I B) Yalnız II C) Yalnız III

D) I ve II E) II ve III

7. I. X maddesinin sulu çözeltisi mavi turnusol kâğıdını kırmızıya dönüştürmektedir.

II. Y maddesinin sulu çözeltisi mavi turnusol kâğıdının rengini değiştirmemektedir.

III. Z maddesinin sulu çözeltisi NaOH ile reaksiyon vermekte ve tuz oluşturmaktadır.

IV. T metal olup X ve Z ile reaksiyon vermemektedir.

Yukarıda verilen bilgilere göre aşağıdakilerden hangisi kesinlikle yanlıştır?

A) Y, tuzlu su çözeltisidir.

B) X ile Y sulu çözeltileri karıştırılırsa tuz oluşur.

C) X ile Z'nin sulu çözeltilerinin pH değeri 7'den küçüktür.

D) T, altın (Au) veya platin (Pt) olabilir.

E) X ile Z'nin sulu çözeltileri karıştırılırsa nötralleşme reaksiyonu gerçekleşir.

karekök

1	E	2	B	3	B	4	E	5	C	6	E	7	E

1. **Aşağıdaki moleküllerden hangisinin sudaki çözünürlüğü <u>en azdır</u>?** ($_1H$, $_6C$, $_7N$, $_8O$, $_9F$, $_{16}S$, $_{17}Cl$)

A) HF B) HCl C) CH_4 D) NH_3 E) H_2S

2. **3 mol $Ca(OH)_2$ içeren sulu çözeltinin tam nötrleşebilmesi için,**

I. 2 mol NH_3

II. 6 mol HCl

III. 3 mol H_2SO_4

maddelerinden hangileri yeterlidir?

A) Yalnız II B) I ve II C) I ve III D) II ve III E) I, II ve III

3.

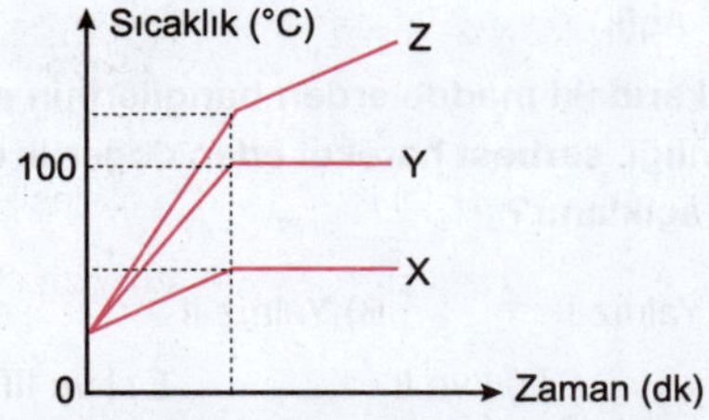

Yukarıdaki grafik özdeş ısıtıcılarla ısıtılan X, Y ve Z sıvılarının 1 atmosfer basınçta kaynamaya başladıkları sıcaklıkları belirtmektedir.

Buna göre;

I. X ve Y saf sıvı, Z ise çözeltidir.

II. X'in uçuculuğu en fazladır.

III. Sıvıların kütleleri birbirine eşittir.

yargılarından hangilerinin doğruluğu <u>kesindir</u>?

A) Yalnız I B) I ve II C) I ve III D) II ve III E) I, II ve II

4.

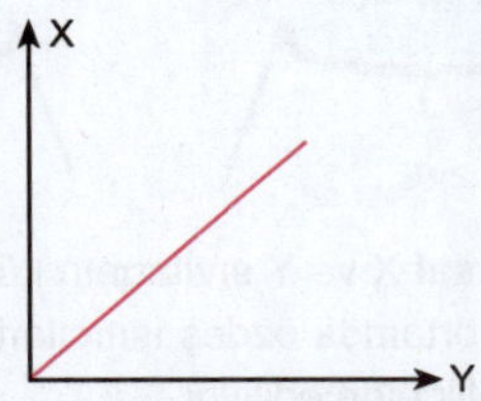

Diğer şartlar sabit kalmak koşuluyla arı bir maddeye ait X değişkeninin Y değişkenine göre grafiği yukarıdaki gibidir.

Buna göre; X ve Y, hangi seçenekte verilen değişken çifti <u>olamaz</u>?

	X	Y
A)	Kütle	Hacim
B)	Tanecik sayısı	Kütle
C)	Özkütle	Kütle
D)	Sıcaklık	Kinetik Enerji
E)	Erime süresi	Kütle

5. I. C (grafit)

II. NaCl(s)

III. Ag(k)

Yukarıdaki maddelerden hangilerinin elektrik iletkenliği, serbest hareket eden değerlik elektronları ile açıklanır? ($_{6}C$, $_{11}Na$, $_{17}Cl$, $_{47}Ag$)

A) Yalnız I B) Yalnız II C) Yalnız III

D) I ve II E) I ve III

6.

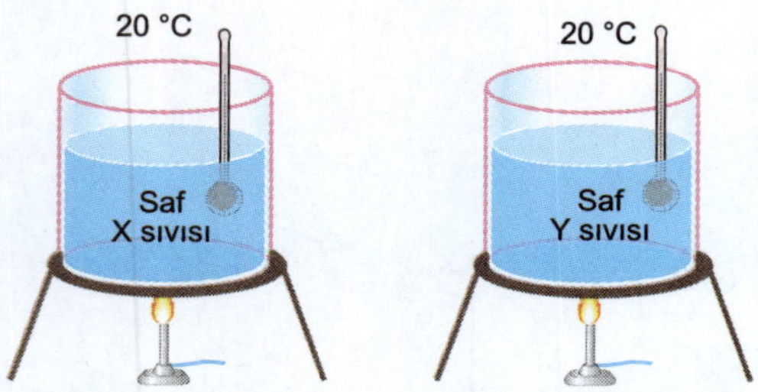

20 °C'taki saf X ve Y sıvılarının kütleleri eşittir. Bu sıvılar aynı ortamda özdeş ısıtıcılarla ısıtıldığında aşağıdaki grafik elde ediliyor.

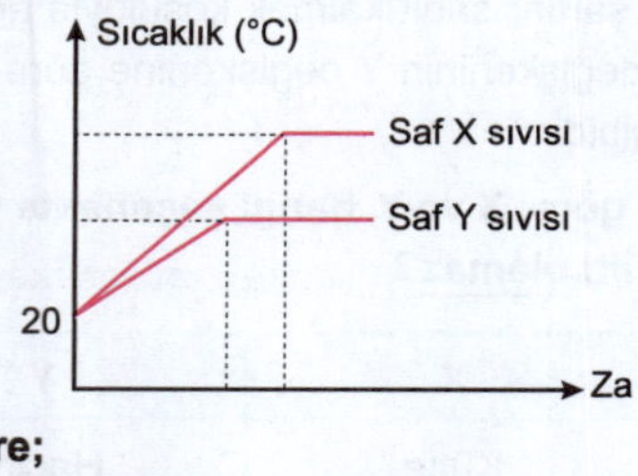

Buna göre;

I. X sıvısının kaynama noktası Y'ninkinden yüksektir.

II. Y sıvısı, X sıvısından daha uçucudur.

III. X ve Y sıvıları aynı tür sıvılardır.

yargılarından hangileri doğrudur?

A) Yalnız I B) I ve II C) I ve III

D) II ve III E) I, II ve III

7. I. NH_4^+

II. H_2O

III. OH^-

Yukarıdaki maddelerin içerdiği toplam elektron sayıları hangi seçenekte doğru karşılaştırılmıştır? ($_{1}H$, $_{7}N$, $_{8}O$)

A) I > II > III B) II > III > I C) I = II > III

D) II = III > I E) I = II = III

1	C	2	D	3	B	4	C	5	C	6	B	7	E

1. I. $CaCO_3$ (Kireç taşı, Mermer)

II. Cu (Bakır)

III. $C_{12}H_{22}O_{11}$ (Çay şekeri)

Yukarıda verilen maddelere ilişkin aşağıdakilerden hangisi yanlıştır?

A) I. ve III. madde bileşiktir.

B) III. bileşiğin sulu çözeltisi elektrik akımını iletmez.

C) II. madde elementtir.

D) III. maddenin suda çözünme eğilimi I. maddeninkinden fazladır.

E) II. ve III. maddelerle oluşan karışım bir alaşımdır.

2. **4. periyodun 3. elementi ile ilgili;**

I. Baş grup elementidir.

II. Katı hâlde elektriği iletir.

III. Atom numarası 21'dir.

yargılarından hangileri yanlıştır?

A) Yalnız I B) Yalnız II C) Yalnız III D) I ve II E) I ve III

3.

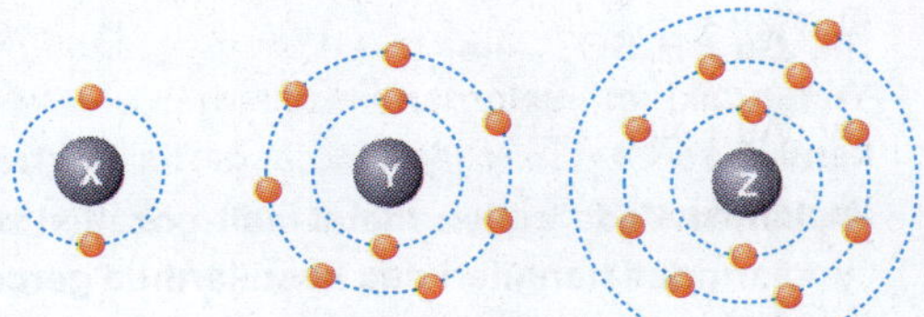

Yukarıda elektron katman gösterimleri verilen X, Y ve Z nötr atomları için;

I. X, 2A grubundadır.

II. Y ile Z arasında kovalent bağlı bileşik oluşur.

III. Y_2 molekülü suda çözünmez.

yargılarından hangileri yanlıştır?

A) Yalnız I B) Yalnız II C) Yalnız III D) I ve II E) I ve III

karekök

4.

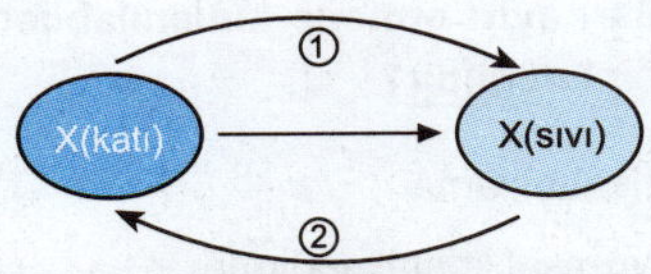

Yukarıdaki değişimle ilgili hangi yargı yanlıştır?

A) Fiziksel değişmedir.

B) 1 yönü erime, 2 yönü donmadır.

C) 1 yönünde düzensizlik artar.

D) 2 yönünde tanecikler arası uzaklık azalır.

E) 1 yönündeki değişim gerçekleşirken madde ortama ısı verir.

5. I. $Na + HCl \longrightarrow$

II. $Mg + H_2SO_4 \longrightarrow$

III. $Cu + H_2SO_4 \longrightarrow$

IV. $Au + NH_3 \longrightarrow$

Yukarıda ifade edilen metal-asit çözeltisi reaksiyonlarından hangileri oda koşullarında gerçekleştiği hâlde H_2 gazı açığa çıkmaz?

A) Yalnız III B) Yalnız IV C) I ve II D) III ve IV E) I, II ve III

6. **Aşağıdakilerden hangisi katı-katı heterojen karışımları ayırt etmede kullanılabilecek bir ayırma yöntemi değildir?**

A) Mıknatıslama

B) Ayrımsal kristallendirme

C) Flotasyon

D) Ekstraksiyon

E) Ayrımsal damıtma

7. I. $CCl_4(s) - I_2(k)$

II. $H_2O(s) - I_2(k)$

III. $H_2O(s) - HCl$

Yukarıda verilen madde çiftlerinden hangilerinde moleküller arası sadece London kuvvetleri bulunur?

A) Yalnız I B) Yalnız II C) Yalnız III D) I ve III E) II ve III

karekök

1	E	2	A	3	D	4	E	5	A	6	E	7	A